Los Medici

Lorenzo de' Medici

Los Medici

Mi familia

Ariel

Obra editada en colaboración con Editorial Planeta - España

© Lorenzo de' Medici, 2025

© 2025, Editorial Planeta, S. A. – Barcelona, España

Derechos reservados

© 2025, Ediciones Culturales Paidós, S.A. de C.V.
Bajo el sello editorial ARIEL M.R.
Avenida Presidente Masaryk núm. 111,
Piso 2, Polanco V Sección, Miguel Hidalgo
C.P. 11560, Ciudad de México
www.planetadelibros.com.mx
www.paidos.com.mx

Primera edición impresa en España: mayo de 2025
ISBN: 978-84-344-3883-5

Primera edición impresa en México: octubre de 2025
ISBN: 978-607-639-079-5

Impreso en los talleres de Litográfica Ingramex, S.A. de C.V.
Centeno núm. 162-1, colonia Granjas Esmeralda, Ciudad de México
Impreso en México – *Printed in Mexico*

Dedico este libro a la memoria
de mi padre y de mi madre

Dejad que los Medici descansen en paz en sus tumbas de mármol y de pórfido, pues han hecho más que cualquier rey o príncipe o emperador por la gloria del mundo.

ALEXANDRE DUMAS

Los Medici fueron una familia de comerciantes que, sin el auxilio de las armas y sin el concurso de los motines populares violentos, fundó una monarquía espiritualista y hereditaria que representa uno de los fenómenos más extraños de la historia política.

MAURICE ANDRIEUX, historiador francés

Índice

Dramatis personae

GIAMBUONO DE' MEDICI (1140-1192): probablemente originario de la zona del Mugello, fue un clérigo al que se le considera el fundador del linaje de los Medici.

CHIARISSIMO DE' MEDICI (ca.1167-1210): hijo de Giambuono, fue miembro del Consejo de la ciudad de Florencia, donde tenía varias casas y torres. En 1201 fue partícipe de la alianza entre sieneses y florentinos para la conquista de Semifonte. Tuvo un hijo que se casó con Alessia Grimaldi de Génova.

GIOVANNI DE' MEDICI (Giovanni Bicci, 1360-1429; conocido en español como Juan de Médicis): fue el primer mecenas y banquero de la familia Medici. Su banco prestó servicio al papa Juan XXIII, por lo que se convirtió en el banco de la Iglesia. Casado con Piccarda Bueri, tuvo cuatro hijos.

COSIMO DI GIOVANNI DE' MEDICI (Cosimo il Vecchio, 1389-1464; conocido en español como Cosme el Viejo): fue un influyente banquero y estadista. Su habilidad en las finanzas y la política le permitió consolidar un enorme poder, siendo un mecenas de las artes y las ciencias. Apoyó a artistas como Donatello y a filósofos neoplatónicos, contribuyendo al florecimiento cultural de la ciudad.

LORENZO IL VECCHIO (Lorenzo di Giovanni de' Medici, ca. 1395-1440; conocido en español como Lorenzo el Viejo): hermano menor de Cosimo il Vecchio, al que siem-

13

pre estuvo muy unido, fue también banquero y cabeza de la rama Popolano de la familia. Se dedicó principalmente a los negocios en el banco familiar.

PIERO IL GOTTOSO (Piero de' Medici, 1416-1469; conocido en español como Pedro el Gotoso): hijo de Cosimo il Vecchio, su gobierno estuvo marcado por una salud frágil. Aunque intentó continuar la influencia de la familia Medici, su mandato fue más débil, lo que resultó en la pérdida temporal del control de Florencia.

PIERFRANCESCO DE' MEDICI (Pierfrancesco de Lorenzo de' Medici, 1430-1476): primo de Piero il Gottoso, se dedicó principalmente a los intereses económicos de la familia a la vez que recibía encargos políticos bajo la sombra de su tío Cosimo. Sus hijos tomaron el apellido Popolano para distinguirse de sus primos.

LORENZO IL MAGNIFICO (Lorenzo de' Medici, 1449-1492; conocido en español como Lorenzo el Magnífico): nieto de Cosimo il Vecchio, es uno de los líderes más conocidos de los Medici. Fue un gran mecenas del arte y la cultura. Bajo su gobierno Florencia floreció y extendió el arte renacentista italiano, aunque sus últimos años estuvieron marcados por conflictos políticos y desatendió los negocios familiares.

PIERO II LO SFORTUNATO (Piero de' Medici, 1472-1503; conocido en español como Pedro el Desafortunado): hijo de Lorenzo il Magnifico, su apodo, lo Sfortunato, refleja su fracaso a la hora de mantener el poder de la familia en Florencia tras su derrota en la batalla de Volterra y la posterior pérdida del control de la ciudad.

LEONE X (Giovanni de' Medici, 1475-1521; conocido en español como León X): papa renacentista, hijo de Lorenzo il Magnifico. Su papado estuvo marcado por el mecenazgo artístico y la reforma de la Iglesia, pero también por las tensiones que llevaron a la Reforma protestante.

CLEMENTE VII (Giulio de' Medici, 1478-1534): papa durante el turbulento periodo de la Reforma protestante y la revolución renacentista. Su pontificado vino marcado por conflictos políticos y la disolución del matrimonio de Enrique VIII con Catalina de Aragón.

GIULIANO I (Giuliano de' Medici, 1479-1516; conocido en español como Juliano de Médicis): hermano de Lorenzo il Magnifico, fue mecenas de arte. Aunque su vida estuvo marcada por la tragedia, incluyendo su asesinato en la conspiración de los Pazzi.

LORENZO II (Lorenzo de' Medici, 1492-1519): nieto de Lorenzo il Magnifico, fue duque de Urbino y gracias a su tío Leone X fue *signore* de Florencia y capitán general de la Iglesia, dirigiendo operaciones militares. Se casó con Magdalena de la Tour d'Auvergne y Nicolás Maquiavelo le dedicó su obra *El Príncipe*.

GIOVANNI DELLE BANDE NERE (Giovanni de' Medici, 1498-1526; conocido en español como Juan de las Bandas Negras): fue un destacado militar, hijo de Giuliano II. Conocido por su valentía y su lucha en las guerras italianas. Murió joven, pero dejó un legado militar importante para los Medici.

IPPOLITO DE' MEDICI (1511-1535; conocido en español como Hipólito de Médicis): cardenal e hijo de Giuliano II. Fue conocido por sus ambiciones e intrigas dentro de la Iglesia, pero murió joven y su influencia fue limitada a los círculos eclesiásticos.

ALESSANDRO I (Alessandro de' Medici, 1510-1537; conocido en español como Alejandro de Médicis): primer duque de Florencia. Hijo ilegítimo de Giulio de' Medici, el papa Clemente VII, en ocasiones se atribuyó su paternidad a Lorenzo II. Su reinado fue breve y violento, y fue asesinado en un complot palaciego.

COSIMO I (Cosimo I de' Medici, 1519-1574; conocido en español como Cosme de Médicis): fue el primer gran duque de Toscana, siendo el primero de la nueva rama de los Medici que gobernó Florencia. Contribuyó enormemente al mecenazgo, a la expansión cultural y política de la Florencia renacentista en sus últimos años.

CATERINA DE' MEDICI (1519-1589; conocida en español como Catalina de Médicis): reina de Francia por su matrimonio con Enrique II. Fue una figura clave en la política francesa, actuando como regente para sus hijos y participando en la compleja política religiosa de la época. También contribuyó al mecenazgo artístico del Renacimiento tardío francés.

LEONE XI (Alessandro de' Medici, 1535-1605; conocido en español como León XI): perteneciente a la rama secundaria de la familia, fue papa durante un breve periodo en 1605. Aunque su papado fue corto, fue notable por sus esfuerzos de reconciliación dentro de la Iglesia y su enfoque en la reforma.

FRANCESCO I (Francesco de' Medici, 1541-1587; conocido en español como Francisco de Médicis): duque de Toscana e hijo de Cosimo I, su reinado estuvo marcado por la fundación de la Academia del Cimento y su afición a las ciencias. Se casó con Juana de Austria y fue conocido por su interés en las artes y la política.

FERDINANDO I (Ferdinando de' Medici, 1549-1609; conocido en español como Fernando I): gran duque de Toscana, hermano de Francesco I. Fomentó el crecimiento económico del ducado y expandió el poder político, estableciendo relaciones clave con otros Estados italianos y el papado.

ELEONORA DE' MEDICI (1567-1611; conocida en español como Leonor de Médicis): duquesa de Mantua, primogénita del gran duque Francesco I y de Juana de Austria. Se casó con Vincenzo Gonzaga, duque de Mantua y Monferrato, con el que tuvo seis hijos.

MARIA DE' MEDICI (1575-1642; conocida en español como María de Médicis): reina consorte de Francia, esposa de Enrique IV. Nació en Florencia y jugó un papel clave en la política francesa como regente mientras su hijo, Luis XIII, era menor de edad. Su reinado se caracterizó por conflictos políticos y culturales.

Cosimo II (Cosimo de' Medici, 1590-1621; conocido en español como Cosme de Médicis): duque de Toscana, hijo de Ferdinando I. Su reinado estuvo marcado por avances científicos, especialmente a través del apoyo a Galileo Galilei. Su salud fue débil, lo que limitó su influencia.

Claudia de' Medici (1604-1648): novena hija de Ferdinando I, princesa de la Casa de' Medici y archiduquesa de Austria por ser la esposa de Leopoldo V, conde de Tirol y archiduque de Austria, y de Ubaldo della Rovere. Desempeñó un papel diplomático en su matrimonio, fortaleciendo los lazos entre el Ducado de Toscana y el Imperio Habsburgo. Fue la madre de Vittoria della Rovere.

Vittoria della Rovere (1622-1694; conocida en español como Victoria della Rovere): duquesa de Urbino, esposa de Ferdinando II. Fue una figura clave en la gestión de los asuntos familiares y políticos. Su matrimonio consolidó el poder de los Medici en la región.

Cosimo III (Cosimo de' Medici, 1642-1723; conocido en español como Cosme de Médicis): duque de Toscana, conocido por su rígido y austero Gobierno. Aunque su reinado aumentó la estabilidad financiera, su política conservadora y su aislamiento fueron puntos de crítica.

Francesco Maria de' Medici (1660-1711; conocido en español como Francisco María de Médicis): hijo de Ferdinando I de' Medici, fue cardenal y nunca ascendió al poder secular. Su vida estuvo dedicada principalmente a la Iglesia, aunque su nombre se asoció a diversas obras de arte y de la cultura.

Anna Maria Luisa de' Medici (1667-1743): última heredera de la Casa de' Medici, hija de Cosimo III. Tras la muerte de su hermano, Gian Gastone, fue la encargada de asegurar la herencia de los Medici y donó la vasta colección de arte de la familia a Florencia.

Gian Gastone de' Medici (1671-1737; conocido en español como Juan Gastón de Médicis): último gran duque de Toscana, conocido por su carácter melancólico y su desinterés por el gobierno. Su reinado marcó el fin de la dinastía Medici, dejando el ducado bajo control de los Habsburgo.

Giovanni III de' Medici (1805-1860; conocido en español como Juan III): no ocupó puestos de liderazgo importantes. Su vida se desarrolló principalmente a la sombra de los grandes duques, dedicándose a la administración de tierras y del patrimonio familiar.

Ferdinando II (1810-1859; conocido en español como Fernando II): rey de las Dos Sicilias, fue un monarca conservador cuyo Gobierno estuvo marcado por la opresión de las fuerzas liberales. Su reinado fue testigo de las tensiones políticas y sociales que antecedieron la unificación italiana.

Giuseppe de' Medici (1803-1874; conocido en español como José de Médicis): príncipe de Ottajano, fue superintendente general de Salud Pública del Reino de las Dos Sicilias.

In illo tempore

Una noche, en el transcurso de una cena celebrada en mi casa, el historiador Henry Kamen me dijo: «Tendrías que escribir un libro». Yo sonreí educadamente, pero no respondí. A veces los escritores lanzan esta clase de frases al aire tan solo para llenar la conversación. En mi casa, por donde pasan muchos de estos señores, una afirmación de ese estilo no era una novedad; debe de tratarse de un vicio propio de ese gremio.

¿Una historia demasiado personal?

Hablar de la propia familia puede ser una muestra de cariño hacia tus antepasados, especialmente cuando intentas recordar a tal o a tal otro, pero, en mi caso, es un ejercicio más complicado, por el simple hecho de que hablo de una de las dinastías más conocidas e influyentes del mundo. Tengo que cuidar cada palabra, para no correr el riesgo de incurrir en un malentendido o provocar una mala interpretación. Si te pones en el ojo del huracán, tienes que abrazarte con fuerza al señor Maquiavelo y seguir sus consejos. Me he resistido mucho antes de empezar a escribir. El principal motivo es que me daba recelo traicionar la legendaria discreción de la familia, aunque la principal razón, si debo ser sincero, es el miedo a no estar a la altura de mis ancestros y dilapidar, con un simple libro, un legado que se ha procurado mantener intacto a través de los siglos. Para mí, y creo que puedo hablar por mi hermano también, llevar este apellido ha sido casi siempre una carga, a veces incluso demasiado pesada. Me refiero en especial al periodo de mi adolescencia, cuando me negaba a ser considerado una persona «diferente». Me daba vergüenza que la gente supiera quién era y me señalase con el dedo, o que mis compañeros de clase me odiasen porque pensaban, falsamente, que yo era el preferido de los maestros y profesores. Es verdad que me trataban de otra manera. Si a un compañero lo llamaban por su nombre, a mí me decían señor de' Medici. Cuando tienes catorce años, te molesta, y no poco. Para paliar esta situación, decidí llevar durante unos años el apellido de mi madre en lugar del paterno, y afrancesar Lorenzo para llamarme Laurent. Hoy en día, sigo teniendo amigos que me llaman así.

Uno de los motivos que me animó a escribir este libro es también el hecho de que, a pesar de todos los que se han publicado en los últimos dos siglos, ninguno ha mostrado una visión desde dentro. Es lo que he intentado hacer esta vez, preservando, por supuesto, la intimidad de mis familiares más cercanos. Tampoco pretendo exponer solo el lado más benévolo de mis antepasados ni reescribir la gran historia. Lo que sí quiero es contarla desde una óptica distinta.

Uno de los ejemplos más emblemáticos es quizá el de Caterina de' Medici, reina de Francia y una figura clave en la política europea del siglo XVI. También fue madre de tres reyes de Francia (Francisco II, Carlos IX y Enrique III) y una destacada mecenas de las artes, conocida por su influencia en la gastronomía, la moda y la arquitectura de su época. Además, jugó un papel crucial en los conflictos religiosos entre católicos y protestantes en Francia. Tal vez por eso, durante siglos, la soberana fue descrita como una mujer malvada, ambiciosa, con fama de envenenadora y asesina. Nada más falso. En los últimos años, se ha vuelto a redescubrir a ese personaje a través de los centenares de cartas que escribía. Le dedico un capítulo más adelante. Me enerva que los malos rumores se mantengan y que hoy en día se la siga tratando como a una persona cruel en películas o series de televisión, como la reciente titulada *La reina serpiente*. Por supuesto, muchos acontecimientos y aspectos han sido ocultados con deliberación, pero es la ignorancia (o la falta de documentación) la que en varias ocasiones ha generado el halo negativo que rodea a numerosas figuras de la Casa de' Medici. La historia y las leyendas van de la mano.

A menudo, cuando un periodista me entrevista, me pregunta si hay algún secreto de la familia que pueda contar.

Me hace sonreír. Por supuesto que los hay, pero está claro que no los voy a contar; ¿qué tendrían de secreto si los contara?

De todas maneras, no es que haya tenido una relación de amor y odio con mi familia. Simplemente, he tenido que aceptar que, por el apellido que llevo, nunca seré como cualquier ciudadano. Me di cuenta de eso cuando tenía más o menos diez años.

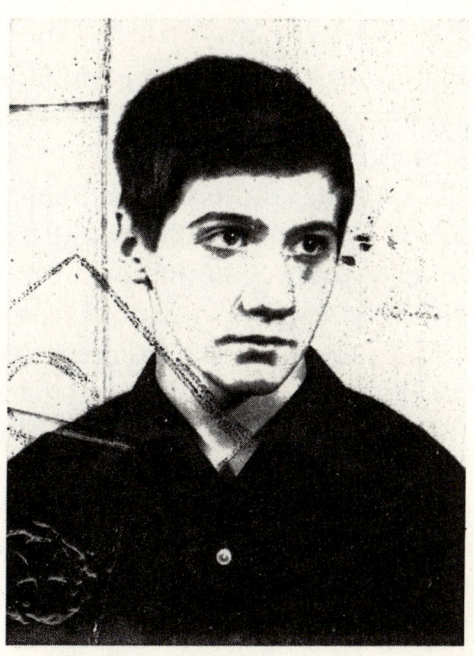

Fig.1. Yo a los catorce años.

El peso del pasado

Llevar un nombre y un apellido ilustres no ha sido siempre un camino de rosas. Como he mencionado, durante algunos años hasta me avergonzaba; mi juventud fue especialmente dura. De hecho, no poder moverme sin despertar cierta curiosidad o sin total imparcialidad me fastidiaba. Recuerdo, por ejemplo, que los profesores que venían a casa, antes de que mi hermano y yo fuéramos enviados al colegio, recibían severas indicaciones sobre cómo comportarse con nosotros, así como sobre el tipo de instrucción que debían impartirnos. Instrucciones que recibían de mis padres y de mis abuelos. Naturalmente, era indispensable conocer a fondo la historia de nuestro linaje, hasta los mínimos detalles, cosa que nos horrorizaba y que no dejaba espacio a anécdotas o leyendas que hubieran podido confundir nuestra integridad. Nos recordaban todo el tiempo que no éramos una familia normal y corriente y que, en consecuencia, no podíamos comportarnos en público como si lo fuéramos. Idea de la que, personalmente, siempre he disentido, aunque debo admitir que en cierta medida tenían razón, pues la gente no nos mira como miraría a cualquier otra persona. En el fondo, siempre hay un atisbo de curiosidad.

Puede sonar raro a quien no esté familiarizado con este tipo de condición. Pero es cierto que el simple hecho de llevar un apellido demasiado famoso puede generar situaciones especiales, y a veces incluso embarazosas. A menudo me ha pasado que me han presentado a desconocidos que, al conocerme, tenían ciertas expectativas, cosa del todo natural, aunque algunos lo nieguen. No sé si me he comportado siempre como se esperaba de mí o si no he cumplido sus expectativas. Lo que sí sé es que siempre me he comportado en armonía con mi carácter.

Por ejemplo, siendo mi familia especialmente conocida por su mecenazgo y su contribución al arte, es lógico pensar que soy un experto en la materia; sin embargo, eso no es cierto. Me gusta el arte, pero no con la pasión o con la rendición que se podría esperar de un Medici. A decir verdad, no me han gustado nunca las imposiciones, y mucho menos en lo que a gustos se refiere. Volviendo a las expectativas de la gente, me viene a la cabeza la famosa frase que se atribuye a Sigmund Freud: «Hay en nosotros tres personalidades: la que la gente ve, la que nosotros creemos ser y la que somos realmente». Añadiré que, en el último caso, lo importante es no tomarse demasiado en serio.

Leo Castelli, que de arte sabía mucho pues era uno de los mayores galeristas del mundo, enseñándome una revista que lo describía como «el nuevo Medici del siglo XX», me dijo riendo: «¿Ves, Lorenzo? Te estoy robando el puesto». Tenía razón. Solo que yo aquel puesto no lo quería.

Lo que quería era ser libre de buscar mi camino, libre de contar, libre de escribir.

Una epopeya literaria

He aquí la historia de un nombre que intenta huir de su apellido y de una familia que ha sabido sobrevivir a su propio pasado. Qué duda cabe que es imprescindible conocer el papel desempeñado por esta familia para poder entender su importancia; por qué, aún hoy en día, es sinónimo de gran prestigio, magnificencia y mecenazgo.

La influencia de la dinastía Medici tuvo una importancia determinante en la historia de Europa y gracias a sus iniciativas se pudo verificar la evolución desde la oscuridad de la Edad Media hasta la Ilustración del siglo XVIII. Para entender realmente por qué los Medici permanecen en la actualidad tan vinculados a la historia es necesario tener una visión, quizá incluso limitada, de cómo era el mundo de entonces y de cuál fue el papel que esta familia desempeñó para contribuir a modificarlo. Solo entonces se podrá entender por qué los Medici han tenido un impacto tan grande en el arte, la geopolítica y el comercio que continúa resonando hasta el día de hoy.

Sobre los Medici se ha escrito muchísimo, razón por la que se ha perdido la cuenta de aquellos que, en los últimos seiscientos años, han quedado fascinados por ellos; pues lo cierto es que esta familia ha sabido estimular, más que ninguna otra, la imaginación de quien ha entrado en contacto directa o indirectamente con ella. Es evidente que nuestro nombre estará unido para siempre al Renacimiento, a la

Toscana y, en concreto, a Florencia. Y lo estará toda la eternidad, ya que, con donaciones que superan todos los límites de la imaginación, generación tras generación, los Medici han transformado la que fue capital de su señorío en la ciudad reconocida hoy universalmente como una de las cunas mundiales de la cultura, del arte y, por extensión, de la historia cultural de Occidente.

Además de ofrecer una versión sintetizada, en la medida en que me sea posible, de la historia general de la dinastía, he optado por describir tan solo a algunos de sus personajes, de los cuales unos son muy conocidos y los otros casi desconocidos por el gran público; a este respecto, debo confesar que estos últimos son mis preferidos.

No obstante, si con esta obra lograra despertar en el lector cierta curiosidad, un deseo de saber más sobre el tema, habré alcanzado mi objetivo. Consultando la enorme bibliografía que en los últimos siglos se ha dedicado a mi familia, se puede aprender mucho de la historia, el mecenazgo y el arte del Renacimiento, que tanto influyó en los siglos que vinieron después. Está claro que si los Medici han conseguido ser tan famosos a través de los siglos, hasta el punto de justificar que su historia se enseñe en las escuelas y en las universidades, por algo será.

En este libro he procurado seguir el orden cronológico en lo que a la historia de mi familia se refiere. En este sentido, explico sus orígenes, incluyendo algunos apuntes sobre su nombre y heráldica, dedicando una serie de capítulos a personajes por los que siento una simpatía especial, como Anna Maria Luisa y sus donaciones al Estado de Toscana, así como una breve introducción al Renacimiento que permita situar mejor los hechos. Explico anécdotas que se han producido en la sucesión al trono gran ducal; por qué no fue elegido un miembro de la misma dinastía para suceder al último gran duque medíceo, Gian Gastone I, quien fue sustituido a su muerte por el miembro de una nueva dinastía, la de los Lorena. Asimismo, he tratado de hacer asequibles las complicadas e imbricadas relaciones consanguíneas de la Casa de' Medici con las demás casas gobernantes.

Enseguida propongo un repaso por nuestra historia desde 1700 hasta hoy. Se trata de algo que no se cuenta en los libros de historia. Explico lo que les ha sucedido a las últimas generaciones, las inmediatamente anteriores a la mía, cerrando el siglo XX con recuerdos que he ido fijando en los últimos años sobre mis padres y mi infancia. Se trata del testimonio de acontecimientos vividos y conocidos de primera mano, relatos escuchados en casa, así como anécdotas de pequeños acontecimientos cotidianos. Debo decir que he omitido voluntariamente ciertos nombres de personas, de lugares y de pueblos. Lo he hecho por deferencia hacia las distintas ramas de la familia, que tienen derecho a su vida privada, tanto por los vínculos de parentesco que me unen a ellas como por el profundo respeto que me infunden las personas que viven hoy en los lugares donde se desarrollan los hechos.

Para escribir este libro, al no querer confiar solo en mi memoria, sobre todo en lo que atañe a las fechas y a la cronología de los hechos, me he servido de varia bibliografía dedicada a mi familia, de historiadores y escritores más relevantes. De hecho, en mi biblioteca tengo unos cuantos centenares de esos libros, por lo que resultaría imposible mencionarlos todos. He tratado, pues, de anotar, siempre con el máximo rigor, cualquier referencia a otros libros en las notas; ciertamente por considerarlo una obligación moral, pero también para invitar a quien estuviera interesado a consultar el texto original. La bibliografía de los Medici se compone de alrededor de unos mil títulos. Tan solo he consultado unos cuantos, por lo que es probable que haya olvidado alguna obra significativa; si es así, me excuso por adelantado con el autor y el lector culto. Dejando de lado raras excepciones, muchos de los libros de historia aquí citados tienen en común una característica peculiar: en ellos se escribe sobre los Medici como si se tratara de una dinastía extinguida. Esta singularidad se debe a que sus autores se han dedicado a referir solo los hechos que conciernen a las dos ramas principales de la familia, los llamados «históricos». Efectivamente, son estos los que han dado mayor fama a la familia y la trayectoria de estas dos ramas concluye en 1743, con la muerte de Anna Maria Luisa de' Medici, a quien dedico un capítulo.

Pero esta denominación de «familia extinguida» no es del todo correcta desde el punto de vista puramente genealógico, y me parece obligado recordarlo aquí. Lo cierto es que las ramas que han sobrevivido hasta hoy no están del todo separadas de las llamadas «históricas». Como veremos, los matrimonios cruzados con primos de las ramas colaterales, es decir, consanguíneas, ponen de manifiesto que los actuales componentes de la familia de' Medici son, a todos los efectos, descendientes directos de Lorenzo il Magnifico o del papa Clemente VII.

Sin querer considerarla una ligereza por parte de estos escritores, me parece necesario, en beneficio de la mayor exactitud histórica, que esta afirmación de «familia extinguida», hecha un poco a la ligera y de forma demasiado generalizada, sea enmendada.

En el momento de la llamada «extinción de la familia» corría el año de gracia de 1743, en que murió Anna Maria Luisa de' Medici, última de la rama «gran ducal». En aquella época la familia estaba compuesta por al menos otras seis ramas colaterales, todas emparentadas entre sí y con el indiscutible vínculo común de tener el mismo origen. Cuatro ramificaciones, ahora distintas entre ellas, han sobrevivido hasta nuestros días. No existen, que yo sepa, nuevas relaciones consanguíneas entre nosotros. Trescientos años de distancia del último pariente común en ciertos casos, y muchos más en otros, contribuyen a hacer de nosotros unos completos desconocidos los unos para los otros. Al redactar su testamento, Anna Maria Luisa, la «última» de los Medici, recordó, en cambio, mencionar como uno de sus beneficiarios al que consideró su pariente más cercano, Piero Paolo de' Medici, a quien hago referencia más adelante. Eso significa que si ella hubiera sido realmente la «última» Medici, no habría podido hacerlo.

En la historia de las dinastías europeas ha ocurrido en varias ocasiones que, una vez extinguida la rama reinante, le sucede en el trono la más cercana, aunque esto signifique un cambio en el nombre de la dinastía. Pero eso nada tiene que ver con la extinción de la familia, en el sentido genealógico del término, ya que al último familiar le sucedía el pariente más cercano. Este no es nuestro caso, pues el apellido siempre ha seguido siendo el mismo, Medici, y ha ido pasando de varón en varón, de generación en generación. Naturalmente, eso no significa que no debamos reconocer, por fidelidad a la exactitud histórica, que las ramas citadas como «extinguidas», las llamadas «gran ducal» y de «il Magnifico», no sean en efecto las principales.

No es mi intención abrir ninguna polémica con esta afirmación. Es evidente que buena parte de los autores se interesaron en exclusiva por los hechos históricos de las ramas que tomaron en consideración y no por una panorámica más amplia y genealógica. Sin embargo, opino que la genealogía, siendo una ciencia exacta, estrechamente vinculada a la historia, es una fuente de información demasiado valiosa para no ser tenida en cuenta.

Debo decir también que en el texto a menudo se hace referencia, además de al papa, a diversos soberanos de Europa y al emperador. Por emperador se entiende, naturalmente, el único que había en la época en Europa, el jefe del Sacro Imperio Romano, que era elegido por una asamblea de príncipes electores alemanes, cuyos dominios se extendían entre Alemania y Hungría, incluyendo Bohemia, Austria y distintos territorios situados en el norte y centro de la actual Italia. A lo largo del siglo XVI, los Habsburgo transformaron el proceso electoral en un acto simbólico, ya que la sucesión se efectuaba de padre a hijo en orden de primogenitura. Además, en la persona de Carlos V, citado varias veces en el texto, confluyeron también, mediante los derechos de sucesión, las coronas de los distintos reinos de España y sus posesiones europeas y ultramarinas; pero esta es otra historia.

Mis abuelos

Mi bisabuelo paterno, Vincenzo de' Medici, falleció en Florencia, en el mismo palacio en que había nacido. En 1805, año de su nacimiento, Florencia era la capital del efímero Reino de Etruria, mientras en el momento de su muerte, en 1867, se había convertido en capital del Reino de Italia,* aunque en la etapa de 1814 a 1859 había vuelto a ser capital del Gran Ducado de Toscana. Vincenzo dejaba un único hijo de apenas doce años, mi abuelo Pietro.

Creo estar en posición de afirmar que el problema de asegurarse una descendencia no debía ser especialmente relevante para ellos, pues en las últimas generaciones solo nacieron hijos únicos engendrados a edad tardía. Vincenzo tuvo a Pietro cuando ya había cumplido los cincuenta años, mientras que Pietro tuvo a mi padre, Lorenzo, a la casi venerable edad de cincuenta y tres años. Falleció dos años más tarde, en 1910, dejando a mi padre huérfano. Por tanto, no pude conocerlo, ni tampoco a mi abuela. Ella falleció en 1936, muchos años antes de que yo naciera, de un «mal feo», la expresión que se utilizaba en aquella época para definir el cáncer.

De mi abuelo Pietro solo he visto alguna que otra fotografía amarillenta, donde aparecía vestido de cazador, con la

---

* Florencia fue capital de Italia de 1860 a 1870, hasta la conquista de Roma.

mano apoyada en el fusil, por lo que no es difícil imaginar que ese debía de ser su pasatiempo favorito. En la imagen miraba fijamente al objetivo y lucía el gran bigote típico de la época humbertina, que le daba un aspecto un poco severo, pero también bonachón y señorial. Habiendo muerto su padre Vincenzo, en 1867, cuando era tan solo un muchacho, Pietro había crecido en una sociedad matriarcal, como lo haría mi padre medio siglo más tarde. Siendo hijo único, no tenía hermanos o hermanas que pudieran transmitir la memoria, y por ello de él he sabido bien poco, prácticamente nada. Mi padre me contaba a veces episodios de su vida, que conocía de oídas, pues cuando murió era demasiado pequeño para recordarlo.

La hermana de Vincenzo, Maria Antonia, por una broma del destino, iba a ser también mi bisabuela por vía materna, como veremos más adelante. El abuelo se casó dos veces, pues tras quedarse viudo de su primera mujer, de la que no tuvo hijos, se volvió a casar a una edad tardía con la abuela Rosa, que tenía treinta y tres años menos que él y de la cual tuvo a su vez un único hijo, mi padre. Mi abuela tenía apenas veintidós años cuando se quedó viuda, y fue quien se encargó de transmitir a su hijo la herencia de su marido difunto. También ella se volvió a casar algunos años más tarde, con un hombre de bien; este segundo marido es el que hizo para nosotros el papel de abuelo. Se llamaba Carlo, aunque en la familia era conocido como abuelo Bobby; en su honor, mi hermano, siendo el primogénito, fue bautizado como Carlo. Conservo de él pocos recuerdos, pues murió cuando yo era aún bastante pequeño; de hecho, apenas había cumplido los seis años. De todos modos, se me ha quedado grabado en la memoria su Bugatti, con el que surcaba las calles a toda velocidad, fingiendo querer atropellar a los guardias municipales. Nos decía riendo: «Ahora le estiraremos los calzones a ese».

Parece que la preocupación principal de la abuela era resolver, antes de morir, el futuro de su único hijo. La herencia dejada por el abuelo Pietro no debía de ser gran cosa, pues todas aquellas generaciones habían vivido como grandes señores, gastando el patrimonio familiar, compuesto principalmente por fincas rústicas, inmuebles y palacios en la ciudad, por lo que lo habían menoscabado sin remedio. En realidad, cuando llegaban tiempos de estrecheces, a veces se vendía un palacio, unas tierras o algún cuadro. De modo que, aunque mi padre tenía bastante para vivir como un señorito durante toda la vida sin tener que preocuparse demasiado, la abuela Rosa lo había destinado a conseguir un buen matrimonio. A tal efecto, buscó una esposa adecuada por su rango, educación y fortuna, y fue así como la elección recayó en mi madre. Rica y perteneciente a una prestigiosa familia principesca, provista de medios importantes, así como pariente suya gracias a aquel bisabuelo común, Giovanni III de' Medici, padre de Vincenzo y de Maria Antonia, mi madre era la candidata ideal.

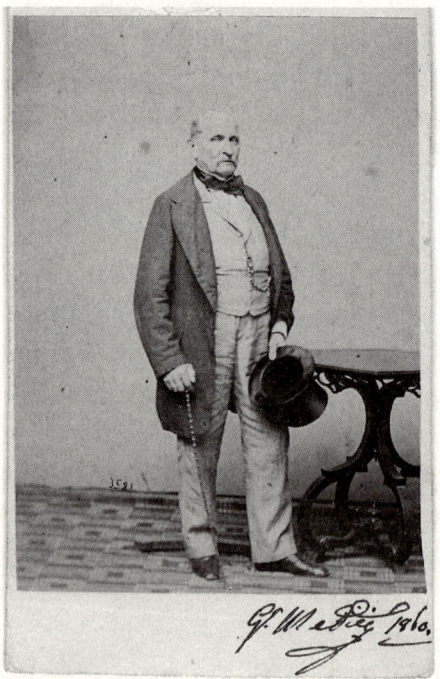

Fig. 2. Giovanni III de' Medici, 1860.

Primos segundos, el suyo no fue un matrimonio especialmente feliz, pero, dadas las circunstancias, tampoco del todo infeliz. Tardaron algunos años en llegar a cierto entendimiento, para ser exactos dieciséis, cuando al fin nació el tan esperado heredero, mi hermano Carlo. Ya he dicho que parece ser que, por una razón u otra, las últimas generaciones tenían que asegurarse la descendencia solo una vez alcanzada la madurez. Y mi padre no fue una excepción a esa especie de tradición. Para alegría de todos, yo no tardaría en llegar, en concreto tres años y medio más tarde. Como no teníamos abuelos paternos, los que hacían la función de abuelos eran los maternos. El padre de mi madre, Luigi, al ser también hijo único, a la muerte de su padre se convirtió en el fundador de la rama segundona de una familia originaria de Parma, que hacía tiempo que se había establecido en la zona de Mantua, donde poseían grandes extensiones de tierra. Por su parte, su madre era aquella Maria Antonia de' Medici, hermana de mi bisabuelo Vincenzo. Bodas y herencias habían contribuido a aumentar su patrimonio, hasta el punto en que se podía decir con certeza que el abuelo era uno de los propietarios más importantes de la zona. Sus vastas tierras se extendían hasta las fronteras de al menos cuatro provincias de Lombardía y poseía además varios palacios en los centros urbanos de la provincia, que tenía alquilados.

La abuela Olga era de origen ruso. Había conocido al abuelo en la corte de San Petersburgo, en los años noventa del siglo XIX, cuando este acompañó al príncipe heredero Vittorio Emanuele, futuro rey Vittorio Emanuele III de Italia, en un viaje a aquel país. Vittorio Emanuele también conocería allí a su futura esposa, la princesa Elena de Montenegro. Durante toda su vida, la abuela habló un italiano un tanto extraño, pero no fue un problema, pues en familia, entre nosotros, hablábamos solo francés. Este era el toque *Ancien Régime* ('Antiguo Régimen') de nuestra casa, no solo porque era el idioma oficial usado en la diplomacia, sino porque era la lengua que hablaba toda la aristocracia europea y, en concreto, la rusa. Una tradición que se mantuvo en las buenas familias hasta los años sesenta, cuando el francés fue sustituido por el inglés.

La abuela no se preocupaba de las cuestiones económicas, hasta el punto de no tener ni la más remota idea de lo que poseíamos. Al personal de la casa le gustaba mucho contar historias sobre ella, tomándole un poco el pelo. Y ni siquiera en voz demasiado baja, pues estas historias llegaban regularmente a nuestra mesa. Pero ella hacía ver que no pasaba nada y hacía caso omiso. Como aquella vez que, regresando a casa en coche con el chófer, se maravilló al ver una gran *corte** que flanqueaba su calle y que parecía abandonada. Dejó escapar un comentario en voz alta, sin esperar respuesta: «Pero ¿de quién será? Qué pena que la dejen en este estado». Y el chófer, para su gran sorpresa, le respondió: «Pero si es vuestra, princesa». Tal vez tranquilizada o quizá porque el asunto no le preocupaba especialmente, al llegar a casa se había olvidado. Aunque también es probable que comenzara con los primeros accesos de senilidad, pues el personal de la casa decía que, cada vez que pasaba por allí, hacía siempre el mismo comentario.

En el pueblo casi todos trabajaban para el abuelo; y como en aquellos tiempos no existía la asistencia social, no era raro que la gente se dirigiera a él para solicitarle ayuda, o un pequeño préstamo, que era siempre puntualmente reembolsado. En aquella época no existían contratos y un buen apretón de manos bastaba para sellar un acuerdo. A menudo, los préstamos eran pagados con trabajo, pues las fincas agrícolas del abuelo eran de tales dimensiones que quien se ofrecía para trabajar en ellas encontraba casi siempre un empleo. En las propiedades vivían varias familias, cada una de ellas en su propia casa. Permanecían allí durante generaciones y cuando los hijos eran demasiado numerosos, si se

---

* Una extensa granja con casa solariega y dependencias construidas alrededor de un patio.

casaban, recibían otro alojamiento, a ser posible en la misma *corte*, o en otro lugar si no había espacio suficiente. El primogénito se quedaba por costumbre en casa de los padres y se hacía cargo de ellos cuando envejecían.

Las propiedades heredadas por mi padre no eran en absoluto comparables con las del abuelo y, además, él no se ocupaba de ellas; prefería alquilarlas, aunque al fin y al cabo les sacaba poco rendimiento. Su desinterés era tal que cuando algún vecino quería ampliar su explotación y comprar algún trozo de tierra, habitualmente para unir diversas parcelas, mi padre estaba siempre dispuesto a vendérselo. Es evidente que prefería la vida de ciudad. Los abuelos, en cambio, vivían casi todo el año en el campo, en su villa preferida, en las cercanías de Mantua. Sus incursiones en la ciudad eran raras; en general, por negocios.

A la abuela no le gustaba la vida social y esta era su excusa para sustraerse de la curiosidad de la gente. Combatía la monotonía en los meses centrales del verano, cuando el calor sofocante del valle del Po la obligaba a marcharse a tomar el aire a la montaña, aunque «la montaña» era en realidad una colina de algunos centenares de metros de altura, con una bellísima vista sobre el lago de Garda. Los abuelos salían entonces en cortejo, en dirección a su residencia estival, un gran caserón gris, llamado pomposamente «la villa del Obispo», en origen residencia de caza de algún obispo, como recordaba un anónimo escudo episcopal en el portón principal.

La salida hacia la montaña era siempre un ritual. El cortejo de coches iba presidido por el del abuelo, que lo conducía personalmente, con la abuela sentada a su lado y nosotros, los niños, en el asiento trasero. En el segundo, nos seguía el chófer con la cocinera, una doncella y mucho equipaje. En el tercero, más equipaje y algún que otro comestible indispensable: las indefectibles calabazas, el aceite bueno, los huevos frescos y, sobre todo, nuestro vino. Cuando estaban cerca de la casa, el abuelo tocaba el claxon, de modo que cuando entrábamos en el patio de la villa estaban ya esperándonos, en fila frente al portón para darnos la bienvenida, el guardés con su mujer y sus hijos, que vivían allí todo el año, y tal vez algún campesino. Nos saludaban un poco ceremoniosamente, aunque sin muchas efusiones, y todos se disponían a descargar los coches, mientras el abuelo se retiraba a su estudio de la planta baja para hablar con uno de sus hombres de confianza de cosas que nosotros no debíamos saber. En realidad, solo se informaba de las últimas novedades: las cosechas, los trabajos realizados para el mantenimiento de la villa o los cambios que habían tenido lugar en la composición de las familias que trabajaban para ellos.

La abuela, por su parte, seguida de la mujer del guardés y de la guardarropa, inspeccionaba toda la casa, controlando que todo estuviera en su sitio y que no faltara nada. Mis padres llegaban más tarde, siempre con prisas y para poco tiempo. Mi madre se hubiera quedado más, pero mi padre odiaba el campo y se aburría. Prefería con mucho dedicarse a la pesca, aunque después regalaba las piezas, ya que en casa el pescado gustaba poco.

La abuela era la matriarca de la familia. A primera vista, imponía respeto, sobre todo cuando te miraba con sus grandes ojos negros y fríos. Era una mujer de principios muy rígidos y de porte majestuoso. Tenía un carácter muy fuerte, pero trataba siempre al abuelo con gran respeto y jamás los oí discutir, pues entre ellos existía un profundo entendimiento. De hecho, sus respectivas parcelas eran tan claras que no había ningún motivo de discusión. Acostumbrada a dar órdenes, no esperaba ninguna respuesta y probablemente no la habría ni siquiera admitido, aunque se hubiera tratado tan solo de un comentario. No recuerdo que me cogiera nunca del brazo y los besos que me dio fueron contados; mientras nosotros estábamos obligados a besarle la mano con solemnidad para saludarla. Hablaba poco, y lo poco que decía era siempre apropiado. Pero tenía un gran sentido de la justicia, hasta el punto de no soportar la menor injusticia. Si se le presentaba algún problema, se sabía que su respuesta sería perentoria, pero la más adecuada a las circunstancias.

En mi casa, los niños no eran admitidos hasta los catorce años en la mesa de los mayores, salvo circunstancias excepcionales. Mi hermano y yo comíamos con las tatas, en la sala contigua a la cocina. La ventaja era que las comidas no resultaban tan ceremoniosas y, además, permitían escuchar los suculentos comentarios del personal. Ellos, para que no los entendiéramos, hablaban en dialecto cerrado. Y como en familia hablábamos solo francés, pensaban que nuestro italiano no era lo bastante bueno para permitirnos entender el dialecto. En parte tenían razón, pero de todos modos siempre entendíamos algo.

El personal de servicio era numeroso, pues hacían falta muchos brazos para sacar adelante aquella gran casa. Todos eran buena gente y eran siempre los mismos, de manera que cada año veíamos las mismas caras. Cuando alguien moría, el abuelo se ocupaba de todo: del funeral, de la tumba, de ayudar a las familias que lo necesitaban... Y si se casaba una muchacha, se le regalaba la dote, generalmente el ajuar y algo de dinero. Las doncellas eran muy devotas de la familia, o eso parecía. Nunca una palabra fuera de lugar, jamás una pregunta. Eran casi siempre italianas, fieles a una casa que para ellos lo representaba todo. Se llamaban Giuseppina, Rita, Yole y Rosina, mientras que Trudi, del Alto Adigio, Carmen y Coco eran las tatas. No tenían uniforme, pero todas llevaban un gran delantal blanco, muy bien planchado, que parecía recién sacado del armario y que les proporcionaba un aspecto fresco y limpio, y también las hacía parecer enfermeras de un hospital. Con el cabello peinado hacia atrás, recogido en la nuca, tenían un aire vagamente familiar entre ellas; se parecían todas.

Los hombres entraban poco en la casa. A ellos les estaban destinados los trabajos externos y se les notaba más el aspecto rural, a causa de las mejillas enrojecidas y las grandes manos callosas. El único que no tenía ese aspecto era el chófer y parecía casi fuera de lugar con traje oscuro, aspecto marcial y unos modales que querían ser elegantes. El mayordomo parecía un cardenal y era un hombre de pocas palabras, con la espalda siempre recta y muy estirado. Estaba visiblemente orgulloso de trabajar en aquella casa, y creo que de no percibir un salario también se habría quedado.

Parecía que la casa saliera adelante sola, pues cada uno hacía su trabajo en silencio. Las mujeres hablaban entre ellas solo en la cocina, y en el resto de la casa, mientras limpiaban, imperaba un ordenado silencio y se oían pocas palabras, pronunciadas en voz baja. Solo cuando era necesario sacar de los armarios un objeto valioso, para preparar algún acontecimiento especial, como manteles de lino, pañuelos de batista bordados, la cubertería de plata de las grandes ocasiones o alguna otra cosa, la abuela daba permiso para abrir los armarios «prohibidos». Esta tarea correspondía solo a la guardarropa, que era quien custodiaba todas las llaves, pues la abuela no se fiaba y lo tenía todo bien cerrado.

En el interior de los demás armarios, los que se alineaban en las habitaciones de los guardarropas, había montañas de ropa blanca, sábanas de lino, manteles y servilletas de Flandes; todo ello perfecta e impecablemente ordenado y planchado. Debo decir que una parte de estas sábanas y manteles de lino los he heredado yo y ahora se encuentran en mis armarios; y yo también los hago planchar siempre, pues no me gusta meterme entre las sábanas si no están planchadas: se duerme mucho mejor. En los armarios de ropa blanca había pequeños saquitos cosidos a mano con lavanda dentro para perfumarlos. Y en la parte interior de las puertas, alguien, con una bonita letra, había hecho la lista de todo el contenido, ya fuera ropa blanca o piezas de plata. Como nunca se hacía ningún control, o bien la lista no se actualizaba nunca, cuando murió la abuela nos dimos cuenta de que habían desaparecido bastantes cosas.

En cuanto a la mesa de los abuelos, estaba siempre bien puesta. Lucía grandes manteles de lino con el escudo bordado en las esquinas, los platos y las porcelanas blasonadas, la cubertería imponente y superabundante. Todos los días eran igual; era un rito. Se comía a horas fijas: a la una y a las ocho de la tarde. Y si alguien llegaba tarde sin una buena excusa, no se le permitía sentarse a la mesa; tenía que conformarse con comer en la salita contigua a la cocina, la de los niños y las tatas.

La comida era siempre bastante frugal. Se comía bien, pero poco, pues los abuelos apenas tomaban bocado y no hubieran entendido que alguien quisiera comer más que ellos. Tanto en verano como en invierno, se comenzaba siempre con la sacrosanta sopa, después venía un plato de carne, verduras hervidas y fruta al horno de postre. La fruta al horno era una imposición de la abuela, pues ella la digería mejor. En cuanto a la bebida, una copa de vino era aceptable; dos eran consideradas fuera de lugar. El vino podía y debía ser siempre solo el nuestro, con la etiqueta con nuestro nombre acompañado por el infalible blasón y la añada. En definitiva, un menú casi monacal.

Después de comer, solo en su estudio, lejos de las miradas indiscretas, el abuelo se permitía una copa de coñac francés acompañado de un buen puro. Era su secreto de polichinela, pues en realidad no engañaba a nadie, y mucho menos a la abuela, que secretamente le cambiaba la botella cuando estaba a punto de acabarse. Se mantenía esta rutina todos los días, excepto en las grandes ocasiones o en las fiestas, cuando cambiaba el menú. En aquellos días, había mucho trajín en la cocina y se respiraba una gran excitación en toda la casa. A la mesa se añadían las prolongaciones y se disponían las porcelanas de las grandes ocasiones y una cubertería que había sido abrillantada hasta la extenuación.

Se comía decididamente mejor en casa de los demás, aunque nuestra especialidad, los *tortellini* de calabaza, eran insuperables. Los preparaba mi tía Rosa. Mi madre, que no sabía cocinar, había aprendido de ella a hacer los *tortellini* y se habían convertido en su especialidad. En casa, durante toda la vida, mientras mi madre pudo hacerlos, no comimos nunca pasta comprada fuera, sino solo la que ella hacía cada día. Recuerdo bien la cocina. Era grande y espaciosa, con los fogones que funcionaban aún con leña, que se metía abriendo una puerta que había debajo de las placas.

Detrás de la cocina había una gran despensa; siempre fresca, con rejillas en las ventanas para que no entraran las moscas. Los estantes estaban llenos de mermeladas que se hacían en verano, se metían en tarros de cristal cerrados con celofán y llevaban unas etiquetas pegadas que rezaban: «cerezas», «albaricoques», «fresas», «frambuesas»... Estoy convencido de que aquellas mermeladas se las comía el personal, pues nosotros éramos cuatro gatos y no podíamos acabar con ellas tan rápido. Había también un extraño trasto en el que se vertía la leche fresca y en el que, dejándola reposar, se separaba de la nata; confieso que, furtivamente, metía siempre un dedo.

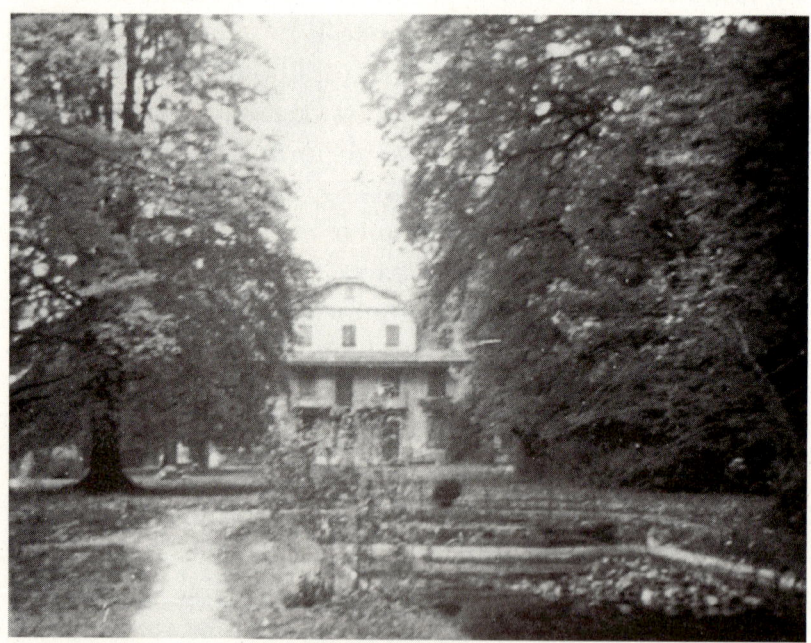

Fig. 3. La casa de mis abuelos maternos, Luigi y Olga, en las afueras de Mantua.

A la gente del pueblo le gustaba charlar. Comentaba los acontecimientos de la casa en función de lo que habían oído decir, a menudo con una fantasía que superaba con creces la realidad. Contaban cosas que no habían sucedido nunca y, naturalmente, fabulaban acerca de nuestra proverbial riqueza, diciendo cosas como que los grifos de los baños y los picaportes eran de oro macizo. En consecuencia, una vez fui a comprobarlo y no era cierto; solo eran de un color parecido al oro, pero tan brillantes que hubieran podido confundir e inducir a cualquier doncella a referir esta noticia.

Cuando pasábamos andando por el pueblo, cosa que sucedía muy de vez en cuando, nos observaban en silencio, con curiosidad. A las mujeres les hubiera gustado detenerse a hablar con nosotros, pero no se atrevían. En cuanto a los hombres, nos saludaban con una pequeña inclinación de cabeza casi imperceptible. Sentían respeto por nosotros, pero no envidia, y jamás oí un solo comentario negativo sobre nosotros en boca de la gente del pueblo. Solo en una ocasión una joven doncella, a guisa de confidencia, me dijo mientras me hacía la cama: «Vosotros sois gente especial». «¿Especial en qué sentido?», le pregunté yo. «No sabría decirte: distintos; tenéis algo que nosotros no tenemos.» Eso de ser vistos como «distintos» me preocupó un poco y estuve un tiempo pensando en ello, sin llegar a encontrar la respuesta. Sucedió algo muy parecido una vez que mi madre estuvo ingresada en el hospital, en una de sus numerosas estancias obligatorias al final de su vida. Una enfermera, que no sabía nada de ella, tal vez ni siquiera su nombre, me confesó: «Se nota que su madre es una persona especial. Es muy fina. No se queja nunca. Es muy dulce. Parece una princesa».

Cuando mi madre era ya una anciana, a menudo la llevaba a dar un paseo con el coche para distraerla. Una vez, llegamos hasta el pueblo. Había cambiado mucho y casi no lo reconocíamos. Toda la gente era nueva. Las nuevas nueras venían de fuera y solo nos conocían por haber oído hablar de nosotros. Entramos en un bar para tomar un café. Mi madre miraba a su alrededor, pero no reconocía a nadie. Era evidente que le hubiera gustado poder hablar con alguien, pero no había nadie que le resultase familiar. Nos quedamos en aquel café muy poco rato. Cuando salimos, una mujer mayor con las piernas algo arqueadas, que caminaba con dificultad, se acercó, esbozando un tímido: «¡Princesa...!», que parecía más una pregunta que una llamada. Mi madre instintivamente se volvió, con una gran sonrisa, tratando de reconocer aquel rostro arrugado y quemado por el sol: «Soy la Yole, la hija del Pin». Era la hija de Giuseppe, Giuseppin, el Pin, como llamaban en el pueblo al jardinero.

Hablaron un poco, sobre todo de muertos, pues ya no quedaba nadie. Después, para despedirse de ella, mi madre le acarició la cara y le metió discretamente un billete en el bolsillo del delantal. La mujer, sin dejar de hablar, metió la mano en el bolsillo, apretando el billete. Más tarde, en el coche, le pregunté: «Pero ¿de dónde has sacado el dinero? No te he visto abrir el bolso». «Ya lo llevaba preparado —me contestó—. Me lo había metido en el bolsillo del traje de chaqueta por si nos encontrábamos a alguien. Son gente pobre, reciben pensiones muy pequeñas.» Estaba contenta; haber sido reconocida, haber podido intercambiar aquellas cuatro palabras, había contribuido a que superara la desilusión inicial. Se había metido el dinero en el bolsillo del traje de chaqueta «por si acaso»... Sabía que, si hubiera abierto el bolso, no habrían aceptado.

En casa teníamos muchísimos álbumes de fotos, de aquellos grandes, con papel negro y fotografías con los bordes festoneados. Algunos, en la tapa, llevaban el escudo impreso en plata o en oro. Muchas de las fotos se habían amarilleado y, al pie, una mano anónima había escrito con tinta ahora marrón alguna leyenda que casi no se podía leer. Nombres de parientes olvidados, que habían posado movidos por la circunstancia, para la memoria de una época; pero en realidad ya nadie recuerda quiénes son, pues quien se acordaba de ellos ya está muerto. Mi tía Rosa era la única de la familia que los reconocía. Sabía el nombre, el apellido, la fecha de nacimiento, de la boda o de la muerte de todos. Cuando falleció, con ella desapareció su memoria histórica. Había fotos de bodas, de bautizos y de comuniones. Casi siempre tomadas frente al portal principal de la casa o en la gran escalinata del jardín. Figuras de señoras ancianas, alguna abuela, bisabuela o tía abuela, retratadas siempre sentadas y tiesas, con la indefectible sombrilla para protegerse del sol. En uno de nuestros numerosos traslados, la caja que contenía todos los álbumes desapareció. Mi madre tuvo un gran disgusto. Soy de la opinión de que los transportistas la hicieron desaparecer a propósito, aunque debió de ser para ellos una gran desilusión descubrir su contenido.

Raramente íbamos a misa a la iglesia del pueblo; de hecho, solo lo hacíamos en las grandes ocasiones. Por lo general, venía a casa el capellán que oficiaba en la capilla de la villa. Una capilla más bien pequeña, donde habíamos sido bautizados todos los bebés de la familia, mientras que las bodas, a causa de sus reducidas dimensiones, se celebraban siempre fuera. En la iglesia del pueblo teníamos nuestro banco particular. Como estaba situado junto al altar, desde él podíamos ver a toda la gente del pueblo y todo el pueblo podía vernos a nosotros. La abuela llegaba siempre la última y nadie se atrevía a salir de la iglesia antes que ella. Se respiraba como cierto respeto hacia nosotros; un respeto silencioso, jamás confirmado por las palabras. A los niños, si íbamos a misa a la iglesia, nos vestían de «principitos», con el cabello bien peinado y engominado. A mí me daba mucha vergüenza. Aquellas misas me parecían siempre demasiado largas y, si empezaba a moverme, bastaba una mirada fulminante de la abuela para que me quedara quieto.

Navidad era el día sagrado del año. Había siempre un árbol, religiosamente elegido por el jardinero de nuestro bosque, que era decorado de manera generosa y secreta por el personal de la casa con regalos que se colocaban debajo. La mañana del 25, toda la casa se reunía en torno al árbol, incluido el personal con el uniforme de las grandes ocasiones. En primer lugar, la abuela les repartía los regalos a ellos. Era todo un ceremonial, con una rigurosa etiqueta que había que seguir: primero el mayordomo, después la cocinera, el chófer, los ayudas de cámara y, por último, las doncellas. Daban las gracias sin efusión y corrían a la cocina a abrir los paquetes. Generalmente se trataba de sobres con dinero dentro. También había regalos para sus hijos, que nunca estaban presentes para recibirlos porque no vivían en la casa y no tenían permiso para venir a la villa. Vivían, en general, con sus abuelos o con otros parientes en el pueblo, y si conocí a alguno de ellos, fue siempre por pura casualidad.

Después era nuestro turno. Nosotros sí que los abríamos enseguida, y en aquellos momentos la abuela tenía un aspecto relajado y sonriente. Mi madre recibía todos los años joyas, sin excepción. No creo que le entusiasmaran mucho, pues a ella no le importaban demasiado. En aquellas ocasiones, la abuela le regalaba una de las suyas, herencias del pasado; y mi padre siempre una nueva, comprada o encargada hacer expresamente para ella. Acto seguido venía la comida de Navidad, con la mesa preparada con gran solemnidad. Se sacaba la cubertería de plata, que no veía durante el resto del año, y la vajilla antigua, que había pasado de generación en generación. La de Navidad era de color verde pálido, con el borde de oro y el infalible escudo. Había una sobreabundancia de objetos inútiles: salseras de todas las medidas, platillos para las botellas, reposacubiertos, portanombres...; un objeto para cada cosa, y cada cosa tenía su función específica. Durante lo que duró la guerra, todos estos objetos, incluida la cubertería de plata y los muebles más valiosos, habían sido escondidos en una habitación tapiada a la que llamaban «el cuarto secreto». Cuando fue abierta de nuevo, sirvió de trastero para viejos muebles, ya que las buhardillas estaban llenas de cosas que nadie recordaba ya poseer: camas imperio demasiado cortas para las nuevas generaciones; espejos demasiado envejecidos; alfombras heredadas, cuidadosamente embaladas, que antaño decoraban los palacios y que ahora eran demasiado grandes para estas casas; baúles de casa y de viaje... Había también armarios llenos de cartas, y cuadros, muchos cuadros. ¿A quién representaban? Era imposible saberlo, pues eran demasiados. La abuela, que tenía gustos muy austeros, no quería que la casa pareciera un museo, de modo que lo escondía casi todo.

A ella solo le gustaban los grandes retratos a escala real que decoraban el vestíbulo de la casa. Uno de ellos representaba al abuelo, retratado en uniforme de gala, con tantas condecoraciones que parecía un jefe de Estado. Y en la otra pared estaba ella, la abuela, con su diadema favorita; aunque, más que la abuela, parecía una reina. En el salón grande se encontraban los retratos de las generaciones anteriores, alineados cronológicamente. El bisabuelo, su padre, Maria Antonia de' Medici, etc.; parecía que estuvieran allí, controlando que todo siguiera como siempre.

EL CUARTO SECRETO

En casa había también un cuarto «invisible», al que se accedía desde el estudio del abuelo. Las paredes del estudio estaban cubiertas de caoba y, en una esquina, había un falso panel que se podía apartar tirando de él; entonces aparecía, oculto, el agujero de una cerradura. Se trataba de una puerta perfectamente camuflada en la pared, una puerta invisible que llevaba a una pequeña habitación, muy pequeña, donde el abuelo guardaba todos sus archivos y algunos documentos, pues por su reducido tamaño no podía contener muebles o cosas de grandes dimensiones. Asimismo, en una de las paredes se habían practicado de arriba abajo pequeños agujeros para que pasara el aire. Durante la guerra, esta habitación fue vaciada y los archivos transportados al cuarto secreto, pues el abuelo temía que los alemanes, si ocupaban la casa, como de hecho sucedió después, descubrieran aquella habitación por los orificios que comunicaban con el gran salón contiguo, y que, en consecuencia, se apoderaran de sus archivos.

A propósito de la ocupación de la villa durante la guerra, sucedió un hecho singular. Desde la verja de entrada hasta la villa, siempre había habido una serie de árboles que bordeaban el camino. Por motivos de seguridad, cuando los alemanes establecieron allí su cuartel general, el comandante alemán hizo cortar todos los árboles, de manera que se ofreciera una panorámica de la plaza del pueblo. Muchos años después de terminar la guerra, cuando el abuelo estaba aún vivo, se personó un día en la villa un señor que preguntó por él. Una vez lo hicieron pasar al estudio, se presentó como el oficial alemán que había mandado cortar todos los árboles. Decía que había sentido mucho haber tenido que tomar aquella decisión en tiempos de guerra y que había venido para hacerlos plantar de nuevo a su cargo. No sé por qué razón, al final no se hizo nada, pero el abuelo contaba siempre esta historia con una expresión divertida y satisfecha.

Alrededor de la casa había un gran jardín con árboles grandísimos y viejísimos y el césped siempre bien cortado. A pocos pasos se levantaba un cenador donde se podía leer y tomar el té al fresco. Nosotros jugábamos en la parte opuesta, para no molestar. No olvidaré nunca aquel nido subterráneo de avispas, que el jardinero había tapado con cuidado y que, al día siguiente, mi hermano y yo fuimos a abrir de nuevo. Las avispas, aún vivas y enfurecidas, me atacaron y me picaron de tal modo que tuvieron que llevarme con urgencia al hospital, mientras el pobre jardinero fue severamente reprendido por no haber tomado medidas más drásticas para eliminar el nido de avispas.

Después de la muerte del abuelo, a finales de los años cincuenta, todo fue repartido rigurosa y equitativamente entre sus hijos. Se vendió la casa, que nadie quería por el elevado coste de su mantenimiento, y se vendieron muchas de las piezas que la decoraban, pues nadie tenía espacio para ellas en sus nuevas casas. Quién sabe dónde habrán ido a parar aquellos cuadros, aquellos grabados, las miniaturas y los adornos que la llenaban. En cierto sentido, aquel fue el último gran reparto del patrimonio de la familia. Pero en realidad, no sufrimos por ello. Cada uno tuvo su parte, la que le correspondía. De hecho, educados como hemos sido para mantener cierta distancia con las cosas materiales, desprendernos de ellas no nos resultó en absoluto traumático.

Aquel sí que fue un cambio generacional. Desaparecía todo un mundo que ya no tenía razón de ser y que había sobrevivido milagrosamente fuera de toda noción razonable del tiempo. Se cerró una época y también cierto modo de vivir la familia. Cada uno se marchó a vivir por su cuenta y no volvió a haber ninguna reunión familiar o navideña más allá del estrecho círculo familiar. Los muebles, los de siempre, los de toda una vida, bien encerados y arreglados, fueron repartidos. Son, en parte, los que aún hoy tengo en casa, pues cuando, ya mayor, me independicé, mi madre me regaló una parte de aquellos que le habían correspondido. En la actualidad, si hago un esfuerzo, puedo recordar con exactitud el lugar que ocupaban en casa del abuelo. De hecho, me pregunto cuántas generaciones han comido en la que es ahora mi mesa.

Cuando nos llegó el turno de vender la casa que nuestra madre había heredado de su padre, ya que era demasiado grande para que ella viviera sola allí y no se encontraba personal para mantenerla, en cierto modo lo sentí. Ella era ya mayor y empezaba a fallarle la cabeza, de modo que no podía quedarse sola. Mi hermano y yo tuvimos que desprendernos de muchas cosas inútiles, pues no queríamos llenarnos de trastos. Fue como cerrar nuevamente otra época. Aquella casa, la casa de mamá, había sido siempre para nosotros un punto de referencia, nuestra ancla de salvación. De hecho, mi madre y su casa fueron siempre los pilares fundamentales de nuestra vida, pues mi padre hacía ya varios años que había muerto.

Sentí mucha lástima por ella, porque tuviera que abandonarla, y me sentí también algo culpable; pero no quedaba otra solución. Antes de tomar aquella fatídica decisión, mi hermano y yo estudiamos a fondo todas las posibilidades que excluían la venta; pero no quedaba otra salida. Ninguno de los dos la quería y mantenerla cerrada no tenía sentido, de modo que fue vendida. No sabría decir con exactitud en qué medida ella se dio cuenta, pero en los raros momentos en que su mente estaba clara, le entraba una profunda melancolía y estaba triste durante todo el día. En el hospital, a veces me decía llorando: «Marchémonos, llévame a casa». Seguramente, se refería a su casa. No recordaba que hacía años que ya no vivía allí.

EL DIARIO DE MI MADRE

Mi madre tenía un diario. En contra de lo que se piensa en general de los diarios, este no era secreto. Estaba siempre apoyado encima de su vestidor, un mueble de estilo Biedermeier (seguramente herencia de su madre, ya que todo aquel mobiliario había llegado a nuestra familia con la dote de ella, desde Viena). En cada ocasión en que tenía un compromiso social, acudir a una cena, o a la ópera, o al teatro, o a la inauguración de una muestra, el primer movimiento de mi madre era consultarlo, y después ya indicaba a sus doncellas lo que debía hacerse. Este diario, confeccionado en piel, con sus iniciales discretas, marcadas en plata en una esquina del borde superior derecho, tenía un tamaño mediano, que podía ser transportado en un bolso de mano; sus páginas eran blancas, y un cordón amarillo permitía señalar las páginas en las que había dejado sus últimas anotaciones. No confiaba sus secretos o simplemente sus pensamientos al diario, más bien lo usaba para escribir la lista de atuendos que había lucido en este u otro evento; también anotaba el detalle de qué joyas había usado esa noche. Por ejemplo: «Estola de visón, vestido gris perla de Lanvin, broche de diamante de Cartier. Cena en casa de la vizcondesa de Ribes», o «vestido sastre, azul y rojo, broche y collar de perlas españolas, pendientes simples de Castelli. Inauguración de muestra de Simone de Beauvoir en los Campos Elíseos», etc.

Evidentemente, lo hacía para no repetir vestido ni joyas. Era parte de su sentido práctico de la vida. Solo reparé en estos detalles en los días posteriores a su fallecimiento, cuando tuvimos que ordenar sus cosas y decidir qué hacer con su ropa, sus joyas, sus pieles y sus objetos personales. En ese momento, yo estaba soltero, sin pareja, y la esposa de mi hermano ya había señalado qué piezas del joyero le podían interesar.

Mi hermano y yo decidimos repartir a partes iguales las piezas de su joyero, y como la repartición tenía el espíritu de ser equitativa, se destruiría la unicidad de las piezas. Mi hermano no se lo cuestionaba, él entendía que, como varones, no teníamos interés en conservar esas piezas y que lo lógico sería venderlas. Yo no pensaba igual, pero me guardaba mis opiniones para mí.

Mi madre había recibido con ocasión de su matrimonio antiguas joyas de su abuela de Bohemia, en forma de *parure* y *demi-parure*,* que se guardaban en viejos estuches de cuero, que seguían la forma de las piezas.

---

* *Parure*, o 'aderezo' en castellano, es una palabra francesa que hace referencia a un conjunto de varias piezas de joyas a juego. El *demi-parure*, o 'medio aderezo' se compone de solo dos piezas.

Uno estaba muy fuera de la moda, era un *parure* completo de diamantes y turquesas de la vieja casa rusa de Fabergé. Yo no recordaba haberlo visto jamás, era ese tipo de joyas familiares que se guardan eternamente. Pero había otros conjuntos de brillantes y perlas de muy buena calidad firmados por Cartier, y muchas piezas de complementos sueltas de diferentes orígenes según los diversos lugares del mundo en que habían vivido. Muchas piezas habían sido compradas en Buenos Aires, en los años en que mis padres residieron allí. Eran de una casa de ese país llamada «Joyería Ricciardi», nombre que estampaban con gran pomposidad en cada caja.

No fue fácil decidir este reparto, pero hubo un artículo que suscitó toda la controversia: la dichosa bolsa de Hermès. Si bien lo más espectacular eran dos diademas, una de origen ruso, con brillantes y perlas, y otra de estilo *art déco* que podía desmontarse y convertirse en collar. Mi madre tenía también muchos broches y anillos de Bulgari (su piso en Milán estaba muy cerca de una de las joyerías de esta casa, y ella no perdía ocasión de dejarse seducir por sus piezas, que compraba en cada viaje).

Al mencionar la bolsa de Hermès, le dije a mi hermano: «Debes tener en cuenta que esa bolsa es muy valiosa, puede costar fácilmente unos 25.000 francos suizos, entonces, si acepto que sea para tu esposa, deberás compensármelo con joyas, que es lo otro de valor que tenemos para repartir».

Por tanto, pedí no dividir los conjuntos de joyas, alegando que las piezas perderían valor al separarlas de sus broches, brazaletes y pendientes a juego. Mi cuñada quedó muy feliz con su bolsa, sus pieles y, sobre todo, con las piezas de Bulgari, y ese fue su lote junto con las chaquetas de piel.

Mi hermano, que fue educado para ser el heredero de la casa, propuso quedarse con las diademas, pero su esposa, con un sentido más práctico de la vida, las rechazó porque, según sus palabras, «a dónde iría ella con una diadema». Mi hermano, que no ha sido un lince para la economía, y sí un hombre seducido por las mujeres, después de superar su asombro y desconcierto por el valor de un «viejo bolso de mujer», aceptó sin muchos inconvenientes el reparto. Años después me dijo: «Fuiste mucho más inteligente que yo».

Al ordenar las piezas del tocador, reparé inmediatamente en su diario, y con mucho pudor lo abrí, esperando encontrarme confidencias personales, pero para mi gran sorpresa me topé con la larga lista de piezas y combinaciones de sus *looks*, y se me escapó una sonrisa. Eso me decidió a conservar algunos de aquellos «juegos». Separé vestidos y aproveché para escoger, de entre las joyas que se me adjudicarían, aquellas que se mencionaban allí. Mi idea ya entonces era ofrecerlo a algunos de los muchos museos del traje que existen en el mundo, cosa que he hecho parcialmente. Pero aún conservo la mayor parte de estas piezas.

De todos los vestidos, el que más vida ha tenido fue uno de Lanvin. Cito esta prenda particular de Lanvin porque tiene su pequeña historia.

Era un vestido de noche, palabra de honor, hecho con un tejido de seda, con hilos de plata que en líneas rectas descendían desde el corsé; al vestirlo y tener movimiento, estas líneas daban un brillo fascinante, bastante sencillo en su estilo, pero de gran efecto.

El hecho es que, a lo largo de los siguientes diez años, cada vez que había un evento, un baile o una fiesta, mis amigas me pedían el vestido prestado. Naturalmente, no era de talla única, así que cada vez había que arreglarlo a las medidas de quien lo iba a usar.

Una noche, mientras asistíamos al baile de los austríacos, en Milán, estaba bailando un vals con una amiga que llevaba el famoso vestido. Mientras yo tenía una mano apoyada en su cintura, como era habitual, ella dio una vuelta, y como era muy delgada prácticamente giró sobre sí misma en el interior del vestido, con lo que la parte delantera se le colocó detrás y dejó el sostén a la vista. Sorprendida, pero con gran destreza, efectuó otra vuelta dentro del vestido para

volver a estar presentable. ¡Fue hilarante! Tuvimos que dejar de bailar y salimos de la pista riéndonos y sonrojados
porque esta amiga tiene un gran sentido del humor y supo
superar el desconcierto de manera creativa.

Como siempre he sido muy desprendido, con el paso de
los años fui repartiendo las piezas: en aniversarios de amigas, con donaciones a museos, o reconvirtiendo abrigos de
pieles en mantas para el sofá.

Mamma (1908-2001)

No recuerdo de qué color tenía antes los ojos; tal vez oscuros. Cuando me detuve a fijarme en este punto, ya eran grises. La edad es implacable. Sin embargo, es mi madre. Es extraño cómo ciertos detalles te vienen a la cabeza cuando también tú vas haciéndote mayor. Y, aun así, convivimos muchos años. Es algo tan natural tener a tu madre a tu lado, que ni siquiera te das cuenta de los detalles. Por el contra-

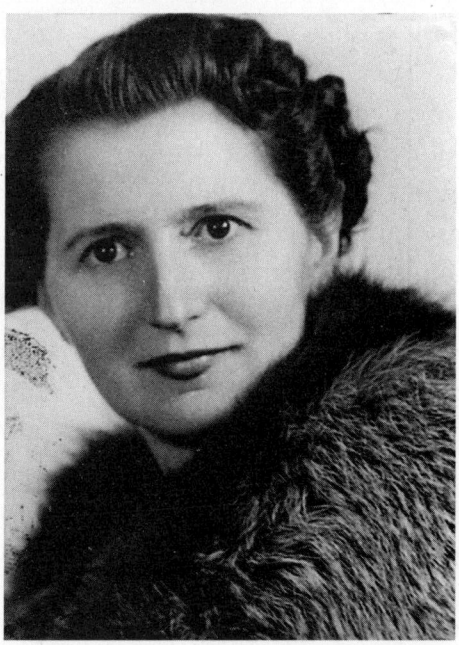

Fig. 4. Mi *mamma*.

rio, ella seguramente conocía de mí cada milímetro; las madres son así.

La mía fue una madre excepcional. La verdadera *mamma* italiana para la cual no existe nada en el mundo que no sean sus propios hijos. Un espíritu de sacrificio del cual solo los padres son capaces. Incluso en los últimos años, cuando la llevaba a comer fuera, yo ya siendo un hombre y ella muy mayor, se sacrificaba por mí contándome pequeñas mentiras inocentes. Siempre he sido goloso, y ella lo sabía. De manera que, en el momento del postre, que yo acababa en un visto y no visto, ella siempre me pasaba el suyo, argumentando que ya había comido bastante. Y no era cierto; era su espíritu de sacrificio innato el que le hacía renunciar a lo que a ella también le gustaba para dármelo a mí. Siempre fue así.

Si una noche quería salir, en lugar de quedarme con ella viendo la televisión, siempre me decía: «Que sí, ve, diviértete todo lo que puedas. Al fin y al cabo, yo ya soy vieja». Pero cuando regresaba de madrugada, fuese la hora que fuese, de su habitación en la oscuridad, con la puerta entornada, salía una voz: «¿Eres tú?», preguntaba. «Sí, mamá, soy yo. Duérmete que es tarde», le respondía. Y solo entonces se relajaba y se dormía tranquila. Me parece que todas las madres son iguales.

No creo que mi madre haya tenido una vida del todo feliz. Casada con un hombre al que con probabilidad no amaba, pero que las convenciones le imponían, tuvo que hacer frente al destino para el que había sido cuidadosamente educada. Jamás le oí una sola palabra de reproche en todos estos años. No lo entendí hasta que una vez, mientras estábamos en el cementerio de Mantua, posó con delicadeza una flor sobre la tumba de un desconocido. Frente a mi curiosidad, me dijo: «Me hubiera gustado casarme con él». Y este fue su único comentario. Gracias a aquellas pocas palabras, entendí lo que no me había dicho nunca: que también ella hubiera podido conocer la felicidad, pero que, por diversas circunstancias, no había tenido el derecho de aprovechar la ocasión.

Iba a menudo a verla los fines de semana. Vivía en una villa junto al lago, lo que me permitía visitarla y, al mismo tiempo, salir de la gran ciudad. La llamaba cuando salía de mi casa para avisarla de la hora aproximada en que llegaría. Sabía que estaría allí, en la verja de casa, esperándome. Inmóvil como una roca. Probablemente desde hacía horas. Desde mucho antes de que yo la avisara de que salía. Estaba pendiente del ruido de los coches para reconocer el mío. Siempre fue así. Y cuando llegaba, para ella era siempre una fiesta. Inevitablemente, todo estaba ya listo en la mesa. La pasta fresca hecha por ella misma: los *tortellini* de calabaza, o los *gnocchi* de patata, sus dos grandes especialidades. La mesa estaba siempre puesta con todo detalle, con cada cosa en su sitio: el mantel fresco y limpio, la cubertería brillante, los vasos impecables. No hubiera permitido nunca que su hijo comiera a toda prisa sobre un mantel ya usado, aunque lavado. Como siempre, ya había cenado, porque como todas las personas mayores, comía pronto. Y bromeábamos sobre el asunto: «¿A qué hora has cenado hoy?», preguntaba yo.

«Pues no sé. Tenía hambre. Quizá a las cinco o a las seis. Yo como cuando tengo hambre.» La doncella servía y desaparecía en la cocina. La llegada de su hijo era un momento demasiado sagrado para mi madre como para compartirlo con nadie.

Confieso que siempre la vi como a una persona ya mayor, pues cuando alcancé la edad de razonar, ella había cruzado el umbral de los cincuenta. Tanto mi hermano como yo nacimos tarde, y tal vez por eso se desvivía por nosotros. La disfruté poco tiempo, veinticinco años, quizá treinta. Después, las nieblas entraron en su mente y se hizo difícil poder conversar con ella. Empezó haciéndome siempre las mismas preguntas: «Pero qué camisa más bonita llevas. ¿Es nueva?». «No, mamá, es una camisa vieja», le respondía yo. Y continuaba haciéndome siempre la misma pregunta, sin tregua.

Nunca perdí la paciencia, pues la quería demasiado. Sabía que ella vivía solo el momento y que los recuerdos se habían borrado de su mente.

Le gustaba verme bien vestido y no soportaba que llevara tejanos o que vistiera con desaliño, como me gustaba hacer durante el fin de semana.

Se fijaba en todo: en los tejidos, que palpaba con mano experta, en los zapatos..., incluso en los calcetines. Para mí quería siempre lo mejor. Si yo me compraba un jersey de lana, al día siguiente me regalaba uno de cachemira; porque «así debía ser», decía.

De joven era muy guapa. Eso aseguraba mi tía, y lo testimonian también las pocas fotografías que sobrevivieron a aquella época. Ella bromeaba sobre sus cabellos plateados y su cara arrugada. Pero ni siquiera el paso de los años había podido borrar de su rostro las huellas de aquella antigua belleza, y mucho menos su distinción y su manera de hablar. Tenía una voz dulce, casi por debajo del tono normal, sin ser nunca monótona. Siempre fue una mujer muy elegante y cuidaba muchísimo su aspecto. Durante décadas, utilizó Chanel Nº 5. Este perfume me recordará siempre a mi madre cuando, siendo niño, venía a besarme por la noche a la cama antes de salir hacia cualquier compromiso. Hoy, cuando veo niños que tienen madres jóvenes, quisiera poder decirles que tienen mucha suerte.

En los últimos años, un amigo mío me repetía siempre que debía estar lo más posible con ella, pues después sería incapaz de reconocerme. En realidad, no sucedió exactamente así, porque incluso en los momentos más terribles, cuando ya estaba ciega y paralizada, cuando no reconocía ni siquiera a su propia hermana, si oía mi voz cambiaba de cara y me sonreía. Me daba la ilusión de reconocerme. Y mantuvo hasta el final nuestra secreta y tácita complicidad.

Se marchó sin mí, mientras yo escribía este libro, a mil kilómetros de distancia. Durante días estuvo en coma profundo y yo no quise asistir a su final. No quería llevarme el recuerdo de su último suspiro. Prefiero conservar nuestro último encuentro, cuando ella me sonreía, tal vez inconscientemente, pero contenta de tener a su hijo a su lado. Así fue cómo terminó su larguísimo calvario. A mí me queda su última sonrisa y aquella mirada perdida que me buscaba en la oscuridad.

Últimos años en Italia

En 1930, un «incidente protocolario» con la Casa Real de Italia provocó las iras de mi padre. Sucedió en los primeros meses de aquel año, cuando mi padre fue informado por el ministro de la Casa Real de que el rey de Italia, Vittorio Emanuele III, tenía intención de «reconocer» con un real decreto el título de príncipe a todos los miembros varones de la familia Medici y a sus descendientes en línea directa masculina, mientras a las mujeres se les reconocía el título principesco solo para uso propio, de modo que no podían transmitirlo a sus descendientes. Mi padre consideró esta propuesta, que difícilmente podía haber sido sugerida por el propio soberano y que con probabilidad se debía al celo de algún funcionario de palacio, muy ofensiva.

Para entender el desdén de mi padre, debemos remontarnos a finales del siglo XVII y principios del XVIII. En aquella época, las dos dinastías reinantes, los Medici en Toscana y los Saboya en su Ducado de Saboya y en sus territorios italianos, que comprendían el actual Piamonte y Liguria, estaban en lucha constante a causa de pequeñas cuestiones de supremacía protocolaria. Y el reconocimiento del título de alteza real en 1691 a los Medici por parte del emperador había enorgullecido especialmente a Cosimo III, que lo consideraba como una victoria sobre la familia rival.

Después de la Paz de Utrecht, en 1713, que solucionaba la cuestión de la sucesión al trono de España, el duque de

Saboya, Vittorio Amedeo, había recibido en recompensa por su ayuda Sicilia, que permutaría en 1720 por Cerdeña. La gran ventaja de esta recompensa era que estos territorios permitían a su titular poder tocarse con la corona real. Los Saboya se convertían pues en reyes de Cerdeña, adelantando en jerarquía a los Medici. Más tarde, a mediados de la década de 1850, los Saboya comenzaron su conquista de Italia, de la que se convirtieron definitivamente en soberanos en 1870, con la conquista de Roma. Es curioso advertir cómo, al contrario de lo que sucedió con las demás casas reinantes, jamás en el curso de su historia las dos familias rivales estuvieron unidas por una boda. Si la sangre de los Medici entró casualmente en la Casa de Saboya por la boda de una princesa francesa, hija de una reina de la Casa de' Medici, jamás sucedió lo contrario, es decir, que una princesa de la Casa de Saboya se casara con un príncipe de la Casa de' Medici.

Como veremos más adelante en el capítulo dedicado a la sucesión al trono de Toscana, el príncipe Giuseppe de' Medici reivindicó sin éxito sus derechos sucesorios al trono del gran ducado como miembro agnado de la misma estirpe. Que no tuviera éxito en este intento no significaba que no fuera reconocido con pleno derecho como efectivo jefe de la Casa de' Medici por derecho masculino de primogenitura, algo indiscutible y que jamás fue cuestionado. De hecho, la sustitución de la dinastía reinante en el gran ducado por motivos de interés no guardaba relación con las cuestiones puramente dinásticas. Giuseppe de' Medici renunció a llevar el título de gran duque de Toscana, ya que las potencias extranjeras habían asignado el trono a otro titular. Y no se valió jamás de las prerrogativas de jefe de una casa ducal para distribuir títulos o distinciones, del mismo modo que nunca utilizó el título de alteza real. Le quedaron los títulos hereditarios que habían sido concedidos por los diversos soberanos españoles a los miembros de su familia, como príncipe de Ottajano, por concesión de Felipe III en 1609; du-

61

que de Sarno, por concesión de Carlos II en 1695; además del de grande de España y varios títulos más, como los de marqués de Acquaviva y marqués de Fornelli.

Los demás miembros varones de la dinastía llevaban el título de príncipe de' Medici por derecho de nacimiento, prescindiendo del orden de primogenitura, transmitido de padre a hijo ya en todas las generaciones anteriores a Giuseppe, y naturalmente en las siguientes. Por su parte, como de costumbre, las princesas de la Casa de' Medici no podían transmitir el título a su descendencia, aunque fuera masculina. Según la costumbre, el jefe de la casa y sus sucesores directos en línea de primogenitura masculina eran los únicos poseedores de títulos correspondientes a territorios o ciudades.

Mi padre no podía, pues, aceptar que eso fuera discutido, ya que lo ratificaba una atenta lectura del Decreto Real de Confirmación, un derecho adquirido desde hacía varios siglos concedido de pleno derecho por el soberano reinante en la época y plenamente avalado por los sucesivos reinados. Casi parecía que con este método los Saboya pretendieran reafirmar su supremacía sobre la Casa de' Medici. Una ostentación francamente inútil, pues nadie hubiera osado poner en duda algo tan evidente.

Era cierto que la nueva casa reinante de Italia, en su ya larguísima historia, no había alcanzado nunca la fama y el prestigio de la antigua casa gobernante de Toscana. De manera que, si el relativamente nuevo reino de Italia, que cumplía sesenta años desde su proclamación con la conquista de Roma en 1870, quería «confirmar» los títulos, hubiera debido reconsiderar todos los concedidos a lo largo de los siglos por los diversos Estados italianos anteriores al Reino de Italia. Esto significaba simplemente volver a cuestionar a toda la aristocracia italiana; por fortuna, al final todo quedó en agua de borrajas.

Papá (1908-1986)

Las relaciones con mi padre siempre fueron un poco difíciles. Lo llamo «papá» en lugar de decir «mi padre» para intentar hacer más íntima, *a posteriori,* una relación que no lo fue casi nunca. Había entre nosotros una gran diferencia de edad. Tal vez hoy eso no sea tan importante, dado que la gente suele tener hijos muy tarde; pero entonces, en los años cincuenta, tener un padre con el que te llevabas

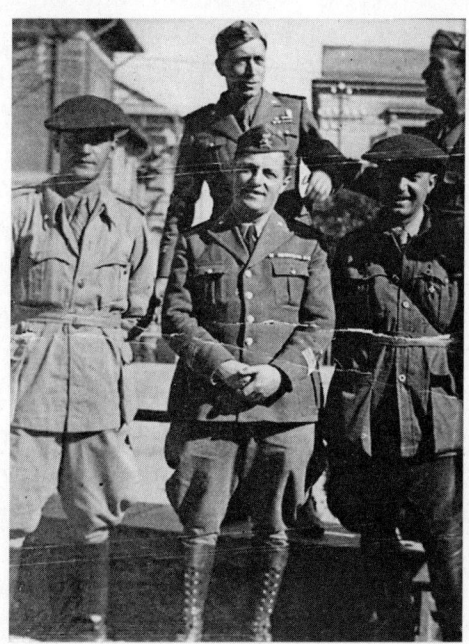

Fig. 5. Mi padre, primero a la izquierda. Abisinia, 1935.

cuarenta y tres años era como tener una especie de hándicap.

Papá había nacido a principios de siglo, en 1908, como ya he dicho. Hijo único y huérfano de padre a los dos años. Como era el único heredero, había sido preparado con gran severidad para lo que su madre, una mujer poco indulgente, consideraba que eran los deberes de un representante de una gran estirpe. A comienzos del siglo pasado aún no podía preverse el ocaso de las monarquías y papá fue educado con un concepto decimonónico. De manera que le resultó difícil en los años posteriores adaptarse a la rapidísima evolución que determinó toda esa época. Cuando llegamos nosotros, los hijos, en una edad en la que él ya no era lo que se podría decir un jovencito, la diferencia generacional se acentuó aún más. De modo que estábamos un poco desfasados.

Con nosotros él se comportaba como un padre severo, pero en realidad no era así. Por el contrario, era un hombre muy generoso, pero que no sabía cómo demostrarlo; o tal vez simplemente no quería hacerlo. Es cierto que, por el hecho de ser hijo único, huérfano de padre y único heredero, lo habían mimado un poco, y de ahí que mostrara a veces un carácter algo despótico que podía incluso disgustar. Y aunque era severo con nosotros, nunca, en los treinta y tres años que nos conocimos, me dio una bofetada. Bastaba una mirada suya para bajarnos los humos.

Era también un hombre atractivo. Quizá demasiado guapo para los cánones de la época, pues todas las señoras que he conocido después hablaban siempre de él con gran entusiasmo, casi como si se tratara de un dios. Su éxito con las mujeres hizo que se le considerara siempre un gran mujeriego. Elegante sí que era, eso lo recuerdo incluso yo; de hecho, su perfume y el olor de su brillantina aún hoy me persiguen.

A nosotros, los hijos, no nos estaba permitido entrar en sus habitaciones, aunque un par de veces llegué a verlo en su intimidad. En una de ellas estaba en su baño, vistiéndose. Llevaba una ridícula raya en el cabello empapado de Roger & Gallet y usaba ligueros para los calcetines. Menuda visión. Me lanzó una mirada que no necesitaba comentario. Y así fue como se acabaron las visitas al baño de papá.

Las comidas estaban rigurosamente reglamentadas. Como ya he comentado, no nos fue permitido sentarnos a la mesa con él hasta haber cumplido los catorce años. Una vez alcanzada esa edad, que era para nosotros una gran meta, cuando nos sentamos a la mesa de los mayores comprobé que no habíamos hecho un buen negocio. Porque, entre otras cosas, en la mesa no podías hablar si no eras interrogado; contestar sí, pero tomar la iniciativa de una conversación, nunca. Por ello casi añoraba la época en que comía en la mesa con la tata; allí sí que se podía hablar. Entonces por lo general éramos tres. Mi hermano Carlo, la tata de turno y yo. El servicio comía en la misma mesa, pero antes que nosotros; nunca con nosotros. Digo la tata de turno porque tuvimos muchas y me acuerdo de casi todas.

Yo no era el preferido de mi padre. Entre otras cosas porque, honestamente, no hacía nada para llegar a serlo.

Estábamos en orillas opuestas y creo que lo desilusioné por no haber sido nunca lo que él esperaba de mí. A él le gustaban todos los deportes y a mí, no. Me quería llevar a los combates de boxeo, a los partidos de fútbol, al polo, al tenis... Y yo siempre detrás de él arrastrando los pies. Podría escribir un tratado del silencio sobre las aburridas e interminables horas que me obligó a pasar con él pescando, en el absoluto silencio de una barca perdida en mitad del lago. Cuidado con hablar o mover la barca: «Asustas a los peces», me decía.

Asimismo, le gustaban con pasión los motores y las carreras de coches; a mí esas cosas no me interesaban lo más mínimo. Por fortuna, esos eran los dominios de mi hermano. O al menos eso pensé durante muchos años, hasta que me di cuenta, hace poco, de que él de motores no entiende más que yo. Aún hoy, si se me estropea el coche, corro a llamar por teléfono. No me molesto en levantar el capó, dado que no entiendo prácticamente nada. A cada cual lo suyo.

Yo era muy distinto de mi hermano. Carlo lo secundaba en casi todo; quizá a veces a regañadientes, pero lo secundaba. Quería que él lo mirara con buenos ojos. En cambio, yo ni me esforzaba en ello ni lo lograba; era más fuerte que yo. Carlo era recompensado por este carácter más propenso a la sumisión. A él le llegaban siempre los regalos más bonitos y más grandes con la excusa de que era el mayor.

Papá tenía también una pedagogía muy suya. A pesar de la severidad, quería también que nosotros viviéramos nuestras experiencias.

De este modo, en mayo de 1968, cuando estalló la revolución estudiantil de París y yo le dije a mi padre que quería ir a ver qué pasaba, su único comentario fue: «¿Y cuánto dinero crees que necesitarás?». No había ningún otro problema. Me dejó ir y solo me pidió que le dijera a mi madre dónde me iba a alojar. Aún no había cumplido los diecisiete años.

Cuando empezó a envejecer, perdió parte de su soberbia y se acercó a nosotros. Pero no hubo un verdadero diálogo y mucho menos secretos que compartir; aun así descubrí uno de sus secretos. Pero yo tenía ya treinta años y era un poco tarde para borrar los años anteriores. Mi padre era presidente de honor de una gran cantidad de sociedades de todo tipo: benéficas, de pesca, de caza, de automóviles; en resumen, de toda clase. Un día, por encargo de mi madre, tuve que ir a buscarlo a su club, donde iba a veces a jugar al *bridge*. Cuando entré, me encontré con un grupo de viejos señores hundidos en gigantescas butacas de terciopelo rojo que hablaban entre ellos, y les pregunté dónde estaba mi padre. Uno de estos señores, uno que no conocía, mirándome de manera sospechosa, me preguntó: «Pero ¿tú quién eres?».

«Soy su hijo Lorenzo», le contesté. Y él, para mi sorpresa, dijo: «Ah, estoy muy contento de conocerte. Tu padre nos habla siempre de ti. Está muy orgulloso». Fue mi primera gran sorpresa. Él no me lo había dicho nunca. Al regresar a casa, sentados juntos en el coche, no le dije nada. Guardé el secreto; no quería que se sintiera incómodo porque yo hubiera descubierto esta debilidad suya.

Murió un sábado, un 17 de noviembre. En los últimos tiempos, había tenido tres ictus seguidos y se había quedado totalmente paralizado. Podía mover solo la cabeza y los ojos, y tampoco podía hablar. Aquella última noche de su vida, entre el viernes y el sábado, mi hermano y yo la pasamos con él en el hospital. No durmió en toda la noche, como si supiera qué estaba a punto de suceder; y cada vez que uno de nosotros se levantaba para ir al pasillo, nos seguía con la mirada. Por la mañana, hacia las diez, mi hermano decidió irse a casa para darse una ducha, y yo me quedé solo con él. No sé por qué lo hice, pero me senté en la cama a su lado y, mirándolo fijamente a los ojos, para que pudiera seguirme bien, le dije: «Papá, nosotros no hemos hablado nunca, pero quiero que sepas que siempre te he querido y que sé que también tú me has querido siempre». Cerró los ojos y vi cómo una lágrima resbalaba por su mejilla.

En treinta y tres años no habíamos hablado nunca de nuestros sentimientos personales. Pero en aquel último, único minuto, nos entendimos y nos dijimos todo lo que teníamos que decirnos. A mediodía entró en coma y murió a las 4.05 de la tarde. Carlo ya no lo volvió a ver vivo. Cuando regresó al hospital, salí a su encuentro para decirle que se diera prisa, que estábamos en la recta final. Y él, en lugar de correr, frenó el paso. Entendí que, para él, era demasiado grande el dolor de verlo morir.

Nos quedamos los dos fuera, en la puerta de la habitación, la 516, mientras papá daba el último suspiro. No estaba solo; estaban con él mis tíos. Hubiera querido entrar, pero frente a la resistencia de mi hermano a seguirme, decidí quedarme con él. No sé explicar por qué, quizá porque entendí que en ese momento mi hermano me necesitaba más.

No quiero y no puedo dar una opinión sobre mi padre precisamente porque es mi padre. Nosotros no hemos sido educados para juzgar a nuestros padres. Nos han enseñado que a los padres se les debe respetar, pase lo que pase; y estoy contento de que sea así. Aprendí muchísimo de él; entre otras cosas, que tal vez lo más importante sea la dignidad. La dignidad con la que supo atravesar un siglo que corría muy rápido. Porque siempre supo hacer frente a cualquier situación, protegiéndonos cuando era necesario y transmitiéndonos aquellos valores que consideraba indispensables para afrontar esta vida, y le estoy muy agradecido por ello.

De todos modos, hay algo que nunca me expliqué de mi padre. En su juventud, era un discreto pianista, o al menos eso me decían sus amigos. No recuerdo haberlo oído nunca tocar el piano. Me hubiera gustado saber por qué.

Una tarde de marzo de 1936, mi padre, que residía entonces en nuestro palacio de Florencia, recibió una llamada telefónica del anterior *podestà** de Florencia, el conde Giuseppe della Gherardesca, que lo avisaba de que sería llamado dentro de poco por el *podestà* conde Paolo Venerosi Pesciolini, cuya familia poseía grandes extensiones de terreno que lindaban con nuestras tierras. No sé con exactitud qué sucedió aquella noche, pues mi padre siempre fue bastante vago sobre el tema.

¿Acaso el régimen le pedía una demostración concreta de buena voluntad? Era el tiempo en que se pedía al pueblo un esfuerzo respecto a la patria, pues apremiaba la guerra de Etiopía** y todos eran invitados a regalar sus alianzas de oro, recibiendo a cambio una de hierro: era el llamado «oro de la patria».

* Palabra en italiano usada para nombrar al primer magistrado de algunas ciudades de Italia y del sur de Francia.
** Etiopía se convirtió en colonia italiana y el rey de Italia adoptó el título de emperador de ese país.

Lo cierto es que aquella misma noche mi padre decidió abandonar Italia y emprender el camino del exilio; una decisión seguramente meditada desde hacía tiempo y siempre aplazada, un poco en espera de los acontecimientos y un poco por las condiciones de salud de su madre, aquejada de un tumor. En efecto, la abuela murió solo algunos meses más tarde. Mi padre, como toda la aristocracia italiana de la época, había flirteado con el régimen, que, en el momento de su instauración, en 1922, parecía ofrecer ciertas garantías de seguridad contra la anarquía que hacía estragos en el país. Pero el encantamiento se desvaneció pronto y algo debía de haberse roto en las idílicas relaciones de mi padre con el régimen para verse obligado a tomar esa drástica decisión, una decisión que debía influir mucho en nosotros, pues duró cuarenta y dos años.

En aquella época aún no habíamos nacido, pero a nosotros, sus hijos, el hecho de haber crecido en el extranjero, aunque manteniendo con rigurosidad nuestro pasaporte italiano, no podía por menos que proporcionarnos una visión de nuestro país distinta de la que hubiéramos tenido si hubiéramos vivido en él. Probablemente, remontándonos a la instauración del régimen fascista, mi padre no se sintió nunca muy a gusto en Italia y, en cierto modo, nos transmitió su malestar. Lo cierto es que durante muchos años pensé que ello se debía a haber vivido durante tanto tiempo fuera del país. Y mantuve esta convicción hasta cuando leí las deducciones escritas por George Frederick Young en su libro sobre los Medici, que referiré más adelante.

Nuestra relación con Italia siempre fue bastante ambigua, ya que, por haber vivido y crecido siempre fuera, nuestro punto de vista es más semejante al de un extranjero que al de un ciudadano residente. Tal vez influya el hecho de que hemos recibido una educación más francesa que italiana, de modo que, aunque nos consideramos muy italianos, nuestra percepción es algo distinta. En los países que nos han acogido en el transcurso de estos años de exilio voluntario, siempre nos hemos sentido como parte integrante, aunque eso no era del todo cierto dado que, al fin y al cabo, seguíamos siendo extranjeros.

Con el paso de los años, mi opinión sobre Italia se ha vuelto, si no más crítica, sí ciertamente más desapegada y pragmática; lo que no significa que no haya sido siempre un admirador incondicional de mi país, de sus infinitas riquezas culturales y de la belleza de sus paisajes. Al fin y al cabo, es mi país. Son las experiencias personales las que dejan a veces un regusto amargo en la boca. Como es obvio, sería ridículo e injusto generalizar y, a riesgo de equivocarme, no dudo en afirmar que a mí los italianos me gustan, pero hay algo un tanto extraño e inexplicable en las relaciones de Italia con mi familia. Aunque no siempre ha sido así. Y estoy especialmente agradecido al difunto presidente de la República Italiana, Sandro Pertini, que me invitó a asistir a la inauguración de la gran exposición que en 1980 Italia organizó para homenajear a los Medici, en presencia de los más altos cargos del Estado, de todos los embajadores presentes en Italia y de las máximas autoridades eclesiásticas. Fue un acontecimiento extraordinario, de proporciones hasta la fecha inigualables.

Dejando de lado a aquellos que nos dan de lado, lo que me parece una posición del todo respetable, se podría decir que los demás se dividen en dos grupos. Por un lado, se encuentran aquellos que te demuestran respeto, si no incluso veneración, por el solo hecho de llevar este apellido; y, por otro lado, aquellos que, por la misma razón, se muestran algo desconfiados, como incrédulos, y hacen gala de una velada agresividad. El primer grupo es aquel que me ha acogido con los brazos abiertos y que, a veces, me ha puesto en un aprieto al demostrarme tanta amabilidad y tanto afecto. En realidad, personalmente no he hecho nada para justificarlo y mucho menos para merecerlo.

Hablo de gente desconocida de la Toscana, que me ha abierto su casa y sus palacios, recibiéndome con gran alegría y profundo respeto, una actitud que, en mi modesta opinión, no está del todo justificada por el solo hecho de llevar este apellido. Sin embargo, si para esas personas mi nombre significa aún algo, solo puedo sentirme orgulloso. Que sea por respeto hacia la antigua dinastía reinante o hacia la familia que tanto ha hecho por ese país y que tanto le ha dado no es muy relevante. Lo importante es el sentimiento de alegría que he podido transmitir con mi sola presencia. Cómo puedo no recordar a aquel desconocido caballero pisano que puso a mi disposición, durante toda la duración de mi estancia en la Toscana, su magnífica villa medicea de los alrededores de Pisa; una amabilidad que, como es evidente, no pude ni quise aceptar, aunque aprecié enormemente su gesto.

Y después están los demás, aquellos que te miran de arriba abajo, con suspicacia, y en cuyo pensamiento puede leerse: «Pero ¿y este qué quiere? ¿Quién se cree que es?».

Una vida nómada

Mis padres se exiliaron en Buenos Aires en 1936. Los primeros años crecimos entre Argentina y Suiza. No porque fuera especialmente chic, sino porque fue allí donde vivimos tras el exilio. Al principio, teníamos profesores en casa. Creo que fue un periodo de transición, pues debíamos aprender bien el francés, la lengua de casa, y adaptarnos al sistema educativo suizo; sobre todo para mi hermano, que empezaba a hacerse mayor. Además de las lenguas, nos enseñaban historia, geografía, gramática y matemáticas. Más tarde, fuimos al colegio público durante un par de años, y solo después dimos el salto al internado. Estos profesores nos repetían continuamente: «¡Los demás se pueden olvidar de quienes son, pero tú no!». De manera que a nosotros nos tocaba siempre ser los niños bien educados.

El periodo de los internados fue en cierto modo un calvario. Pasamos por muchos, uno tras otro. Y no era porque mis padres estuvieran descontentos con la educación que allí nos daban, sino porque nos escapábamos. Esa era la gran especialidad de mi hermano. En aquellos años, nuestros padres vivían casi siempre en París, y los veíamos un poco durante las vacaciones y otro poco en las fiestas. No querían que estuviéramos con ellos; no porque consideraran que la educación francesa no fuera adecuada para nosotros, sino porque eran años difíciles para Francia. A finales de los años cincuenta y a principios de los sesenta, había una guerra en

Argelia y, de vez en cuando, alguna bomba estallaba en el corazón de la capital. Y fue por eso que, a nosotros, los hijos, nos tocó permanecer en la más tranquila y segura Suiza.

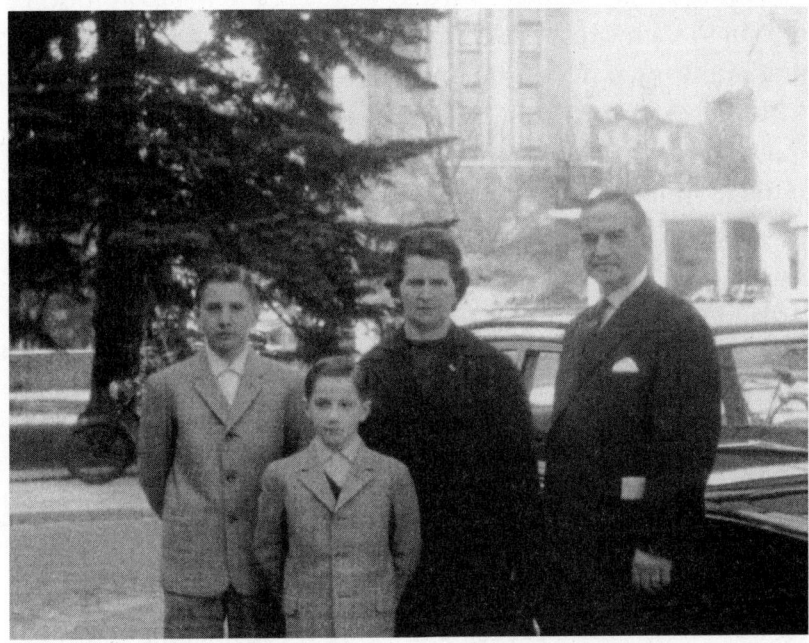

Fig. 6. Con Carlo y mis padres en Lausana.

Carlo no soportaba la idea del internado, y entonces se escapaba. Pero no tenía el valor de huir solo; prefería arrastrarme con él, a modo de cómplice. Yo tenía entonces diez u once años y él tres y medio más. Una vez, me hizo recorrer cuarenta y cinco kilómetros a pie para llegar a nuestra casa de Lausana. A nuestra llegada, hambrientos y con los pies sangrando, pensábamos que podríamos descansar. Por el contrario, allí estaba la directora del colegio, esperándonos para devolvernos enseguida a nuestro lugar. Fue un poco humillante y nos dio la impresión de haber hecho un gran esfuerzo para nada. Además, había que enfrentarse al castigo, que por regla general se resolvía con el encierro en la habitación sin comida. Mi hermano encontró entonces otro sistema de protesta, que consistía simplemente en hacerse las necesidades encima, lo que hacía que los maestros se pusieran furiosos, pues apestábamos como machos cabríos y tenían que lavarnos y cambiarnos. Duró poco, pues las monjas captaron enseguida el truco y un día me dejaron todo el día sucio y sin cambiar. Aun así, cuando mi madre fue informada, nos sacó de allí de inmediato.

Las escapadas se acabaron cuando mis padres decidieron que tal vez sería más seguro separarnos. Carlo fue enviado a Italia, con los franciscanos, a Pavullo nel Frignano, un lugar perdido en las montañas modenesas; y yo permanecí en Suiza, con los padres blancos. *A posteriori*, debo decir que esta insistencia suya en querer meternos siempre en colegios religiosos me sorprendió. Sobre todo por parte de mi padre, que no sentía por ellos mucha simpatía y tenía la reputación de ser anticlerical. De modo que debió de dispararse en él el muelle de la tradición al recordar su propia educación.

Para una familia como la nuestra, tan fuertemente ligada al papado, una sólida educación religiosa debía de parecerles obligatoria. Por lo demás, el de la religión era uno de los tres grandes temas de los cuales no debía hablarse nunca; los dos restantes eran el dinero y la política. El dinero porque era de mal gusto, mientras que la política encendía de forma inútil los ánimos y, además, fuera como fuese, nosotros debíamos estar siempre por encima de ella. Naturalmente, el tema del sexo no era ni siquiera tomado en consideración.

La nuestra era entonces una vida bastante dura, y a pesar de los años que han pasado, no recuerdo aquella etapa como un periodo especialmente feliz. En todo caso, se trataba de una vida al límite de lo soportable para niños de nuestra edad. Estábamos en pie desde las siete de la mañana, para asistir a la primera misa. Después venía el desayuno, seguido del estudio, que duraba todo el día. Entre una clase y otra, se rezaba. De manera que había poco espacio para la diversión. Pero supongo que fue igual para todos los de mi generación y de nuestra misma condición.

Entre los curas y las monjas había de todo. Pero se puede decir que se dividían en dos grandes grupos: los amables y los demás, que tal vez fueran la mayoría. A fin de cuentas, solo un par de ellos me dejaron un buen recuerdo; y, para ser más exactos, uno. Se trataba de un joven sacerdote de cuyo nombre quisiera acordarme, pero eso es imposible, era demasiado pequeño. Eso sí, una frase suya me quedó grabada en la mente para toda la vida. Como estaba a punto de dejar el colegio, en una de nuestras rotaciones forzadas de costumbre, en el momento de la separación me había puesto a llorar, pues sentía perder a aquel cura que había sabido ganarse mi confianza. Y en un cierto momento, para consolarme, este me dijo: «No llores, que nos veremos cada domingo». «Ah, ¿sí? —le contesté yo, sorprendido—. ¿Vas a venir a verme cada domingo?» «No —me corrigió él—, pero nos veremos cada domingo en la santa misa. Tú pensarás en mí y yo pensaré en ti y rezaré por ti.» Me dejó sin palabras. No sabía si me estaba tomando el pelo o si me estaba engañando. Al fin y al cabo, a lo mejor mi padre tenía razón. ¡Tantos cardenales y papas en la familia para llegar a esta profunda duda!

Suiza

Cuando el régimen de Perón comenzó a hacer aguas en Argentina, mi padre decidió que había llegado el momento de regresar a Europa. El país en el cual había vivido casi veinte años ya no ofrecía las garantías de seguridad que habían motivado su marcha de Italia y la guerra se había acabado en Europa hacía diez años. Los de la posguerra

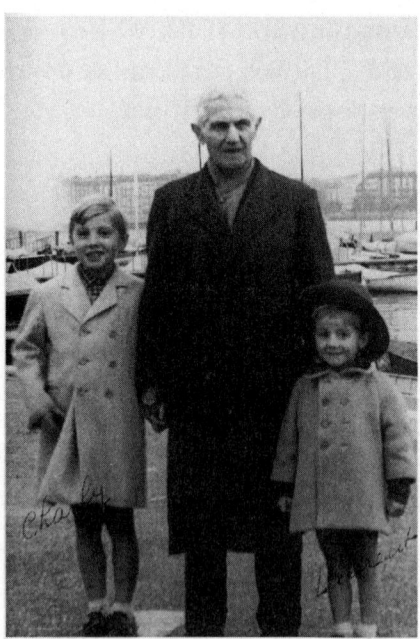

Fig. 7. Con mi hermano Carlo y nuestro abuelo, el príncipe Luigi, en Ginebra.

habían sido años difíciles para todos, pero ahora parecía verse el final del túnel.

Mi padre no se veía con ánimos de regresar a Italia y escogió Suiza. Compró una propiedad en Gland, entre Lausana y Ginebra. Era una bonita casa, con un jardín discreto y un acceso directo al lago. En su cabeza, la elección de Suiza debía de ser una solución provisional, antes del regreso definitivo a Italia. Pero en realidad fue una provisionalidad que duró veintitrés años. En Gland nos quedamos poco tiempo, pues pronto la casa resultó no adecuarse a las exigencias de la familia. Yo era muy pequeño, tenía apenas cuatro años, de modo que no creo que mis recuerdos sean propiamente tales, sino los que me fueron sugeridos a continuación, con la ayuda de las fotografías y de los relatos. Treinta años más tarde he vuelto a visitar aquella primera casa nuestra en Suiza y me ha parecido mucho más pequeña de como la recordaba.

Nos trasladamos entonces a Epalinges, una zona residencial situada justo encima de Lausana. Allí, mis padres alquilaron en esta ocasión una gran villa llamada «La Commanderie». Mis recuerdos de aquella época son más nítidos, entre otras cosas porque allí comencé a ir al colegio. Se acabaron los profesores en casa: fui al colegio público. La casa era muy grande y tenía muchas habitaciones para invitados, que estaban siempre ocupadas. Parecía un hotel. Como si a mis padres les hubiera dado el frenesí de recibir siempre a gente. Tal vez habían pasado demasiados años lejos de Europa, o tenían demasiados amigos.

Fuera como fuese, pasó mucha gente por aquella casa. Ya fueran amigos o conocidos, siempre había invitados. Resulta difícil recordarlos a todos, aunque algunos se me han quedado especialmente grabados en la memoria, como Josephine Baker, por la cual sentía una gran ternura. Era siempre muy amable y no dejaba de sonreír; sin duda, una persona muy dulce. Además, recuerdo que cuando la besaba, tenía las mejillas muy suaves.

Lausana era, en aquellos años, el refugio y el punto de encuentro de numerosos miembros de la aristocracia europea, así como de artistas famosos. Soberanos en el exilio, como la reina de España Victoria Eugenia, viuda de Alfonso XIII; miembros de la familia real italiana, como los duques de Génova; grandes aristócratas, como el duque de Alba; así como numerosos artistas y escritores, como Georges Simenon, nuestro vecino, y el actor Yul Brynner. La reina de Italia, María José, vivía a poca distancia, en las cercanías de Ginebra, en Merlinges. El rey Umberto II, aunque residía en Portugal, venía a menudo.

Recuerdo que en una de las mesitas del salón grande había una gran caja de plata con una dedicatoria grabada para mi madre y una simple firma: «Umberto». La primera vez que el rey vino a visitarnos, nosotros, los niños, no pudimos verlo: estábamos castigados. Aquel día, mi hermano y yo nos habíamos colado en el garaje y estábamos sentados en uno de los coches, jugando; era un Austin Minor del que recuerdo perfectamente el olor a cuero, que era además rojo. Yo estaba al volante, mientras mi hermano estaba sentado a mi lado, y hacía como si condujera. Mi hermano decidió girar la llave de encendido para que nuestro juego fuera más auténtico. Y así fue. El coche, que tenía la primera marcha puesta, dio un salto hacia delante y se estampó contra la pared del garaje.

Escapamos. No sé qué dirección tomó mi hermano, pero yo hui hacia la casa de Simenon, el autor de novelas policíacas. Conocía bien aquella casa porque, de vez en cuando, hacía una escapada, ya que sabía que allí siempre encontraba alguna golosina. Había acostumbrado al señor Simenon a mis visitas de cortesía, hacia las cuatro de la tarde, a la hora del té. Él me recibía siempre con mucha amabilidad, pero, como probablemente tenía cosas que hacer, me dirigía como siempre hacia el *office*, donde había una persona bien dispuesta que me llenaba de galletas.

Pero aquel día estaba demasiado alterado como para ir a buscar galletas, de modo que, tras haberme demorado mucho, me refugié en la habitación de mi tata. La tata de turno era Trudi, una esforzada tirolesa del Alto Adigio. Trudi me ocultó detrás de las cortinas de su ventana en el preciso momento en que mi padre llamaba a la puerta para preguntarle si me había visto. Mi padre debió de ver mis pies saliendo por debajo de la cortina, pues lanzó un mensaje inequívocamente destinado a mí: nada de cena y nada de saludar al rey; además, tres días de confinamiento en mi habitación. También mi hermano compartió el castigo, encerrado en su habitación.

Tuvimos otras ocasiones de ver al rey y de él recuerdo en especial que tenía siempre una sonrisa muy dulce, casi tímida. Siempre he sentido por él una profunda admiración y para mí es la imagen del gran y verdadero señor. Muchos años más tarde, a mi pregunta de por qué, él que era el rey, se hacía llamar simplemente «conde de Sarre», me contestó: «Debes saber que cuanto más pequeña es la gente, más grande quiere ser. Mientras que los verdaderamente grandes a veces quisieran ser muy pequeños». La última vez que lo vi fue en un encuentro casual en el aeropuerto de Lisboa. Fue él mismo quien salió a mi encuentro cuando me vio. Repito que era un hombre muy dulce y amable. Cuando murió, sentí una profunda tristeza por la pérdida de aquel gran señor. No solo pasaba una página de la historia, sino que también pasaba definitivamente una página de mi pequeña historia personal. A visitarnos venía muy a menudo un caballero calvo que, bromeando, me presentaban como a un rey. No entendía a qué se debían aquellas carcajadas, hasta que me explicaron que aquel señor solo había sido rey en una película, *Ana y el rey*: era Yul Brynner.

Cerrada la etapa de La Commanderie, nos trasladamos al castillo de un pueblecito situado sobre la ciudad de Morges, a unos pocos kilómetros de Lausana. La palabra *castillo* podría sugerir la imagen de una de aquellas fortalezas de la Edad Media. En realidad, solo era un caserón bastante señorial construido a caballo entre los siglos XVIII y XIX, con un grandísimo jardín que se extendía hasta los confines del bosque municipal y los viñedos. Añadiré que ese lugar, además de a las idas y venidas de la gente de costumbre, está unido al dolor de mis obligatorias sesiones a caballo.

Frente al castillo, al otro lado de la calle, había una hacienda rural. Allí estaban nuestros caballos: mi yegua se llamaba «Bagatelle». Era una bestia maléfica, que intentaba morder a quien se pusiera a su alcance. La odiaba, y ella es la responsable de la poca simpatía que siento por los caballos, aunque jamás consiguió morderme. Mordió en cambio varias veces a mi hermano, a quien le encargaba que le pusiera la silla. Afortunadamente, Bagatelle murió, creo que de diarrea; sin duda mérito del millar de zanahorias que le daba en el intento por ganarme su confianza. Se había vengado antes, tirándome al suelo en innumerables ocasiones: muchas lágrimas, pero jamás una sola fractura. A Bagatelle no le gustaba ir de paseo. Estaba claro cuando, en el camino de regreso a la cuadra, se ponía a galopar sin que lograra frenarla. No estábamos hechos el uno para la otra. Sea como fuese, renuncié a montar a caballo.

En el castillo, al igual que en La Commanderie, continuaban las visitas. A mi padre le gustaba mucho recibir y el castillo estaba siempre lleno de invitados. A veces acudían personas ilustradas, como podían serlo en la época los escritores Louise de Vilmorin y André Malraux, que era también el poderosísimo ministro de Cultura del general De Gaulle, con quien Louise mantenía una relación; o bien la actriz francesa Françoise Rosay, que hoy seguramente poca gente conoce, o la actriz Marie Bell, que venía siempre acompañada de Luchino Visconti. A mí me gustaba Françoise Rosay. Era ya una señora muy mayor cuando la conocí, pero su presencia me fulminó. Cuando, años más tarde, la visité en su pequeño apartamento de la rue de l'Université, en París, ya no me pareció la gran actriz que había conocido. Tal vez al verla así, en su intimidad, las luces del mito se apagaron.

Simenon

En septiembre de 2023, mientras atendía a mi cita anual con el Hay Festival de Cultura, en Segovia, la directora, Sheila Cremaschi, estaba paseando acompañada por las calles de Segovia y se paró para presentarme a las dos personas que la acompañaban y que eran invitados ilustres del festival.

Uno de ellos era John Simenon, el hijo de Georges Simenon, el famoso autor de las novelas negras del comisario Maigret.

Cuando oyó mi nombre, se emocionó. Ni él ni yo nos habíamos reconocido el uno al otro. Nos abrazamos, después de sesenta años sin vernos. Fue emotivo, porque él me dijo que veía como los de nuestra generación iban desapareciendo y que ya no quedaban amigos con quienes compartir recuerdos del pasado.

De verdad era una afirmación que compartía, aunque debo admitir que bien poco recordaba de nuestra infancia común en Suiza. Yo debía tener unos diez añitos y él un par de años más, creo. Mis recuerdos están más bien ligados a su padre, que siempre fue extremadamente amable conmigo, aunque yo era demasiado joven para entender la importancia del gran autor.

Recuerdo más a su hermano Marc, mayor que nosotros y director de cine. La última vez que lo vi fue cuando me invitó a la *première* de una de sus películas, en Lausana, con su divertida mujer, Mylène Demongeot. Por desgracia, murió en 1999 tras caer de la escalera en su casa de París.

Un encuentro privado en la Zarzuela

En un pueblecito cercano al nuestro vivía Fiona Campbell, una de las exmujeres del barón Thyssen y madre de su hija Francesca, la misma Francesca que se casaría años más tarde con el archiduque Carlos de Habsburgo. Me divertía mucho con Fiona, a quien acompañaba a todas partes en su Mercedes Coupé. Incluso al instituto de belleza, situado en los bajos del Hotel Beau-Rivage de Ouchy, donde se hacía masajear las manos durante horas. Me decía que las mujeres se preocupaban solo de su rostro, pero que en realidad eran las manos las que se debían cuidar, pues son estas las que revelan la edad.

A dos pasos del Hotel Beau-Rivage, en el parque de Denantou, se encontraba la villa Vieille Fontaine, donde residía la reina de España, Victoria Eugenia. Me llevaron un par de veces a presentarle mis respetos. Me sorprendía mucho que una reina de España me hablara en inglés y no en español o en francés; pero lo que más me asombraba era que una reina tuviera una casa más pequeña que la nuestra. Su nieto Juan Carlos aún no había sido nombrado príncipe de España. Más tarde, cuando se convirtió en rey de España, tuvo la amabilidad de recibirme en el palacio de la Zarzuela.

Había acudido en visita privada. Mientras aguardaba en un saloncito para ser recibido, un ayudante del rey me vino a buscar, anunciándome pomposamente: «Vamos a la audiencia real». El rey me esperaba en la puerta de su despacho, lo que me pareció un gesto de gran cordialidad por su parte; y no menos cordiales fueron sus primeras palabras: «La reina me ruega que te salude y se excusa por su ausencia, pero le ha surgido un compromiso en el último momento». Pensé que era un gesto muy delicado por su parte excusar a la reina. El protocolo me había asignado una media hora, pero lo cierto es que estuvimos más de una hora y media hablando. Llegados a cierto punto, el rey me dijo: «¿Te apetece visitar mi casa?».

En realidad, estaba un poco sorprendido y pensé que, como me había olvidado de la hora, aquella era una manera amable de darme a entender que era momento de que me marchara. Como no sabía qué hacer, le dije que sí, que quería visitarla. Y así fue cómo el rey me hizo de guía en sus habitaciones privadas. Mientras me mostraba una salita donde estaba toda la colección de las condecoraciones y órdenes que había recibido de otros jefes de Estado, un ayudante fue a avisarlo de que lo llamaban por teléfono. Me quedé solo durante algunos minutos antes de que otro ayudante llegara corriendo a hacerme compañía. Y si en los últimos veinte años nuestras relaciones se han mantenido ha sido gracias a su gran disponibilidad y amabilidad, considerando sus innumerables compromisos como jefe del Estado.

También la casa de la reina María José de Italia, el castillo de Merlinges, era de dimensiones reducidas. La reina era una mujer muy culta y amante de la música; y era también una señora algo distraída. Una vez que acompañé a un amigo a visitarla, ella lo recibió con gran cordialidad y le dijo que estaba encantada de volver a verlo. En realidad, no lo había visto nunca, pues aquella era la primera vez que acudía a su casa.

Después de la visita a los apartamentos privados, volvimos a su despacho donde me entregó una carpeta con el escudo de la Casa Real en la cubierta. «Quiero que mires estos documentos y me des tu opinión. Es importante», me dijo, seria.

Los miré al llegar al hotel. La carpeta —que conservo todavía— contenía toda una serie de documentos del Consejo de Estado y otros que no puedo mencionar. La cuestión que suscitaba controversia con respecto a su primo, don Carlos de Borbón-Dos Sicilias, era que este usaba el título de duque de Calabria y había pedido ser registrado como tal en su pasaporte. La pregunta era si don Carlos tenía derecho a usar ese título, que era el que se atribuía a los príncipes herederos a la corona del antiguo Reino de las Dos Sicilias, desaparecido ya en el lejano 1860, y en caso afirmativo, si podía ser usado en España.

Mi respuesta fue negativa en los dos casos.

Respecto a la cuestión de si tenía derecho a usar ese título, mi valoración negativa se apoyaba en el hecho de que el príncipe don Carlos, su abuelo paterno y abuelo materno de don Juan Carlos, que se casó en 1901 con la princesa María de las Mercedes, princesa de Asturias, hermana mayor de Alfonso XIII, había renunciado para ella y sus descendientes a sus derechos dinásticos y herencias del desaparecido Reino de las Dos Sicilias para pasar a formar parte de la familia real española. La reina María Cristina le concedió el título de infante de España y la nacionalidad española a cambio de esta renuncia.

En mi opinión, si uno renuncia para sí mismo y sus descendientes, está claro que estos derechos no pasarán a su nieto.

Sobre si podía usar ese título en su pasaporte, la respuesta ya es evidente por la deducción sobre la primera cuestión. Además, los títulos extranjeros deben ser autorizados por el rey, o por el ministerio competente, para que se pueden usar en el Reino de España. Solo son reconocidos los títulos españoles, aunque un título acordado por un monarca español, de un territorio fuera de España, puede eventualmente ser cambiado por otro español. Por ejemplo, un título de príncipe de un territorio italiano se cambiaría por el de marqués en España. Existe un reglamento bien preciso para estos casos.

No puedo hablar de Juan Carlos sin mencionar a mi querida Pilar, la infanta hermana de don Juan Carlos. Fue una amiga tierna y sincera. Un mes antes de fallecer, ya muy enferma, hizo el enorme esfuerzo de asistir a una conferencia que yo tenía que dar en el recinto ferial de Madrid, en ocasión de Feriarte, simplemente para apoyarme.

Un par de días después tuvo la gentileza de organizar un almuerzo en su casa en mi honor, y al salir del comedor para ir al salón, me detuvo poniendo su brazo en el mío y me dijo: «Sabes que te quiero muchísimo, mi querido Lorenzo».

Fue muy emotivo.

Acudía a Portugal con cierta frecuencia, invitado por su querida amiga María del Mar de Tornos Zubiria, condesa de Póvoa, a su magnífica finca de La Serra, a poca distancia de mi casa.

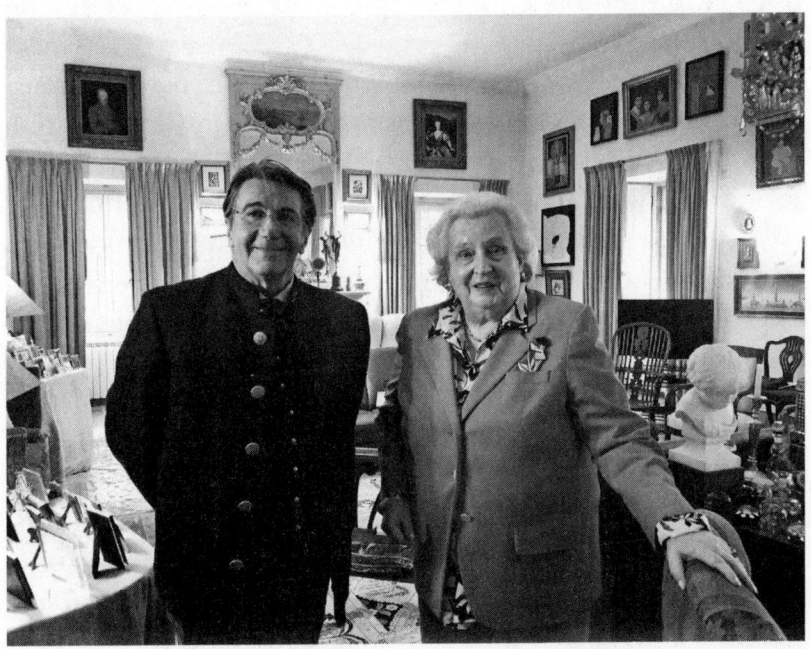

Fig. 8. Con su alteza real la infanta Pilar.

María del Mar era hija del secretario de don Juan, conde de Barcelona, y había crecido junto a la infanta doña Pilar y su hermana Margarita en Estoril desde su tierna infancia. Juntos hemos pasado fantásticas tardes charlando y compartiendo intereses relacionados con el arte y la cultura, también algún cotilleo, riéndonos mucho. Ambas contaban secretos acerca de los hechos históricos que habían vivido junto a sus padres. Así uno se entera de cómo han sucedido realmente ciertos eventos comentados por la prensa. Es interesante ver cómo muchos acontecimientos de la historia reciente de España son diferentes de la versión de la opinión pública cuando son narrados a través de la vivencia de quienes los protagonizaron.

Me llevaré estos secretos a la tumba.

Yo tenía en alta estima al general Sabino Fernández Campo, jefe de la Casa de Su Majestad el Rey don Juan Carlos. Él mismo me tenía en alta consideración, y solía escribirme por fax, durante la época en que se usaba, tratándome de alteza real.

No era correcto refiriéndose a mi posición, pero yo nunca tuve el coraje de corregirle. Pero un día que me llamó «alteza real» delante del rey, este se enfureció y le dijo de muy malas formas que yo no era alteza real, sino alteza serenísima.

Me sorprendió la reacción del monarca. Tampoco era para tanto, aunque aquello me hizo reflexionar, y es verdad que don Juan Carlos sufría una especie de complejo bien escondido por ser rey por la gracia de Franco y no de Dios, saltándose alegremente los derechos dinásticos de su padre, don Juan, conde de Barcelona. Aunque algunos lo veían como un «bonachón campechano», y la verdad es que con probabilidad lo era, siempre he considerado que era muy celoso de sus prerrogativas reales. Dicho esto, debo reconocer que conmigo siempre ha sido un hombre exquisito, simpático y abierto que me ha tratado con respeto. También debo precisar que amigos no fuimos nunca. Él era el rey, y como tal siempre ha tenido mi máximo respeto.

Mis primeros años en España

Llegué a Barcelona a mitad de los años noventa, en 1996, para ser más preciso, proveniente de Montecarlo, en el Principado de Mónaco, donde había residido los últimos dieciocho años. Todavía no lo sabía, pero me iba a quedar unos veinte años, al final de los cuales, por los motivos que explicaré más adelante, decidí que era hora de cambiar de aires y mover mi residencia a Portugal para una nueva etapa de mi vida.

Lo admito, soy un culo inquieto. Cada equis tiempo, necesito dar un nuevo impulso a mi vida, y lo hago cambiando de país, amigos y conocidos. Había vivido cinco años en Nueva York antes de volver a Europa e instalarme en Montecarlo, que me pareció el lugar más apropiado por su calma, después de los años de ebullición en Estados Unidos. Envié a Barcelona parte de mis pertenencias, que tenía hasta entonces guardadas en la casa de mi madre, amplia y segura, desde que había partido hacia la Gran Manzana.

A la muerte de mi padre, mi hermano y yo heredamos una cantidad *non negligible* o destacada de objetos, muebles, joyas y lienzos que dividimos equitativamente, decidiendo qué era para quien en total armonía. Treinta años más tarde, mi hermano me dijo malhumorado que yo había elegido las piezas más valiosas, lo que a mi juicio no era verdad. No es mi culpa si tengo mejor gusto que él. La parte más vistosa de la herencia eran los cuadros, algunos muy grandes. Nuestras casas ya no eran apropiadas para ese tipo de decoración, así que a Barcelona solo me llevé algunos de ellos, incluyendo un retrato de Vittoria della Rovere, esposa del gran duque de Toscana, que con su matrimonio aportó a la familia Medici pinturas de grandes artistas como Tiziano, Rafael y Piero della Francesca, que acabaron enriqueciendo las colecciones de los Uffizi y el palacio Pitti en Florencia. Ese, como contaré más adelante, fue un regalo de mi abuelo que me seguía a todas partes, a excepción de a Estados Unidos.

Una vez en Barcelona, donde no conocía a nadie, no recuerdo por qué circunstancias, una periodista me entrevistó y publicó el artículo en «La contra» de *La Vanguardia*. Eso propició mi introducción en el selecto y cerrado mundo de la alta burguesía catalana. Los Güell me invitaron a presentar un libro sobre el mecenazgo de esta familia con Gaudí y me hice muy amigo de ellos; de Carmen, en particular. De nuevo, nos enfrentamos a la expectación que la gente siente al conocer a un Medici.

No es lo mismo ser parte de la historia que crearla. La gente se imagina que tengo que ser muy rico y generoso, un mecenas, conocer todo de la historia de la pintura o del arte en general —uno no lo sabe todo—, y mi deber es no defraudar esta expectativa, manteniéndome en los parámetros de la realidad. Creo, modestamente, que tengo una buena cultura general y casi me atrevería a decir que, en historia, tengo conocimientos superiores a los de la media, pero de ahí a ser un genio o un gran experto falta todavía un gran paso. Ser un mecenas, tener una inmensa fortuna o ejercer una gran influencia artística son cosas del pasado. Los tiempos han cambiado, pero, con seguridad, hay que mantener bien alta la dignidad de este apellido y su simbología.

Mis últimos años en Portugal

Dejar España para ir a vivir a Portugal fue un proceso que duró varios años. Tenía que estar seguro de mi elección. Mi idea original era ir a Grecia, pero al valorar varios aspectos, resultaba una opción arriesgada. Sobre todo, por la lengua. Así que eliminando una a una cada posibilidad, quedaba Portugal. Fue una buena decisión. No quería vivir en una gran ciudad, por ese motivo elegí un pequeño pueblo a unos veintiséis kilómetros de la capital y a cuarenta minutos del aeropuerto: Azeitão. Naturalmente, no conocía a nadie, salvo a una amiga periodista que vivía en un pueblo cercano. Silvia Rato fue la persona que me hizo conocer el país, viajando de arriba abajo para descubrir dónde instalar mi nueva residencia. Al final del primer año, por casualidad, encontré por la calle a una señora que caminaba con dificultad y me paré a hablar con ella. Terminó por preguntarme a qué me dedicaba y le respondí que era escritor. «Ah, me gusta mucho leer, ¿y cómo se llama usted?» Dudé un momento antes de decirle que me llamaba Lorenzo de' Medici. Ella se quedó pensando un momento y luego me preguntó: «Ah, ¿tengo que hacerle una reverencia?».

Nos hicimos amigos, y Ana Maria Soares Franco, la señora en cuestión, organizó una cena en su casa en mi honor donde me presentó a todas sus amigas: la élite social lisboeta. Esa fue mi entrada en la sofisticada y muy cerrada sociedad portuguesa. Pocas semanas después me contactó un periodista,

Felipe Fialho, que se había enterado de que vivía en Portugal y me pidió concederle una entrevista. Esto culminó con un reportaje larguísimo y mi foto en la portada de la revista *Visão*, una de las más leídas y prestigiosas del país.

A partir de ese momento, todo Portugal me conocía y me contactaron por decenas, en especial directores de museos con quien comparto hoy una gran amistad. Así, mi anhelo de anonimato se desvaneció rápidamente, recordándome que, incluso en los rincones más tranquilos, la notoriedad puede encontrarte. Parece que, al igual que las malas noticias, los apellidos ilustres también viajan rápido.

El último de' Medici

La indiferencia es, sin duda, uno de los castigos más duros para cualquier ser humano. Sin embargo, una atención excesiva también puede convertirse en una carga. Con el paso de los años —y ya empiezan a ser muchos—, uno podría pensar que me he acostumbrado a mi destino, pero aún me sorprende la curiosidad y el afecto que desconocidos me muestran debido a mi apellido.

Pertenecer a una dinastía tan reconocida conlleva tanto inconvenientes como ventajas. Parece que me quejo mucho de los desafíos que sufro, y que hablo muy poco de mis ventajas. La verdad es que son pocas. Sí, es cierto, abre ciertas puertas. Te permite acceder, con un cierto límite, naturalmente, a personas o situaciones a las que un ciudadano normal y corriente no podría acceder con tanta facilidad, y me ha pasado varias veces, en varios países. No las voy a citar aquí por pudor y por respeto a las personas que con tanta amabilidad me han recibido, aunque no me conocieran personalmente, pero lo hicieron y les estoy muy agradecido, porque siempre hay que dar las gracias y no considerar que todo se debe solo a ser quien eres, y he hecho poco uso de este privilegio, porque siempre me ha dado un poco de vergüenza aprovecharme de mi apellido.

Los títulos nobiliarios y las condecoraciones nunca me han interesado. Siempre he sostenido que mi apellido no necesita un título o una distinción para ser considerado. Sé que hay gente que mataría por tener un título nobiliario, o por lo menos una condecoración, pero, francamente, ¿para qué? Quizá sea mi inclinación republicana la que habla. Es cierto que nunca he sido un ferviente monárquico y, de hecho, me incomoda cuando la gente asume que, por mi origen familiar, debo ser monárquico y de derechas. Es una presunción excesiva. Como decía antes, en casa no se hablaba de política porque mi padre nos inculcaba la idea de mantenernos imparciales, sin tomar partido por ninguna ideología, ya sea de izquierdas o derechas. Es lo que se espera de los soberanos. No es que nos consideráramos soberanos de lo que sea, pero es una manera fotográfica de explicar la educación que recibimos. He conocido a unos cuantos soberanos o candidatos a ese papel, y siempre me han parecido de lo más normales y a veces de una simplicidad que puede sorprender.

No me gustaría hacer una retrospectiva de mi vida porque nunca, nunca, he mirado atrás o me he arrepentido de una decisión tomada y ejecutada. Hacer un balance de si he sido un afortunado o un desgraciado no me sirve porque a estas alturas ya no se puede cambiar nada. Ni tampoco me he preguntado si he tenido una infancia feliz o no. He tenido la infancia que el destino me ha reservado, y punto. No he vivido la niñez de los otros, de mis amigos, por ejemplo, sino la mía.

No sé cuántas entrevistas he concedido a lo largo de mi vida, pero son muchas, y generalmente para contestar a las mismas preguntas. Poca originalidad tienen los periodistas a la hora de entrevistar a un descendiente del Renacimiento. Pero es cierto que nunca nadie me ha preguntado si he sido feliz.

Ahora mi hermano y yo somos mayorcitos. No tenemos descendencia, lo que significa también no tener familia, ni hijos ni nietos. Eso sí es algo que envidio: tener una familia. Quedamos los dos últimos de nuestra rama y después de nosotros, el vacío.

«*Après moi le déluge*», en español: «Después de mí el diluvio», decía Luis XV de Francia.

¿Qué pasará? La verdad es que no me preocupa. Ya no puedo cambiar nada.

El primer de' Medici

Medici, forma original italiana del apellido a veces castellanizado como Médicis, significa «médicos»; pero, que se sepa, ningún miembro de nuestra familia ha ejercido nunca esta profesión. Se supone que el fundador de la dinastía medicea es Giambuono de' Medici, de quien no se sabe mucho, sino que nació en 1150 y que aparece en una antiquísima inscripción que se encuentra en la iglesia de la Asunción en San Piero a Sieve, en el Mugello, a pocos kilómetros de Florencia. Tuvo dos hijos, Chiarissimo y Buonagiunta. Por este último, recordado en 1221, se sabe que los Medici fueron admitidos en las magistraturas de Florencia; esta rama se extinguió en 1363.

Es con su otro hijo, Chiarissimo, cuando comienzan verdaderamente las noticias históricas que nos han llegado sobre la familia Medici. Ya en 1201, Chiarissimo se sentaba en el Consejo Ciudadano de Florencia y figuraba entre los delegados para estipular una alianza con los sieneses.* El hecho de que un miembro de esta familia estuviera inscrito en el importante registro del Consejo General de la República de Florencia da a entender que no podía tratarse de «gente nueva» en la ciudad, pues los cargos solo se concedían a los notables. La familia debía, pues, tener ciertamente orígenes más antiguos. A decir verdad, poseían ya numerosas casas en

* La República de Siena constituía un Estado aparte que se anexionaría a Florencia en el año 1555.

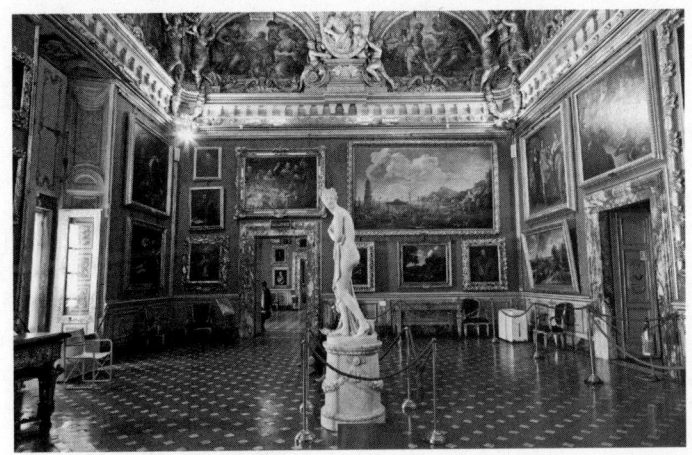

Fig. 9. Palacio Pitti.

la ciudad, en concreto en la zona del Mercado Viejo. Además, Chiarissimo estaba también inscrito en el famoso Registro del Arte de la Lana de Florencia.* De él descienden todos los Medici conocidos.

En el transcurso de los siguientes siglos los Medici se dividieron en varias ramas, algunas famosas, otras menos conocidas, algunas unidas nuevamente mediante matrimonios consanguíneos. La particularidad de la dinastía medicea, ya desde el comienzo de su ascensión, es que sus miembros siempre se pusieron de parte de los más débiles, que también eran los más numerosos, por lo que el suyo fue un principado popular. Mientras las otras dinastías italianas afirman su autoridad construyendo ciudadelas y castillos, como los Saboya en Turín, los Este en Ferrara, los Gonzaga en Mantua y los Sforza en Milán, los Medici eligieron en cambio palacios,[1] aunque cada vez más suntuosos, como el palacio Medici y posteriormente el palacio Pitti** en Florencia. Una manera señorial de mostrar su creciente poder y prestigio.

* En Florencia, los miembros de la clase dominante pertenecían a las artes mayores, de las que formaba parte el arte de la lana.

** Originalmente, pequeño palacio de la familia Pitti que fue comprado por Cosimo I, quien lo convirtió en un palacio real sin cambiarle nunca el nombre, por discreción.

El Renacimiento: la Edad de los Medici

A principios del siglo xv, en los primeros balbuceos del movimiento que sería conocido como «Renacimiento» y se prolongaría hasta más allá de la mitad del siguiente siglo, el mundo se reducía prácticamente a Europa. Los grandes navegantes se encontraban solo en los albores de sus aventuras y América no sería descubierta hasta el final de dicha centuria. India y Extremo Oriente, con sus culturas milenarias, estaban aún muy lejos, en un mundo casi desconocido para los europeos.

Destruidas la civilización griega y después la romana, bajo el impacto de las invasiones bárbaras que descendían del norte, en el siglo v toda la sabiduría hasta entonces acumulada había quedado reducida a un montón de ruinas; obras maestras de la arquitectura, la literatura y las artes plásticas desaparecieron. Occidente se hundió durante varios siglos en la oscuridad mientras, por fortuna, lo poco que quedaba de la cultura romana y helénica había encontrado refugio en Constantinopla, capital del declinante Imperio de Oriente. La Europa de la Edad Media no era pues precisamente un lugar espléndido y ameno. Grandes epidemias, como la peste negra, diezmaban continuamente las poblaciones, que en el siglo xv quedaron reducidas casi a un tercio de las del siglo anterior. Como es sabido, esta situación generó graves crisis económicas que duraron decenios. Por aquel entonces, Italia estaba dividida en una miríada de pequeños señoríos, principados y reinos que luchaban entre ellos por la supremacía en la península. De modo que, cuando en el centro del país, en una ciudad llamada «Florencia», y solo en ella, una poderosa y riquísima familia, en un acto de colosal mecenazgo jamás repetido, decidió impulsar la recuperación de la antigua filosofía griega, así como la belleza y perfección de su arte, convirtió la cultura grecolatina en un ave fénix que renacía de sus propias cenizas.

El movimiento fue llamado, precisamente, «Renacimiento», y más tarde se extendió al resto de Italia y a toda Europa, que seguiría su ejemplo. Pero, al principio, el Renacimiento fue un fenómeno típicamente florentino, y lo siguió siendo durante sus primeros cincuenta o sesenta años; la familia Medici, gracias a esta iniciativa, iba a dejar una huella indeleble en la historia.

Para poder llevar a cabo este Renacimiento era necesario descubrir, formar y sobre todo financiar a toda una serie de nuevos artistas; pintores, arquitectos, filósofos, poetas, hombres de ciencia y literatos, capaces de alcanzar la pureza y la belleza de la Grecia clásica. Para ello se volvió a estudiar a Platón, y el neoplatonismo se impuso como la filosofía de una nueva élite intelectual y refinada; se trataba de evitar cualquier clase de manifestación de un lujo ostentoso y vulgar. Significativamente, para simbolizar este renacimiento, Lorenzo de' Medici, llamado il Magnifico por la suntuosidad y el refinamiento de su corte y de sus maneras, adoptó un nuevo lema: «*Le temps revient*» ('El tiempo vuelve'), en sustitución del anterior: «*Semper*» ('Siempre').

Los Medici demostraron valor, fe y, por encima de todo, una profunda intuición a la hora de descubrir artistas como Botticelli, Brunelleschi, Verrocchio, Vasari, Donatello y Miguel Ángel. Sin olvidar a Dante, Petrarca, Boccaccio y a muchos otros que protegieron y financiaron de su propio bolsillo. Crearon, de este modo, una élite de artistas que hoy son universalmente considerados grandes clásicos. Como quien no quiere la cosa, se estaba fundando un nuevo mundo, que conciliaba el conocimiento clásico con la lengua vulgar, favoreciendo así un humanismo bilingüe, latino y toscano, que no tendría parangón en todo Occidente.

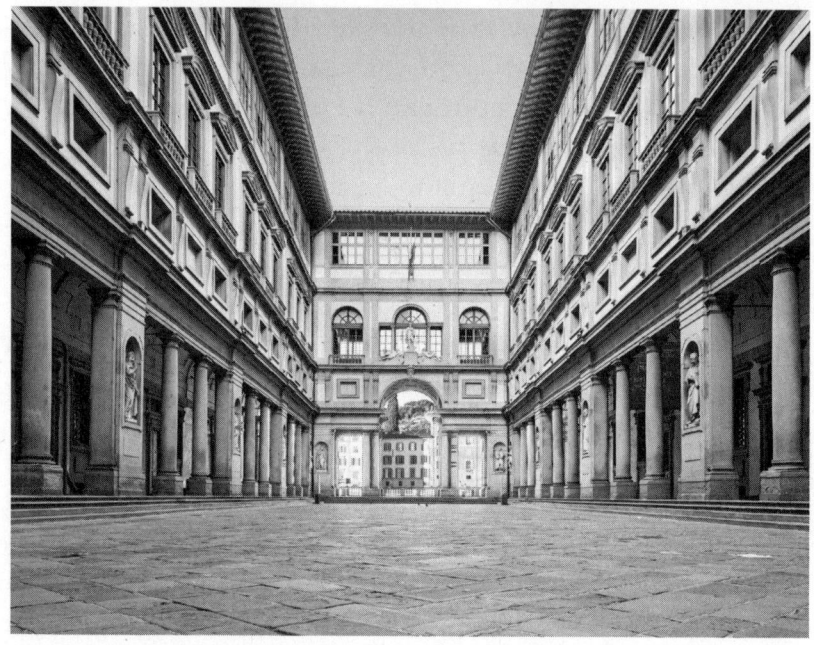

Fig. 10. Palacio de los Uffizi.

Sin embargo, los Medici no se limitaron al mecenazgo; fueron también grandes innovadores. Crearon el primer instituto de crédito europeo, el Banco Mediceo, y más tarde el primer museo público del mundo: la Galería de los Uffizi. El florín, la moneda de Florencia, se convirtió en la primera moneda europea, algo así como un antepasado del euro. Cosimo de' Medici, abuelo de Lorenzo il Magnifico, logró que Florencia fuera elegida sede del concilio de 1439, que reunió a Juan Paleólogo, emperador de Oriente, al patriarca de Constantinopla y al papa Eugenio IV. El objetivo del concilio era aportar ayudas económicas y militares al Imperio de Oriente, amenazado por los otomanos. Aunque lo cierto es que no fue lo que se dice un éxito en ese sentido, dado que las ayudas fueron insuficientes, el concilio tuvo otro resultado inesperado: la presencia de eruditos bizantinos en el séquito del emperador Juan Paleólogo fue una ocasión propicia para que Occidente pudiera llevar a cabo un acercamiento, tras siglos de oscurantismo, a la lengua y la cultura helénicas. Fue precisamente en aquella ocasión cuando germinó ese humanismo que se trasladaría en su totalidad a Occidente tras la caída definitiva de Constantinopla pocos años más tarde, en 1453.

Así pues, los primeros Medici, de simples comerciantes en el siglo XII, pasaron a ser hábiles y poderosos banqueros que habían abierto sucursales en toda Europa y prestaban dinero a los más poderosos. Convertidos en banqueros de los papas y de los soberanos de la época, que siempre estaban escasos de dinero a causa de sus guerras y de la construcción de sus palacios, fueron acumulando un patrimonio inmenso, con mucho superior al de cualquier soberano. Para hacernos una idea, poseían más de trescientas empresas comerciales, una de las cuales, solo en el sector textil, empleaba a diez mil personas:[2]

> La escalada al poder por parte de los Medici es única y prodigiosa. Normalmente, uno no se convierte ni en rey ni en dictador con el solo ejercicio de las virtudes burguesas. Antes de coronar su obra convirtiéndose en grandes duques de Toscana, dieron a la república sesenta priores* y treinta y cinco gonfalonieros.**[3]

Giovanni de' Medici, llamado de' Bicci, padre de Cosimo de' Medici, el del Concilio de Florencia de 1439, había dicho en su lecho de muerte, en 1429: «Os dejo en infini-

---

* La Señoría de Florencia estaba formada por la asamblea de ocho priores. El prior era un magistrado designado para solo dos meses de gobierno.

** El gonfaloniero era el magistrado supremo de la República Florentina.

tas riquezas». Y mientras este Giovanni de' Bicci, «para obtener poder económico había hecho ver que no le interesaba el poder político; su hijo Cosimo, en cambio, había hecho abundante uso del poder financiero para adquirir el político». Pasaron entonces a disimular sus ya «infinitas riquezas», no haciendo en ningún momento ostentación de sus ansias de poder. Rechazaron cargos oficiales como el de señor, el más alto de la entonces República Florentina,* y prefirieron con mucho mover los hilos del poder y de la diplomacia entre bastidores, con el favor del pueblo. Una actitud que no impediría que Cosimo de' Medici, llamado il Vecchio, fuera exiliado por el entonces señor de Florencia, Rinaldo degli Albizzi,** celoso de su influencia y de su poder. Pero su exilio duraría poco. Reclamado en su patria por el favor popular, Cosimo recibió el título de *pater patriae* y se convirtió a todos los efectos en señor de Florencia.

Gobernó de 1434 a 1464; instauró una auténtica monarquía, aunque bajo la apariencia de un sistema republicano que no concedía ningún derecho al pueblo, pues él gozaba de un poder absoluto. Le gustaba leer a los clásicos y se rodeó de los más célebres artistas de la época: Luca della Robbia, Brunelleschi, Fra Angelico, Paolo Uccello, Donatello..., a los que hizo numerosos encargos destinados a embellecer la ciudad. Igualmente, hizo que el arquitecto Michelozzo construyera numerosas villas y castillos, apoyó el movimiento cultural llamado «humanismo» e inspiró el estilo renacentista. Vasari lo pintó más tarde, como si de un santo se tratara, en la capilla del palazzo Vecchio, sede del Gobierno florentino. Y Sandro Botticelli, devoto de la familia, lo pintó en el medallón que sostiene su «joven florenti-

* La República Florentina era un Estado que ocupaba la mitad de la Toscana actual.
** Los Albizzi eran una de las poderosas familias que hasta entonces habían gobernado Florencia.

no», en el cual se puede reconocer a Piero, hijo de Lorenzo. Asimismo, el propio Botticelli, en una célebre *Adoración de los Reyes Magos*, retrató a los personajes más importantes de la familia Medici, que en el cuadro son los que se encuentran más cerca de la Virgen. Fallecido Cosimo, le sucedió su hijo Piero, llamado il Gottoso, de 1464 a 1469. En este último año entró en escena el hijo de este último, Lorenzo, llamado il Magnifico, que gobernaría Florencia y Toscana hasta su muerte, acaecida en 1492.

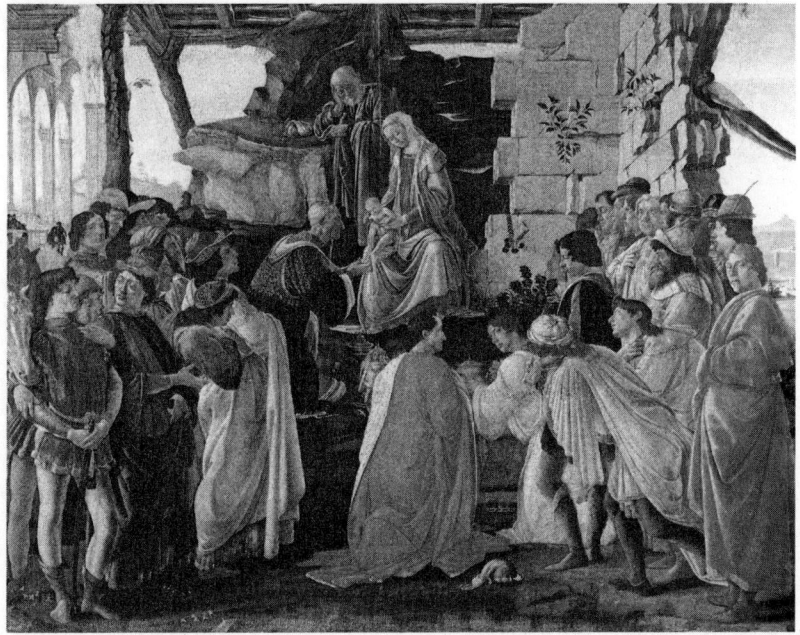

Fig. 11. Sandro Botticelli, *Adoración de los Reyes Magos*, ca. 1470.

LICENCIAS DE GUION

Cuando se lanzó la serie *Los Medici: señores de Florencia*, protagonizada por Dustin Hoffman, Movistar, la productora que la lanzaba en España, me pidió que la presentara. Vino todo un equipo a mi domicilio para grabarme. Lo hice porque sentí que era mi deber, aunque debo decir que no estoy muy de acuerdo con que se cambie la historia tan solo para darle más morbo a la serie.

En este caso, me molestó que grabaran a Dustin Hoffman, que interpretaba a Cosimo de' Medici, *pater patriae*, muriendo envenenado por haber comido unas uvas de su jardín, cuando en realidad Cosimo murió simplemente en su cama, de forma natural. Hay muchos más casos como este a lo largo de toda la serie. Es un pequeño detalle sin mayor importancia, pero cuando se enseña la historia, sea por escrito en una novela o representándola a través de una serie de televisión, si se distorsionan los hechos, al final la gente se queda con esa imagen distorsionada y cree que Cosimo fue realmente asesinado. Así nacen las falsas leyendas negras.

Lorenzo il Magnifico (1449-1492)

Qué duda cabe que, cuando se habla de los Medici, el primer pensamiento es siempre para Lorenzo il Magnifico. De hecho, muchos piensan erróneamente que con él se inició la vocación artística del linaje. Ya se ha visto que, cuando nació Lorenzo, el 1 de enero de 1449, en un ambiente refinado y culto, la familia ya estaba en el apogeo de su prestigio.

Por otro lado, debo admitir que Lorenzo no se encuentra entre mis personajes favoritos. ¿Por qué? Quizá porque se ha hablado demasiado de él y es una referencia constante de nuestra familia, quizá porque llevo su mismo nombre. Mas allá de su obra y de su exuberante y cultísima personalidad, me sucede un poco como a Napoleón III. El gran escritor Victor Hugo se refería a Napoleón I como *le Grand,* 'el Grande', y a Napoleón III como *le Petit,* 'el Pequeño'. Si es correcto que il Magnifico sea *le Grand* y yo *le Petit,* resulta incómodo que te consideren sistemáticamente inferior a tu antepasado y tengas que demostrar lo contrario. Cada vez que me presentan y pronuncian mi nombre, la reacción de la gente es: «¡Ah! Como il Magnifico...». Francamente, es irritante.

Consideraciones personales aparte, no puedo dejar de admitir que Lorenzo fue sin duda un gran precursor y un personaje de referencia en su época. Y no lo digo yo, lo dicen los demás. Su personalidad ha sido objeto de numerosos estudios y millares de libros se han escrito sobre él. Fue extremadamente refinado y culto y, siguiendo el ejemplo de su abuelo Cosimo, atrajo a su corte a los más ilustres pintores, filósofos y poetas de la época. Supo también gobernar con equilibrio, influyendo sobremanera en la política italiana. Bajo su influencia se vivió un largo periodo de paz, con las consecuentes prosperidad y dinamismo económico y cultural.

Lorenzo, además de amigo de los filósofos y gran esteta, era también un excelente poeta y un sagaz político. En poesía inventó las loas, representaciones en las que por primera vez se unían partes sacras y profanas. Creó también las canciones de baile, un nuevo género de poesía con música para ser cantada y bailada, así como una variante suya, las canciones carnavalescas, una forma de poesía cantada por las máscaras con un acompañamiento musical. Inspirándose en la naturaleza, en la vida campestre, en los ríos y en los árboles, dio origen a un nuevo estilo, el realismo, una novedad en aquellos tiempos. Abrir estos nuevos caminos artísticos le proporcionó la fama de personaje genial de la que aún goza. Entre otras cosas, Lorenzo favoreció el desarrollo de las letras, convirtiéndose en uno de los grandes impulsores de la lengua italiana. Hizo traducir las más valiosas obras antiguas del griego y del latín al italiano. Tuteló el Ateneo de Pisa, y con él la Academia Platónica, creada por su abuelo Cosimo, alcanzó su máximo esplendor.

Para satisfacer su curiosidad y su sed de conocimiento se rodeó de los más finos literatos y filósofos de la época; todos los que se le acercaban y que frecuentaban su corte se beneficiaban de su generosidad. Il Magnifico les encargó obras nuevas que darían a Florencia aquella aureola de capital cultural del mundo que aún posee. Los envió incluso a Extremo Oriente para comprar manuscritos antiguos, vasijas, estatuas y joyas, pues le gustaba enriquecer sus palacios con valiosas colecciones bibliográficas y artísticas. En este sentido, la suya es una primacía que ningún príncipe pudo nunca disputarle.

Había sido un niño precoz. A los trece años leía ya los libros de la biblioteca paterna tanto en griego como en latín, comenzando a desarrollar una curiosidad que nunca llegó a saciar. Ya a aquella temprana edad escribía versos que sus maestros consideraban de gran mérito.

Pero tanto su padre como, especialmente, su abuelo no se olvidaban de su formación política, pues aunque de modo formal los Medici no tenían el poder, de hecho eran los señores absolutos de la república. Florencia tenía una forma muy especial de gobierno, en parte republicana y en parte monárquica, aunque este hecho nunca se aceptaba públicamente. Lorenzo, pues, tuvo que madurar muy pronto.

En 1465, a la muerte del duque de Milán, fue invitado por su abuelo a redactar unas palabras de pésame para el embajador del duque en Florencia. Pietro, su padre, le dijo en aquella ocasión: «Debes pensar que eres viejo antes de tiempo, pues así lo requiere la necesidad».

Para completar su formación política, el joven fue enviado a Milán, a Venecia y al Reino de Nápoles* junto al rey Ferdinando I. Su padre, siempre atento, le dio la siguiente instrucción: «No repares en gastos para lucirte. Está en juego el decoro y la dignidad de nuestra casa». Cuando regresó a Florencia, el padre lo asoció al Gobierno. Así fue como, cuando murió Piero, aunque Lorenzo tenía solo veinte años, estaba preparado para gobernar. En aquella ocasión, Soderini reunió a los principales ciudadanos de la república y todos, por aclamación, lo invitaron a suceder a su padre en el Gobierno del Estado. En teoría, la estructura republicana del Estado florentino no permitía la sucesión hereditaria, pero de hecho sucedió eso, aunque Lorenzo salvó siempre las apariencias de un Gobierno libre y popular.

En 1480 creó un consejo de setenta personas para «estudiar y discutir los asuntos de la república», que era como un parlamento embrionario. Cada semestre, ocho personas,

* Recordemos que todos eran Estados independientes.

llamadas «los Ocho de la Práctica», eran escogidas para ocuparse de los asuntos exteriores, mientras otras doce, los Procuradores de la Comunidad, tenían que ocuparse de los asuntos internos del Estado; de hecho, eran los precursores de los ministros. Mas se trataba solo de una mera apariencia, pues Lorenzo dominaba totalmente el Consejo y este acataba sin discusión sus deseos.

Su poder era cada vez mayor, lo cual le valió la enemistad del papa Sixto IV, que quería crear nuevos principados para su familia. Precisamente fue Sixto IV el instigador de la famosa conjura de los Pazzi,* de la que hablaré más adelante y cuyo resultado fue que mientras que a Lorenzo solo le hirieron, su hermano Giuliano murió bajo los golpes de los sicarios. Furioso por haber fracasado en su intento de desembarazarse de los Medici, Sixto IV excomulgó a Lorenzo y a todos los Medici «nacidos o por nacer». Pero esto no preocupó a Lorenzo ni lo más mínimo; por el contrario, demostró benevolencia pidiendo la absolución del cardenal Riario, sobrino del papa y principal conspirador. Como respuesta, Sixto IV selló una alianza con el rey de Nápoles para atacar Florencia y deshacerse por fin de los Medici.

Inmediatamente, no queriendo poner en peligro a la república, Lorenzo tomó la iniciativa de ir en persona a Nápoles para entrevistarse con el rey Ferdinando de Nápoles y lo convenció no solo de que se apartara de la influencia del papa, sino que le propuso una alianza destinada a poner coto a las ambiciones de los príncipes italianos, incluidos los pontificios. Como consecuencia de ello, en 1480, frente al peligro de una invasión de los turcos, cuando ya habían desembarcado en Otranto, Sixto IV retiró la excomunión a los Medici y solicitó su apoyo. Pero la calma duró poco. Al año siguiente se descubrió una nueva conjura para asesinar a Lorenzo il Magnifico, de nuevo organizada por el cardenal

* Tomó su nombre de la familia Pazzi, que dirigió la conjura antimedicea.

Riario; los conjurados fueron condenados a muerte. A partir de entonces, la república declaró reo de lesa majestad a quien atentara contra la vida de il Magnifico.

Señor absoluto de Florencia, Lorenzo de' Medici se había convertido en el fiel de la balanza de los asuntos de Italia y disfrutaba de gran influencia política incluso en los Estados vecinos: los Estados Pontificios, el Reino de Nápoles y el Ducado de Milán; una influencia que usó cuando quiso obtener del papa Inocencio VIII, que sucedió al temible Sixto IV, el capelo para su hijo Giovanni, que por aquel entonces apenas tenía catorce años. Por pudor, el nombramiento se mantuvo en secreto hasta que el muchacho cumplió diecisiete años. El Cardenalito, Giovanni de' Medici, se convertiría posteriormente en sumo pontífice con el nombre de Leone X y sería el primer papa de la familia.

La influencia de Lorenzo il Magnifico era tal que con él «Florencia se convirtió en la capital del mundo, a la que afluían homenajes de toda clase».[4] Fue el mecenas por excelencia de artistas, escritores y poetas que bajo su protección y la de sus sucesores alcanzaron una fama aún hoy universalmente reconocida. La lista es infinita. Cómo no recordar algunos de aquellos nombres que contribuyeron al apogeo de la dinastía: de Brunelleschi a Donatello, Leone Battista Alberti, Masaccio, Ghiberti, Paolo Uccello, Filippo Lippi, Sandro Botticelli, Andrea Verrocchio, los hermanos Pollaiolo, Luca della Robbia, Giorgio Vasari y, por encima de todos, Miguel Ángel; junto a ellos, Dante, Petrarca y Boccaccio; Angelo Poliziano o Leonardo Bruni. Y más tarde, en las generaciones siguientes, Leonardo da Vinci y Galileo Galilei. Fue Galileo quien precisamente, como ya hemos mencionado, dedicó a los Medici las estrellas que descubrió, los satélites de Júpiter, llamados «estrellas Mediceas» por gratitud hacia Cosimo II, que fue quien le permitió proseguir sus estudios y hacer los primeros grandes descubrimientos de la ciencia moderna.

Lo que sí está claro, hoy en día, es que sin el patrocinio de Lorenzo de' Medici no se puede entender a Miguel Ángel o, para ser más precisos, sin el gran mecenas no hubiese existido el genio y excelente artista, el uno va unido al otro, potenciando la magnificencia con el talento. ¡Tal era la importancia de un buen mecenas en aquella época!

Seguramente muchos desconocen la existencia en el Renacimiento del jardín de San Marco. Este fue un antiguo jardín de Florencia, situado entre la actual vía Cavour y la vía San Gallo, aproximadamente entre los emplazamientos del casino Mediceo y el palacio Socci. Desde la Edad Media, existía en el barrio una zona verde, situada en el corazón del «barrio de los Medici», a pocos pasos del palacio de los Medici y de las iglesias patronales de San Marco y San Lorenzo, donde varios miembros de la familia habían adquirido numerosas casas. Uno de ellos perteneció a Cosimo il Vecchio a partir de 1455 y cerca de él, hacia 1475, Clarice Orsini, esposa de Lorenzo, decidió comprar este espacio verde a los monjes observantes dominicos de San Marco. Aquí Lorenzo il Magnifico colocó más tarde su colección de esculturas antiguas compradas en gran parte en Roma.

La importancia de este lugar en el acontecer artístico del Renacimiento es fundamental porque, a diferencia de otras colecciones de antigüedad conocidas, esta nació como un campo de formación para jóvenes artistas prometedores, fundando una suerte de gusto cortesano, decorativo y basado en lo antiguo. El custodio de las obras y mecenas de los estudiantes fue Bertoldo di Giovanni, ya alumno directo de Donatello, autor de varios encargos para la Casa de' Medici. Para la elección de los alumnos, estos fueron reclutados principalmente del taller de Domenico Ghirlandaio, entre ellos Miguel Ángel. Aprendieron los rudimentos del arte, copiando esculturas clásicas y practicando tanto el dibujo como la escultura y otras técnicas. El propio Lorenzo supervisa la escuela y todavía hoy se cuentan algunas anécdotas sobre él y el joven Miguel Ángel, como la relativa a la *Cabeza de un viejo fauno* que el gran escultor, que entonces tenía entre quince y diecisiete años, había copiado de una obra anterior. Con habilidad, había esculpido al viejo con la boca abierta en lugar de cerrada, para mostrar la lengua y los dientes, y cuando il Magnifico lo vio, riéndose, lo que indicaba que era un comentario en tono de broma, le señaló que los ancianos generalmente no tenían dientes tan perfectos. Entonces Miguel Ángel, mientras Lorenzo continuaba su recorrido por el jardín, muy rápido rompió un diente y taladró la encía de la boca del fauno, esperando que Lorenzo volviera a pasar por delante de él, quien quedó sorprendido por la prontitud y sencillez de alma del joven. Esta habría sido la ocasión que impulsó a Lorenzo a pedir al padre del niño, Ludovico, poder afiliarlo, esto es tomarlo a su cargo y educarlo, íntimamente, en el palacio de Via Larga, para darle la misma educación que recibían sus hijos y sobrinos.

Fue allí donde Miguel Ángel forjó su espíritu, conoció y supo de novedades científicas, se educó y vivió hasta la muerte de su protector en 1492, recibiendo educación de los más grandes maestros del momento, no solo en arte, sino también en filosofía, letras, etc., como Pico della Mirandola, entre otros. Hoy en día, una sala de la Galería de los Uffizi está dedicada al clima del jardín de San Marcos, decorada con algunas de aquellas esculturas antiguas de los núcleos más importantes de los Medici junto con obras pseudoantiguas; y una en la Casa Buonarroti, que contiene las famosas obras creadas por Miguel Ángel en aquellos años de aprendizaje, como *La batalla de los centauros* y *La Madonna della scala*.

Aun así, Lorenzo no utilizó jamás su inmensa fortuna para su vanagloria; por el contrario, su generosidad careció absolutamente de ostentación. Estaba siempre muy atento a ser sencillo en sus maneras y a no suscitar la envidia de los demás; la suya fue una forma de ser que, dejando de lado raras excepciones, quedó como ejemplo para las generaciones que vinieron después. Puso su fortuna a disposición del arte, de la ciencia y de la literatura, y por ello, más de quinientos años después de su muerte, su nombre sigue siendo el símbolo del mecenas por excelencia.

Un regalo maquiavélico

En casa había que seguir unas rígidas reglas no escritas, además de las escritas. Una de ellas consistía en saberse de memoria *El Príncipe*, de Maquiavelo. Como el destacado filósofo del Renacimiento se lo había dedicado a Lorenzo il Magnifico, no importaba que hubiera sido escrito en otros tiempos y para otro uso; teníamos que sabérnoslo de memoria y éramos interrogados puntualmente acerca del sentido de sus frases. Una de ellas: «Para conocer bien la naturaleza de los pueblos es necesario ser príncipe, y para conocer bien la de los príncipes es necesario formar parte del pueblo», me dejaba perplejo. Yo quería conocerlos a todos. ¿De qué lado debía estar? Interrogantes aparte, esto refleja un poco el anacronismo de lo que nos querían enseñar.

En mi infancia, la obediencia y el respeto a los padres era la base de todo. Si mi padre o mi madre entraban en una habitación donde nosotros estábamos sentados, debíamos ponernos en pie en señal de respeto. Por otro lado, para recordarnos perennemente nuestro estatus estaban, como en casa del abuelo, los retratos de los antepasados, que eran los de mi padre, los Medici. Estaban esparcidos por toda la casa, sin orden cronológico, solo puestos allí porque se consideraba que combinaban bien con el color de las tapicerías. A mí me hacía gracia que, cuando venía un invitado, nos encontrara inevitablemente un «aire de familia», pues yo con aquellos príncipes del siglo XVIII, empelucados y de larga nariz, no veía el parecido en absoluto.

Otra regla importante que nos enseñaban era la discreción. Un príncipe no debe nunca parecerlo, porque si lo pareces, quiere decir que no lo eres, dado que cometes el pecado de presunción y de arrogancia. ¿Príncipes tal vez anticuados y fuera del tiempo? Quizá. Pero lo de la discreción no me ha parecido nunca tan mal. A menudo me viene a la cabeza y trato de aplicarlo. En una cosa tenía sin duda razón el bueno de Maquiavelo, y es cuando escribió: «Si quieres vivir tranquilo, no te expongas al ojo y al juicio del público». Lamentablemente, a veces no puedes hacer otra cosa. Es verdad que hemos recibido muchas críticas, pero con el paso de los años y la experiencia aprendes a no hacer caso. Sabes que hagas lo que hagas, siempre habrá alguien en algún sitio que te criticará; es el precio que hay que pagar por salirse de los cánones.

Nos educaban como a burgueses, pero con el ojo siempre atento al pasado. Nosotros queríamos comportarnos como todos los niños de nuestra época, pero en todos nuestros movimientos nos recordaban que para nosotros era impensable poder actuar olvidándonos de que pertenecíamos a una de las familias más ilustres, como si una bravata nuestra hubiera podido borrar de golpe nuestros mil años de historia. Por otro lado, mi padre no quería que siguiéramos los pasos de la aristocracia tradicional, pues consideraba que esta no se había adaptado suficientemente al paso del tiempo, quedándose fosilizada en un papel obsoleto y arrogante. De modo que para nosotros quería una educación de príncipe republicano, como en la Florencia del siglo xv. Nosotros, naturalmente, estábamos dispuestos a renunciar incluso a esta.

También se creía indispensable que conociéramos varias lenguas para poder así movernos por el mundo como Dios manda. De modo que, además de italiano y del francés de casa, debíamos conocer a la perfección el inglés y el alemán. El español lo aprendí más tarde, dado que no era un requisito fundamental en la época. Se consideraba como una norma de buena educación poder mantener una conversación en la lengua de tu invitado. Entre nosotros, como ya he dicho, hablábamos solo en francés, pero estaba rigurosamente prohibido hacerlo delante de un invitado que no hablara dicha lengua. Esta regla se aplicaba también delante del personal de casa, pues nunca se debía dar la impresión de que hablabas a sus espaldas.

Con toda honestidad, no sabría decir si mi hermano y yo tuvimos una infancia privilegiada o difícil, dado que solo conocí aquella. Y dado que no existe una varita mágica para volver atrás en el tiempo, me conformaré con ella; a decir verdad, aunque pudiera, no creo que la cambiara. Siempre he sostenido que, si uno camina airoso, las arrugas no se ven. Con esto pretendo decir que uno debe ir al ritmo de su tiempo y moverse deprisa, en concomitancia con su tiempo; no vivir momificado en el pasado.

Días funestos: el exilio de los Medici

Lorenzo de' Medici murió en la villa de Careggi el 8 de abril de 1492. De su esposa, Clarice Orsini, había tenido siete hijos: tres varones y cuatro mujeres. «La paz se ha acabado», dijo el papa Inocencio VIII cuando le informaron de la muerte de il Magnifico. Fue la suya una predicción acertada, pues en esa fecha dio comienzo en Italia un nuevo largo periodo de guerras y de miseria. En la Italia desgarrada por las luchas por la hegemonía, la política instaurada y conducida por Lorenzo il Magnifico había traído la paz. Solo por la fuerza de su capacidad de convicción había sabido controlar las desenfrenadas ambiciones de los príncipes italianos, por lo que su muerte señaló el comienzo de un nuevo desastroso capítulo de la historia de Italia.[5]

También para la familia Medici la muerte de Lorenzo il Magnifico significó el comienzo de una transición funesta que culminó con la expulsión de toda la familia de la ciudad de Florencia. Una corte tan brillante y una familia tan rica no podían sino provocar envidias y celos. Ya hemos visto cómo el propio papa Sixto IV intentó varias veces desembarazarse de los Medici, al considerar que hacían sombra a su pontificado. Para colmo, en los últimos años de su vida Lorenzo había tenido que enfrentarse en su propia Florencia con un monje, Savonarola, para quien todo aquel lujo llevaba a la perdición. Savonarola predicaba el fin del mundo si seguía extendiéndose la influencia de los Medici. Le resultó fácil convencer a los descontentos que, día tras día, engrosaban las filas del partido antimediceo. Con la muerte de il Magnifico, Savonarola entendió que su momento habia llegado, ya que el débil Piero, hijo y sucesor de Lorenzo, no gozaba de la misma influencia que su padre.

Piero lo Sfortunato no estaba a la altura de las circunstancias: no solo no había heredado las cualidades paternas, sino que se encontraba en una situación complicada que iba a resultarle difícil afrontar.

No solo Florencia estaba agitada por el fraile que odiaba a los Medici y que azuzaba al pueblo a sublevarse en la ciudad contra la demasiado poderosa familia, sino que se acercaba también el peligro de una invasión francesa, pues Carlos VIII, rey de Francia, pretendía atravesar los Estados florentinos para hacer la guerra en el Reino de Nápoles. Además, en la propia familia, Pedro debía hacer frente a las pretensiones de los primos de la otra rama, aquellos Medici llamados Popolani, que abogaban por la instauración de una verdadera república; los mismos Popolani que cuarenta años más tarde, en 1537, alcanzaron el poder en la persona de Cosimo I y fundaron el Gran Ducado de Toscana.

Piero se presentó, pues, ante el rey de Francia, que había llegado ya a Pisa, para lograr que el paso de los franceses causara el menor daño a sus Estados. Sin embargo, fue demasiado flexible frente a las pretensiones de Carlos VIII, a quien concedió las ciudadelas de Pisa y de Livorno, además de dinero y provisiones, con la vista puesta en salvar a la ciudad de Florencia del paso de las tropas francesas. Cuando regresó a Florencia, se encontró con un pueblo enfurecido que le reprochaba su debilidad. Savonarola había encontrado un nuevo pretexto para pedir su cabeza. Porque no supo pararlo o porque no quiso, prefirió huir de la ciudad, dejando que la multitud saqueara el palacio Medici antes que ordenar la intervención de los soldados, que esperaban sus órdenes y que hubieran podido contener fácilmente el tumulto. Es evidente que si hubiera gobernado con mano firme hubiera salvado el poder. Y si los Medici hubieran sido guerreros en lugar de políticos, con probabilidad hubiera hecho uso de la fuerza para mantenerse en él.

La familia al completo tuvo que tomar el camino del exilio, el segundo después del de Cosimo il Vecchio, que tuvo lugar a principios de siglo. Este segundo exilio de la familia duró de 1494 a 1512, por lo que los Medici no regresaron a Florencia hasta dieciocho años más tarde. Y pudieron hacerlo solo gracias a las maniobras del Cardenalito, Giovanni de' Medici, y a la considerable influencia que ejerció sobre el papa Giulio II.

Descendencia de Lorenzo il Magnífico

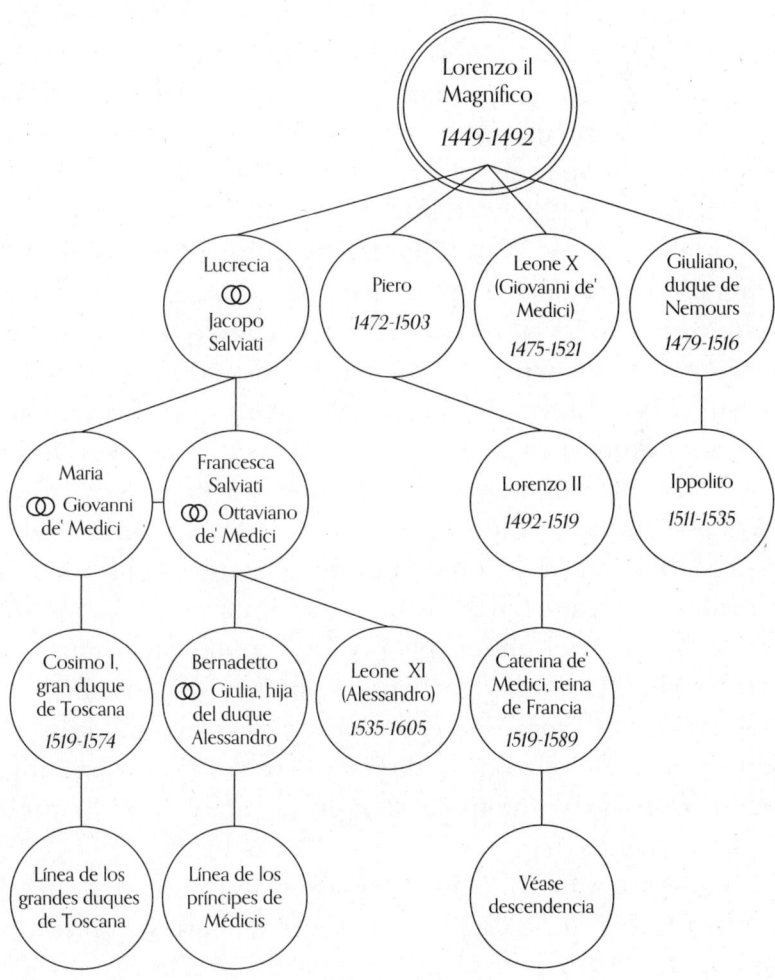

El 17 de noviembre de 1494, Carlos VIII entraba triunfalmente en Florencia. Se quedó tan solo diez días. A su marcha, Savonarola se apoderó de la ciudad y Florencia se convirtió en un Estado teocrático. Las hosterías fueron cerradas; ardieron en una enorme pirámide levantada en la plaza de la Señoría todas las obras de arte, entre las cuales figuraban obras maestras de grandes artistas considerados promediceos; ardieron también todos los objetos destinados al embellecimiento femenino, como perfumes, espejos, joyas, vestidos de seda y de brocado, bordados; así como todos los instrumentos de música considerada profana, como panderetas, mandolinas y violas. Las mujeres pasaron a ir vestidas de negro y la ciudad entera se llenó de frailes. Nada de fiestas, ya que estaba severamente prohibido divertirse; un hecho que, si se piensa, se repitió en la historia más reciente, con la llegada de Jomeini a Irán en 1979 y la de los talibanes a Afganistán en 1995 y en 2021.

Todo lo que los Medici habían acumulado en las últimas generaciones, colecciones de arte, libros antiguos, estatuas, obras de arte o joyas, fue destruido, robado o quemado. Los palacios fueron saqueados y bien poco pudo ser salvado y puesto a buen recaudo. Pero muy pronto fueron muchos quienes empezaron a añorar a la dinastía exiliada; la destrucción de las más bellas obras de arte que habían constituido el esplendor de Florencia había causado conmoción entre aquellos que veían en esta gran crisis mística la ruina de su ciudad. Al fraile Savonarola, cegado por el odio a los Medici, el frenesí del poder iba a durarle poco y a costarle incluso la vida. La mayor parte de la población, cansada de su excesivo moralismo, empezó a cuestionar sus métodos y a rechazarlos; en mayo de 1498 fue derrocado por una sublevación popular y quemado vivo en la plaza de la Señoría, frente al palazzo Vecchio.

En cuanto a Piero, el hijo y sucesor de Lorenzo il Magnifico, no tuvo tiempo de pisar de nuevo su patria. Fracasados sus intentos de regresar a Florencia, murió en el exilio en 1503.

Desgraciadamente, se ahogó con una barca en la desembocadura del Garigliano.* Su primo Giulio, posteriormente papa con el nombre de Clemente VII, encargó a Francesco da Sangallo un monumento funerario, que se puede ver aún hoy en la abadía de Montecassino.

Muerto Piero, quedaron a la cabeza de la familia sus dos hermanos menores. El hijo segundogénito de Lorenzo il Magnifico, el cardenal Giovanni, y el tercer hijo, Giuliano, futuro duque de Nemours, pues el único hijo de Piero, llamado Lorenzo como su abuelo, tenía solo nueve años y era demasiado joven para asumir el mando de la familia.

Giovanni decidió ocupar por discreción un segundo plano, pues aún estaba fresco el recuerdo del reciente episodio de gobierno teocrático de la ciudad, la cual no hubiera visto con buenos ojos el regreso de un religioso al poder. Pero preparó con una sutil propaganda y eficaz diplomacia, y sobre todo con su inmensa fortuna, la restauración de los Medici en el poder. Sus partidarios eran numerosísimos, pues tanto la alta burguesía como el pueblo estaban a favor de su regreso.

Mientras tanto, el Gobierno de la Señoría que había sucedido a Savonarola se hacía cada día más débil, lo que llevó a decir al nuevo rey de Francia, Luis XII, que había sucedido a Carlos VIII, que los partidarios de los Medici eran tan numerosos que no podía seguir confiando en el Gobierno de la ciudad. En consecuencia, mientras este se debilitaba a pasos agigantados, la Santa Alianza** se sentía más en peligro. Se convocó pues un congreso en Mantua en 1511, en el que participaron el papa Giulio II, el emperador Maximiliano II y el rey de España,*** Fernando el Católico, con el objetivo

* Río italiano situado entre Roma y Nápoles, al sur de Gaeta, conocido en España como «Garellano».

** Constituida en 1495 por el papa para reforzar su autoridad frente a la presencia francesa en Italia y apoyada por España, Austria, Nápoles, Génova, Milán, Florencia, Venecia e Inglaterra.

*** En realidad, tan solo era rey de Aragón, pero gobernaba también Castilla en nombre de su hija Juana.

de debatir la sustitución del Gobierno de Florencia por el de los Medici; una decisión que era el resultado de la influencia del cardenal Giovanni y de su estrecha amistad con el papa.

Al jefe militar de la Santa Alianza, el virrey de Nápoles, Ramón de Cardona, se le encargó marchar sobre Florencia con un ejército para hacer cumplir las decisiones del congreso. Pero después de que su ejército saqueara Prato, ciudad que abría el paso a Florencia, los florentinos, asustados, se apresuraron a enviarle una delegación para tratar el regreso de los Medici al poder. El prestigio de la familia y los numerosos partidarios que esta tenía en la ciudad hicieron el resto. Una inmensa multitud acudió a Prato para rendir homenaje a Giuliano de' Medici y acompañarlo a la ciudad, donde fue acogido triunfalmente por un pueblo exaltado. Desde todas las ventanas, decoradas con el blasón de los Medici, la gente gritaba «bolas, bolas»,* el viejo grito de guerra de sus partidarios.

Algunos días más tarde, el 14 de septiembre de 1512, hizo a su vez su entrada triunfal en la ciudad el cardenal Giovanni.** Fue acogido por su hermano Giuliano y por los demás componentes de la familia Medici, que habían regresado precipitadamente del exilio y que lo habían precedido para poder recibirlo dignamente y demostrarle su respeto. Entre ellos se encontraba su sobrino Lorenzo, hijo del desafortunado Piero y futuro Lorenzo II, y su primo Giulio de' Medici. Este primo Giulio, de quien tendremos ocasión de hablar a continuación, era el hijo ilegítimo de Giuliano de' Medici,*** hermano de Lorenzo il Magnifico, asesinado en la catedral en la conjura de 1478. Tras la muerte del padre, Lorenzo il Magnifico lo había hecho criar y educar junto a sus propios hijos. Giulio tendría un destino extraordinario. En

* Las «bolas» de los Medici son los roeles que aparecen en su escudo.
** Algunos meses después sería elegido papa.
*** No confundir con el otro Giuliano, el hijo de Lorenzo il Magnifico y hermano del cardenal Giovanni.

el momento del regreso de los Medici a Florencia ostentaba el título de prior de Capua.* Posteriormente, cuando el 23 de abril de 1513 el cardenal Giovanni se convirtió en papa, lo nombró cardenal y finalmente le sucedió en la cátedra de San Pedro, cuando algunos años más tarde fue elegido a su vez papa, dignidad que ocupó con el nombre de Clemente VII.**

Al año siguiente al regreso de los Medici al poder se empezó a notar en Florencia una clara y decisiva influencia del papado. Esta especie de infeudación fue debida sobre todo a que desde la elección del cardenal Giovanni al solio pontificio en 1513, donde reinaría con el nombre de Leone X, hasta la muerte de su primo Giulio en 1534, serían miembros de la misma familia quienes gobernaran los dos Estados, con la lógica preponderancia del poderosísimo y prestigiosísimo papa. Además, hay que recordar que Giovanni era de hecho el jefe natural de la familia después de la prematura muerte de su hermano Piero.

LOS MEDICI: LEYENDA Y BLASÓN

La importancia que generalmente se reconoce a los Medici, es decir, su impacto en la historia, no reside en haber tenido un papel relevante en una determinada época, ni siquiera en haber reinado como grandes duques de Toscana, sino en cómo lo hicieron, pues no hubieran dejado una huella tan indeleble si no hubiera sucedido algo especial. Resulta difícil remontarse con precisión a sus orígenes.

Tratándose del periodo que está a caballo entre el final del primer milenio y el comienzo del segundo, no existen datos irrefutables. Sí se sabe con certeza que procedían del Mugello, un valle cercano a Florencia recorrido por el río

* Título eclesiástico inmediatamente inferior al de abad.
** Véase el capítulo dedicado a los papas.

119

Sieve. La leyenda cuenta que en el año 800, regresando Carlomagno de Roma, donde se había hecho coronar emperador por el papa León III,* fue asaltado en el Mugello por una banda de bárbaros. En mitad de la refriega, un hombre salió en su defensa y protegió al emperador con su escudo, en el que recibió numerosos mazazos. Para agradecérselo, el emperador le concedió el derecho a llevar como blasón aquellos bultos circulares que habían quedado marcados en su escudo y que en heráldica se llaman «roeles» o «tortillos».

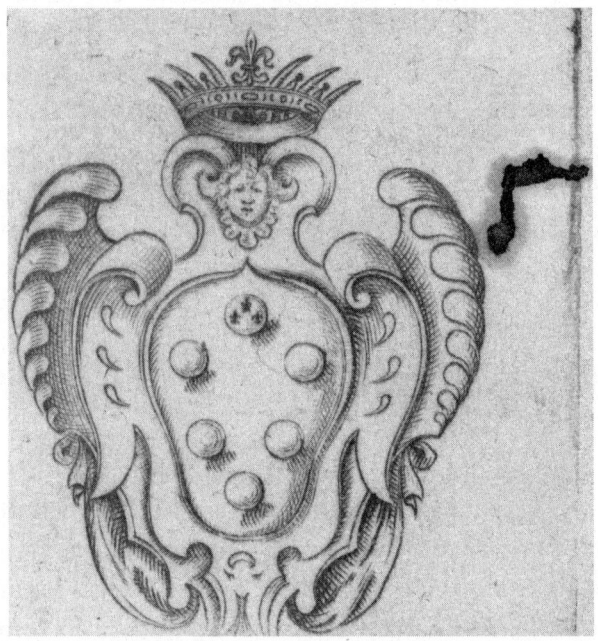

Fig. 12. *Escudo de los Medici.* Dibujo de Jacques Callot, 1614.

Esta «leyenda» nace de un texto atribuido a un tal Cosimo Baroncelli, escrito en el siglo XVI, que atestiguaba que un tal Averardo de' Medici, comandante del ejército de Carlomagno, había expulsado a los lombardos de Toscana y liberado el Mugello de un gigante que llevaba precisamente

* Un nombre extrañamente utilizado por dos papas mediceos.

120

ese nombre, el cual designaría a toda aquella zona. Las huellas de los golpes de la maza de hierro del gigante Mugello en el escudo dorado de Averardo (que era como debía ser el de un comandante del ejército imperial) formaron, pues, aquellos roeles.

Otra explicación del origen de su escudo era que los Medici, estando inscritos en el Arte del Cambio, es decir, en la banca, cuyo blasón era un campo bermejo sembrado de monedas de oro bizantinas, adoptaron aquel blasón a modo de escudo propio, invirtiendo los colores. Sea como fuere, aunque de su origen nadie ha tenido una certeza absoluta, este blasón, el de los Medici, fue durante siglos el símbolo de la Toscana.

Se ha dicho también que los roeles podían representar píldoras, por el apellido. Pero es difícil mantener que a principios del segundo milenio hubiera píldoras a la venta. Además, como ya he mencionado, ningún miembro de la familia ejerció nunca la profesión de médico, que en Florencia solo podía desempeñarse bajo control de la corporación que la regulaba. Y no consta que ningún miembro de la familia Medici hubiera estado nunca inscrito en la de los médicos y farmacéuticos.

Esta última versión podría también haber surgido del hecho que, desde siempre, los santos protectores de la familia fueron san Cosme y san Damián (en italiano: Cosimo y Damiano). Por este motivo, el nombre Cosimo aparece a menudo en las diversas generaciones mediceas, mientras, extrañamente, no sucede lo mismo con el de Damiano, quizá por su historia, que explicaré a continuación.

Cosme y Damián eran dos hermanos, ambos médicos, que prestaban siempre su ayuda de forma caritativa, sin recibir recompensa alguna. Pero una vez Damián aceptó de una viuda una pequeña suma, por lo que recibió la reprobación del hermano. Desde ese momento, Cosme se alejó de él y dijo que así quería permanecer también en la sepultura. Cuando sufrieron el martirio durante la persecución de

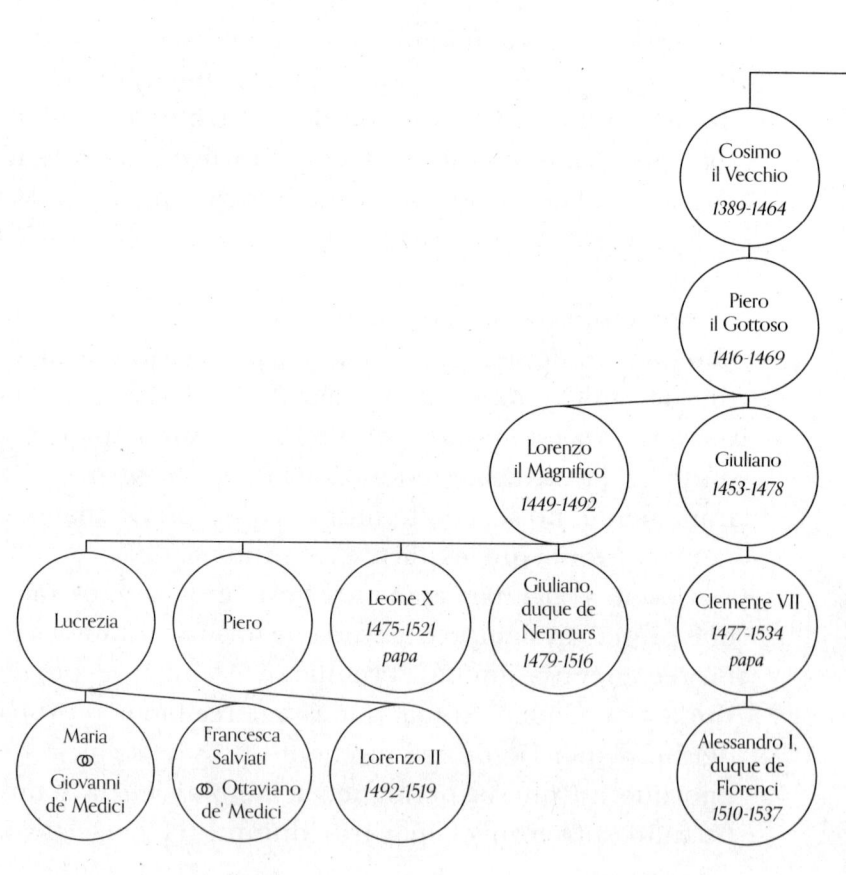

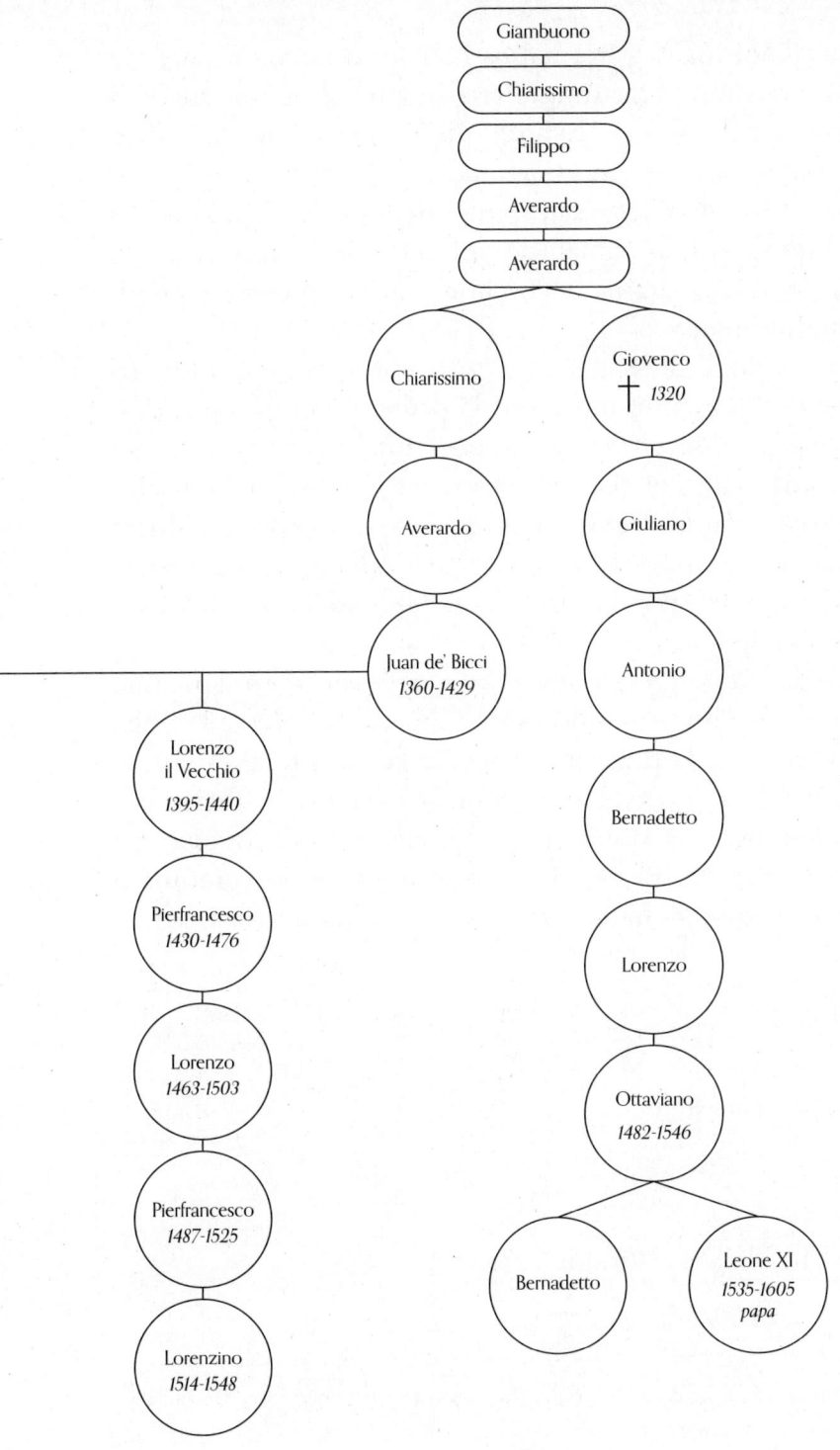

Giambuono

Chiarissimo

Filippo

Averardo

Averardo

Chiarissimo

Giovenco
† 1320

Averardo

Giuliano

Juan de' Bicci
1360-1429

Antonio

Lorenzo
il Vecchio
1395-1440

Bernadetto

Pierfrancesco
1430-1476

Lorenzo

Lorenzo
1463-1503

Ottaviano
1482-1546

Pierfrancesco
1487-1525

Bernadetto

Leone XI
1535-1605
papa

Lorenzino
1514-1548

Diocleciano, los dos hermanos fueron, en efecto, enterrados en dos tumbas distintas. Pero, según la leyenda, sucedió el siguiente milagro: «He aquí que repentinamente —dice *La leyenda dorada*— vino un camello y gritando con voz de hombre ordenó que los santos fueran enterrados juntos». Es cierto que Damián había aceptado el simbólico pago de la viuda, pero no lo había hecho por codicia, sino por piedad, por no humillarla.[6]

Volviendo al blasón, solo se sabe con certeza el número de roeles del escudo mediceo. Al principio eran once, posteriormente nueve, después siete y finalmente seis. En su versión definitiva el blasón muestra los famosos cinco roeles rojos sobre fondo dorado más un sexto azul, con tres flores de lis, del blasón de los Borbones, procedente de una concesión del rey de Francia Luis XI en 1465, de la que hablaremos más adelante.

Además de en Florencia y, por extensión, en Toscana, donde abundan, viajando por España se puede ver el blasón mediceo a la derecha de los de la Casa Real española en la fachada principal de algunos palacios, edificios gubernamentales, monumentos importantes, universidades y arcos de triunfo. El uso del blasón mediceo se remonta a Carlos III, que lo había *heredado* de su madre, Isabel Farnesio.*

* Véase el capítulo «Las relaciones consanguíneas de los Medici con las demás casas reales europeas».

Giuliano II, duque de Nemours (1479-1516) y Lorenzo II, duque de Urbino (1492-1519)

Desde el regreso a su tierra en 1512, Giuliano ejerció con plenos poderes el cargo de señor de Florencia, a pesar de no considerarse muy dotado para esta tarea. En realidad, había regresado a Florencia más para recuperar los bienes personales de la familia que para ejercer el poder, en el cual no estaba especialmente interesado. Sin embargo, bajo la presión de los acontecimientos y de los defensores de la Casa de' Medici, aceptó hacerse cargo de la dignidad que le habían asignado y pasó a ejercer el poder absoluto con moderación. Perdonó a aquellos que habían participado en la caída de su familia y evitó perseguir a aquellos que se habían aprovechado de la situación. De modo que no hubo ninguna venganza, ninguna ejecución capital, ninguna expropiación y ninguna víctima. Gracias a sus dotes, el regreso de los Medici fue prácticamente indoloro. Muy apreciado por sus compatriotas, fue muy añorado cuando decidió dejar paso a su sobrino Lorenzo, el legítimo heredero por tratarse del hijo de Piero, el primogénito.

La sustitución de Giuliano a la cabeza del Estado no tenía por objeto tan solo reconocer la legítima herencia de Lorenzo. Su hermano Giovanni, que mientras tanto se había convertido en el papa Leone X, tenía para él importantes proyectos y, en espera de que estos se llevaran a término, lo nombró capitán general de la Iglesia. En 1515 murió en Francia el rey Luis XII. Le sucedió en el trono un primo suyo, Francisco de Valois, que reinó con el nombre de Francisco I. Para congraciarse con el nuevo rey de Francia, Leone X decidió enviarle a Giuliano como embajador. Francisco I quedó de tal modo cautivado e impresionado por la belleza y la elevada cultura del joven florentino que, además de brindarle su amistad, le ofreció la mano de su jovencísima tía de diecisiete años, Filiberta de Saboya, y le concedió el título de duque de Nemours.

Pero la salud de Giuliano estaba quebrantada. Murió el 17 de marzo de 1516, con solo treinta y siete años, sin tiempo de tener legítima descendencia de su real esposa, ni de cumplir los sueños de su hermano papa, que lo quería ver como rey de Nápoles o señor de los Estados del norte de Italia. Su monumental tumba, esculpida por Miguel Ángel, se encuentra en la sacristía Nueva de San Lorenzo, en Florencia. Claro que, si no tuvo descendencia legítima, sí tuvo en cambio un hijo natural, Ippolito, que nació en los años del exilio y fue inmediatamente adoptado por su tío papa, y del que a continuación hablaremos.

Mientras tanto, en Florencia, Lorenzo II se iniciaba en la práctica del gobierno. Y como Leone X no se fiaba en exceso en sus cualidades de gobernante, ya fuera por su juventud o por la enorme presunción de la que hacía gala el joven señor, lo confió al atento cuidado de su primo Giulio, que él mismo había nombrado cardenal. A pesar de ello, para asegurarse que Lorenzo II no hiciese de las suyas, le enviaba constantemente precisas instrucciones de cómo debía gobernar el Estado; le recomendó que

> empleara para los cargos importantes a personas de su confianza, de manera que, si debía servirse de un individuo poco seguro, que fuera un hombre sin talento y sin valor; que contentara con modestos empleos a aquellos que no pueden tener cargos respetables; que diera satisfacción a los ciudadanos en las cosas de poca importancia, para hacerse perdonar la revocación o la denegación de concesiones mayores.*

* Instrucciones pontificias al magnífico Lorenzo II de' Medici de mayo a agosto de 1513. Archivo histórico de Florencia.

Pero a Lorenzo II no le interesaban las detalladas instrucciones de su tío y dedicaba sus esfuerzos a hacer gala de un lujo principesco. Cuando salía de su palacio, se hacía siempre acompañar por una guardia de al menos cuatrocientos alabarderos. En poco tiempo logró destruir la obra de conciliación de su predecesor, el tío Giuliano, y hacerse odiar por la población, desilusionada con el nuevo príncipe. Para él Florencia era demasiado pequeña. Tenía una ambición desmedida y ansiaba ser nombrado gran duque de Toscana, por lo que insistía ante su tío papa para que le fuera conferida esta nueva dignidad. Pero Leone X opinaba que los tiempos no estaban todavía preparados para un nombramiento de ese tipo y encontró una solución para la desmesurada ambición de su sobrino, nombrándolo duque de Urbino, un pequeño Estado entre Toscana y los Estados Pontificios que la Iglesia acababa de conquistar con la ayuda del rey de Francia, tras expulsar a su legítimo propietario por desacato.

Lorenzo II era el único hijo de Piero lo Sfortunato. Tenía nueve años cuando su padre murió ahogado y veinte cuando regresó a Florencia después del exilio. Había vivido preferentemente en Urbino y en Roma, en los palacios de la familia. Cuando, por decisión de su tío papa, tuvo que suceder a su tío Giuliano, tan poco inclinado hacia la política, no se sintió muy entusiasmado. Hubiera preferido permanecer en Roma, en la brillante corte del papa, centro de un poder mucho más amplio que el de una pequeña corte como era la de Florencia. Pero tuvo que plegarse a los deseos del papa y hacerse cargo de los deberes del gobierno de Florencia. No satisfecho con ser señor de Florencia, capitán general de los florentinos y duque de Urbino, recibió también el cargo de capitán general de la Iglesia, tras haber insistido mucho ante el pontífice para recibirlo.

Ambiciosísimo, Lorenzo II quería a toda costa una esposa de familia real, como su tía Filiberta de Saboya. Finalmente, fue satisfecho cuando le dieron en matrimonio a una pariente de Francisco I de Francia, Magdalena de la Tour d'Auvergne. Por desgracia, Magdalena murió pronto, el 28 de abril de 1519, al dar a luz a su única hija. Esta niña, bautizada con el nombre de Caterina, desbordaría toda posible ambición paterna a causa del papel que el destino le asignó: reina y regente de Francia, madre de tres reyes y de dos reinas, sería una de las más importantes, sino la más importante soberana de dicho país. Pero Lorenzo no iba a saborear el triunfo de su hija: siguió a la tumba a su mujer siete días más tarde, dejando huérfana a la pequeña Caterina.

Algunos historiadores atribuyeron a Lorenzo II la paternidad de Alessandro, futuro duque de Florencia. En realidad, esta era solo una piadosa mentira, dado que, como veremos más adelante, Alessandro era hijo del famoso primo Giulio, que no era otro que el papa Clemente VII. Pero eso debía permanecer en secreto; de modo que, oficialmente, la paternidad fue atribuida a Lorenzo.

Con Lorenzo II se extinguió la rama primogénita de los Medici en línea directa masculina. Tras el breve paréntesis del ducado de Alessandro, como veremos a continuación, el poder pasará a la rama segundona, la de los Popolani, los futuros grandes duques de Toscana.

UNA FAMILIA, TRES PAPAS

No podremos entender la relevancia y el significado que podía tener el hecho de tener un papa en la familia sin recordar cuál era la situación del papado en aquella época. Por aquel entonces, el jefe de la Iglesia católica era un punto de referencia importantísimo, no solo para los fieles, sino sobre todo para sus soberanos, pues no existía otra religión que la católica.* Basta recordar que el rey de España fue titulado por el papa su católica majestad, mientras el rey de

---

* Que precisamente en este siglo, el XVI, conocería dos cismas: el protestante y el anglicano.

Francia, para no ser menos, tuvo el título de rey cristianísimo. La máxima aspiración de los reyes era ser coronados por el propio pontífice.*

Además, el pontífice era también un soberano temporal: el papa-rey. Y sus Estados, con Roma por capital, se extendían por toda Italia central. Al sur lindaban con el Reino de Nápoles, mientras que al norte lo hacían con pequeños Estados que sufrían las vicisitudes de las diversas guerras, como los ducados de Ferrara, de Milán o de Mantua. En medio de los Estados Pontificios se encontraban pequeños enclaves independientes, como la República Florentina y la de Siena.

En el transcurso del siglo XVI, bajo el reinado de Cosimo I de' Medici, estas repúblicas apoyadas en los Estados Pontificios se reunieron en un único Estado, el Gran Ducado de Toscana. Por esta razón, tener un papa elegido en la familia, además de ser considerado una gracia divina, un honor y un motivo de orgullo, significaba también, para la familia del papa, el ascenso inmediato al nivel de los más prestigiosos y poderosos soberanos. Pues no en vano estos últimos, después de cada elección, buscaban inmediatamente la bendición, el apoyo y el favor del nuevo pontífice. A las familias de los nuevos pontífices no se les podía negar ningún cargo o favor y, si las condiciones políticas del momento lo permitían, este favor se podía incluso transformar en el reconocimiento hereditario de un principado o de un ducado independiente. Incluso su poder material era muy superior al del actual Estado del Vaticano, creado solo en 1929 con los Pactos de Letrán, ya que hasta 1870, cuando los Saboya conquistaron Roma, reduciendo al papa al estado de simple prisionero en su palacio del Vaticano, no dejaron de existir los Estados Pontificios.

* Ya desde la época de Carlomagno. Carlos V fue coronado en Bolonia por Clemente VII. La última coronación fue la de Napoleón Bonaparte, llevada a cabo por el papa Pío VII en 1804.

Hay pues que considerar como un hecho absolutamente excepcional, único en toda la historia del papado, que una sola familia diera tres papas, como sucedió con la Casa de' Medici. Y muy significativo es sin duda, para el altísimo prestigio de esta familia, que un cuarto papa, Pío IV, pretendiera ser descendiente de esta familia cuando en realidad no lo era, como tendremos ocasión de ver más adelante.

Leone X (Giovanni de' Medici, 1475-1521)

La figura del primer papa mediceo ha sido muy discutida. Aunque siempre se habló de él como de un gran papa, posteriormente se reconsideró su valía. Eso fue obra, en concreto, del historiador francés Maurice Andrieux,[7] que le negó todo crédito. No cabe duda de que Leone X fue muy alabado por sus contemporáneos y que es necesario ponerse al tanto de la singular situación de los tiempos.

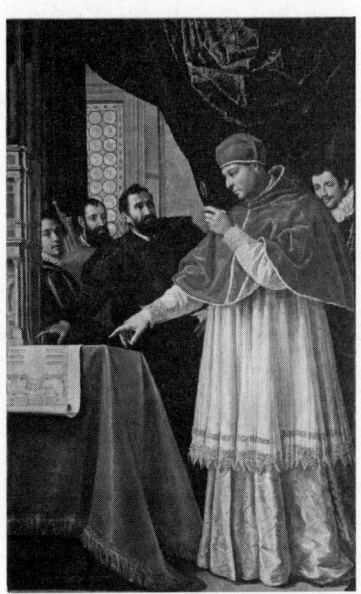

Fig. 13. *Miguel Ángel presenta al papa Leone X su proyecto para la iglesia de San Lorenzo.* Pintura de Jacopo da Empoli.

El papado no atravesaba entonces uno de sus mejores momentos. Eran tiempos oscuros y, en Italia, las guerras por la supremacía estaban a la orden del día. El papado vivía el apogeo de su poder temporal, y el papa-rey competía con españoles, franceses y alemanes para apropiarse de nuevos dominios. En pleno Renacimiento, la corte pontificia cambiaba continuamente de orientación dependiendo de los deseos de los nuevos elegidos, de modo que el reinado de los respectivos pontífices, aun siendo bastante corto, significaba una nueva política a pesar de que, en el momento de las elecciones, el Sacro Colegio no apuntaba generalmente sobre un candidato que se presumía que reinaría mucho tiempo. Tras el pontificado de un papa guerrero como Giulio II, concentrado en la hegemonía de los Estados Pontificios con el único objetivo de aumentar su poder temporal, se deseaba la paz.

No hay pues que maravillarse si con la llegada del hijo il Magnifico* Lorenzo de' Medici la expectación fue grande: Giulio II, poco propenso a la vida cortesana, había sacrificado este aspecto fundamental del Renacimiento, dejando poco espacio a literatos y artistas. Muy significativa es pues la frase pronunciada por Erasmo de Rotterdam con el advenimiento de Leone X: «Llegan tiempos de oro». En consecuencia, los cortesanos y los artistas, poetas y literatos llamados a la corte por el nuevo pontífice no podían dejar de alabar, aunque fuera desmesuradamente, un pontificado que les abría nuevas perspectivas y que les daba trabajo y fama. La basílica de San Pedro, comenzada bajo los anteriores pontificados, debía aún ser terminada. Se esperaba del nuevo papa un impulso determinante para llevarla a cabo. Como el nepotismo estaba a la orden del día, todos los predecesores de Leone X habían usado con creces su nuevo y relativamente fugaz poder temporal para favorecer

* Recordemos que después de Lorenzo, «magnífico» es considerado como un título principesco otorgado solo a la familia Medici.

a sus propios familiares. Estar sentado en la cátedra de San Pedro significaba disfrutar de prerrogativas soberanas. Indiscutibles eran, pues, las ventajas para beneficiar a todos los familiares, lo que se consideraba por parte del pontífice una manera de mostrar el afecto hacia su propia familia.

Los papas no ignoraban que los beneficios concedidos podían durar solo el tiempo de su pontificado, si bien es cierto que cuanto más numerosos eran los beneficios, más elevada era la probabilidad de que se mantuvieran también bajo el siguiente pontificado. Si era costumbre que los papas intentaran crear en aquella Italia abandonada a las guerras un Estado independiente a beneficio de su propia familia, cuanto más poderoso fuera, mayor era la posibilidad de que no pudiera ser usado por el papa sucesor para imponer en él a su propia familia. Se trata de una política que no puede justificarse, pero que ayuda a entender las actitudes de los papas.

Leone X no fue en este sentido ni mejor ni peor que sus predecesores y sus sucesores. Soñaba con crear un gran Estado italiano en beneficio de su propia familia. En el sur, en el Reino de Nápoles, impondría a su sobrino Lorenzo II, mientras en el norte, en Lombardía, crearía otro Estado para su hermano Giuliano. Con Toscana ya en manos de la familia y los Estados Pontificios de por medio, los Medici controlarían toda la península. Pero las ambiciones, si no los sueños, de Leone X estaban enfrentadas con las ambiciones de otros. En concreto, con las del rey de Francia, que tenía sus miras puestas en Italia, y con las del emperador Carlos V. Además, sus sueños se hicieron añicos cuando tanto el sobrino Lorenzo II como su hermano Giuliano murieron jóvenes. El rey de Francia Francisco I, a quien Leone X había hecho escribir para comunicarle sus deseos, había encontrado exageradamente ambiciosa su propuesta y le había respondido, el 9 de abril de 1515: «Su santidad pide demasiado. Ni el papa ni su hermano Giuliano tendrán la fuerza necesaria para gobernar un reino tan grande».

Giovanni de' Medici, elegido papa el 11 de marzo de 1513, con tan solo treinta y siete años, con el nombre de Leone X, fue sin duda la imagen misma del Renacimiento italiano a causa de su faceta de mecenas e inspirador de artistas e intelectuales. Hijo de Lorenzo il Magnifico y digno sucesor suyo tanto en las maneras como en el espíritu, Giovanni de' Medici supo en su estilo inconfundible representar el espíritu de la Italia del siglo XVI. Apasionado por toda clase de creación artística, intentó conciliar el antiguo ideal clásico con la espiritualidad cristiana, de la que fue el representante supremo en los ocho años y medio que duró su pontificado.* Su amor por el arte y la literatura, su carácter bondadoso y su sentido común a prueba de bombas le hicieron decir a Erasmo de Rotterdam, que lo conocía bien y que alababa su cortesía, su humanidad, su sabiduría, su magnanimidad y el encanto de su manera de hacer: «La edad del hierro se transformó repentinamente en una edad de oro», al comparar su pontificado con el anterior. El día de su coronación, en uno de los muchos arcos de triunfo erigidos en Roma se podía leer:

EN UN TIEMPO DOMINÓ VENUS
DESPUÉS DE ELLA, VINO MARTE
AHORA MINERVA TENDRÁ SU ERA.

Venus representaba obviamente el pontificado del papa Borgia, Alessandro VI; Marte, el de Giulio II; y Minerva, la diosa de la sabiduría, el de Leone X. De los tres hijos varones de Lorenzo il Magnifico, según la tradición dinástica, Piero, el mayor, estaba destinado a sucederle como jefe de la Casa de' Medici y del Estado; Giovanni, el segundón, estaba destinado a la carrera eclesiástica; y Giuliano, el tercero, al ejercicio de las armas. Giovanni, por su natural inclinación y por íntima vocación, secundaba bien el proyecto paterno. Se distinguía de sus hermanos por su mansedumbre

* Del 11 de marzo de 1513 al 1 de diciembre de 1521.

y su afectuosidad; era siempre de una amabilidad exquisita y se mostraba siempre de buen humor.

Nacido el 11 de noviembre de 1475, Giovanni fue destinado a la Iglesia a la temprana edad de ocho años, fruto de la política de su padre que hacía tiempo que maquinaba para que un día no muy lejano un miembro de su familia disfrutara de dicha posición. Con anterioridad, il Magnifico había pensado en destinar el capelo a su hermano Giuliano. Para tal fin, en el verano de 1471, cuando Sixto IV sucedió a Pablo II, Lorenzo envió numerosos regalos al nuevo papa. Las negociaciones parecían ir bien encaminadas, ya que el pontífice ofreció a la Banca Medicea de Roma encargarse de la custodia del tesoro vaticano. Pero en cierto momento, Sixto IV cambió de parecer y se convirtió en el enemigo más acérrimo de il Magnifico. ¿Qué había sucedido?

La familia Pazzi, depositaria de la tesorería pontifical en Florencia, había informado al pontífice de que Lorenzo de' Medici le había aconsejado no prestar dinero al papa para adquirir la ciudad romañola de Imola, del duque de Milán, considerando que esta ciudad era demasiado importante para la defensa de Florencia. Sixto IV, que pensaba dársela como regalo a su sobrino Jerónimo, se enfureció tanto por la intromisión de il Magnifico en sus proyectos que no dudó en alentar la que sería conocida como «conjura de los Pazzi», que tenía como objetivo la eliminación de la Casa de' Medici a través del asesinato de Lorenzo y de su hermano Giuliano. Pensaba que, tras haberse librado de los Medici, podría crear un gran Estado a favor de su sobrino.

Los conjurados, que habían decidido actuar en plena catedral de Florencia, durante la santa misa, lograron cumplir solo a medias su plan. Lorenzo pudo ponerse a salvo, arrastrado por sus guardias a la sacristía, mientras, lamentablemente, Giuliano caía víctima de sus asesinos. Resulta bastante singular, si se piensa, que el propio papa, jefe supremo de la cristiandad y principal instigador de la conjura, hubiera elegido precisamente la catedral y el momento en que se desarrollaba la misa para llevar a cabo sus proyectos asesinos. La única explicación que se puede encontrar a esta elección doblemente sacrílega es que era en el interior de la catedral, lugar que il Magnifico consideraba seguro, y precisamente en el transcurso de la misa, por su carácter sagrado, cuando el servicio de seguridad estaba más relajado, y por tanto el lugar y el momento más favorables para que los conjurados pudieran actuar. Fuera de la catedral, la persona de il Magnifico estaba siempre celosamente protegida por una numerosa guardia, dificultando un posible atentado contra su vida. Al morir Giuliano en la conjura y fracasar de ese modo su primer intento de acceder al cardenalato, Lorenzo apostó por su hijo menor, Giovanni.*

En primer lugar, se aseguró de que tuviera numerosos beneficios, tanto económicos como eclesiásticos. Sus razones eran de diversa índole. Antes que nada, siendo Giovanni el segundón, Piero, el mayor, heredaría la Señoría de Florencia, así como la mayor parte de los recursos de la familia. Otro aspecto que debe tenerse en cuenta era que si un día Giovanni debía ocupar el solio pontificio, era indispensable que tuviera a su disposición grandes sumas de dinero para poder tener mayor influencia. La posesión de los mayores beneficios eclesiásticos de los que pudiera apoderarse era, pues, una condición necesaria para el futuro que le estaba destinado. Además, para él era mejor que recayeran en la Casa de' Medici que no en una familia adversaria. Por otra parte, su posesión equivalía a tener también el control de las poblaciones que gravitaban en torno a ellos.

* Posteriormente, la Casa de' Medici dio muchos cardenales. Además de su hijo Giovanni (futuro Leone X) y de su sobrino Giulio (futuro Clemente VII), así como del cardenal Ippolito, hijo natural de su hijo Giuliano, su hija Contessina fue madre del cardenal Ridolfi, su hija Maddalena madre del cardenal Cibo y su hija Lucrezia madre de dos cardenales: Bernadetto Salviati (nombrado por Pío IV) y Giovanni Salviati. Sin contar al cardenal Luigi Rossi, hijo de su hermana Maria. Otros numerosos cardenales seguirán en la época gran ducal.

Il Magnifico escribió pues al rey de Francia, Luis XI, con quien estaba en excelentes relaciones. El rey de Francia apreciaba mucho a los Medici, quienes le habían prestado ingentes sumas de dinero, y había concedido a Piero de' Medici, padre de Lorenzo, el derecho de ostentar el escudo real francés, las tres flores de lis sobre fondo celeste, en el roel superior del escudo mediceo. Luis XI respondió inmediatamente a la petición de il Magnifico ofreciendo a Giovanni la rica abadía de Fontdouce y el arzobispado de Aix-en-Provence; el rey de Nápoles, que no quería ser menos, le ofreció nada más y nada menos que la abadía más famosa de Europa, la de Montecassino; y el duque de Milán la de Morimondo, en las cercanías de Pavía. A estos beneficios eclesiásticos debían sumarse otros diecinueve obtenidos en Toscana por Lorenzo para su pequeño.

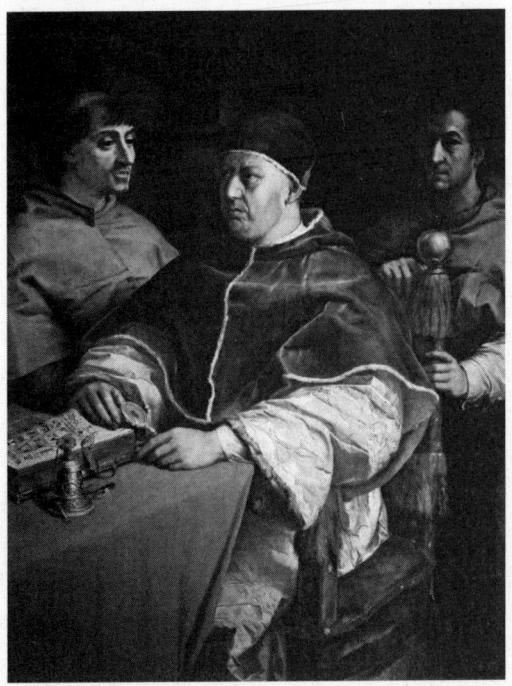

Fig. 14. *Retrato de Leone X y dos cardenales*: Luigi de Rossi (izquierda) y Giulio de' Medici (derecha). Pintura de Rafael Sanzio.

Eran tantos los beneficios acumulados en la cabeza del joven Giovanni, que a la edad de diez años no sabía distinguir entre todos sus cargos de qué abadía era prior o rector o canónigo, abad, comendador u otro título. Para él no fue, pues, sorprendente que, desde siempre, incluso en familia, tuviera un protocolo aparte para todos sus títulos, con derechos de precedencia sobre todos los que tenía a su alrededor. De hecho, ya a los siete años, para recibir las órdenes menores, había sido sometido a la tonsura. Hacía tiempo que sus preceptores, Poliziano, Michelozzi y Franco, lo habían empapado de su condición de persona no del todo corriente, a pesar de su tempranísima edad. El obispo de Arezzo se había encargado de imponerle en la capilla del palacio Medici las cuatro órdenes, con el natural fastidio de un niño a medida que le acercaba los objetos que simbolizaban las funciones a las que era habilitado paso a paso.

Hacía tiempo que el pequeño Giovanni había sido confiado solo al cuidado de sus maestros. Lorenzo, su padre, tenía siempre mil empeños que atender, que lo obligaban también a realizar numerosos viajes fuera de la ciudad. Gestionar el banco y la inmensa fortuna, gobernar el principado, recibir a los embajadores y a los políticos, a los literatos y a los artistas, a los ciudadanos y a los forasteros. Eran todos ellos personas que gravitaban en torno a su mecenas, por lo que en su palacio siempre se hablaba de poesía, de filosofía, de arte y de música. Muy pronto, Giovanni recibió también la investidura del protonotariado pontificio, un grado que le iba a permitir saltar rápidamente a los más elevados cargos de la carrera eclesiástica. A los catorce años recibió del papa Inocencio VIII el tan ambicionado capelo, que su predecesor había negado a su tío Giuliano; pero, por pudor, se decidió que el nombramiento se mantuviera en secreto hasta que Giovanni no hubiera cumplido los diecisiete años.

Probablemente, este nombramiento debía de ser también fruto de la política nepotista del pontífice, ansioso por relacionarse con los Medici. Ya en marzo de 1487 había firmado un contrato matrimonial para su propio hijo, Francesco Cibo,* quien estaba destinado a casarse con Maddalena de' Medici, hermana de Giovanni. La boda se celebró en Roma el 20 de enero de 1488. En marzo de 1492, cuando il Magnifico estaba ya muy enfermo (moriría el 8 de abril), envió una carta a su hijo cardenal:

> Señor don Giovanni, vos le estáis muy agradecido a Dios nuestro señor, que ha hecho que en vuestra persona veamos la mayor dignidad que jamás había entrado en nuestra casa. Pero es mi primer recuerdo que os esforcéis a serle grato a Dios nuestro señor, acordándoos siempre que no han sido vuestros méritos los que os han hecho cardenal, sino este Dios. Es necesario que os convirtáis en un buen religioso y que antepongáis el honor y el Estado de la santa Iglesia y de la Sede Apostólica a todas las cosas del mundo.

Para estar más próximo a la curia romana, Giovanni fue trasladado de Florencia a Roma, pasando a alojarse en el palacio de su familia, en el palacio San Eustaquio. Este palacio pasó algunos años más tarde a convertirse en la residencia de la viuda del duque Alessandro de' Medici, Margarita de Austria, hija de Carlos V, y por ella cambiará de nombre, convirtiéndose en palacio Madama. En la actualidad, el palacio es la sede del Senado de la República Italiana.

Mientras tanto, en su palacio romano, el Cardenalito, según la tradición familiar, recibía a todos los florentinos que estaban de paso y a los numerosos artistas y literatos que buscaban fortuna en la Ciudad Eterna. En 1492, a la muerte de Inocencio VIII, participó, siendo jovencísimo, en su primer

---

* Anterior al pontificado de este último, ya que nació en 1449, mientras Inocencio VIII se convirtió en papa en 1484.

cónclave, del cual salió vencedor el cardenal Rodrigo Borgia. Giovanni, que había votado contra el cardenal Borgia,* prefirió regresar a Florencia para huir de la probable venganza del nuevo papa. Se quedaría allí poco tiempo. La expulsión de los Medici de Florencia tras el advenimiento al poder del fraile Savonarola lo obligó al largo camino del exilio, que duró más de cinco años. Con un séquito formado por una cincuentena de personas entre nobles, sirvientes, cocineros, mozos, palafreneros, mozos de cuadra, intérpretes, músicos y guardias, viajó por toda Italia, Alemania, Flandes y Francia. Lo acompañaba su primo Giulio, hijo natural de su tío Giuliano,** a quien tenía mucho afecto. Mientras tanto, en Roma, el nuevo papa Alessandro VI, como de costumbre, había ignominiosamente premiado a sus propios hijos con los más altos cargos eclesiásticos. Tras el asesinato de su hijo mayor Giovanni, segundo duque de Gandía, a quien había nombrado duque de Benevento, de Terracina y de Pontecorvo, asesinato que probablemente se produjo a manos de su hermano César, este fue a su vez nombrado cardenal de la santa Iglesia romana el 20 de septiembre de 1493. Alessandro VI, frente al escándalo, aceptó la dimisión de César de su dignidad de cardenal, favoreciendo el paso *ad saecularia vota pro salute animae suae.*

César Borgia obtuvo, en compensación por la pérdida del cardenalato, el título de duque del Valentinois, que le fue concedido por el rey de Francia, Luis XII. Se trataba en realidad de un intercambio de favores entre el papa y el rey de Francia, por haber concedido Alessandro VI la anulación del matrimonio de Luis XII con Juana de Francia, hija de su antecesor Luis XI. Por si no fuera bastante, César Borgia recibió de su padre el título de gonfaloniero de la Iglesia, cargo que había sido ocupado anteriormente por su herma-

* Adoptó el nombre de Alessandro VI.
** Giuliano de' Medici, asesinado en la catedral en la conjura de los Pazzi.

no mayor, al que él mismo había asesinado. Lo que no le impidió ser, a continuación, el responsable del asesinato de su cuñado Alfonso, duque de Bisceglie, marido de su hermana Lucrecia Borgia, a la que se dice que amaba incestuosamente. Esta es otra historia, pues el paréntesis de los Borgia solamente ilustra mejor la atmósfera de los tiempos y el ambiente disoluto en que vivía la corte papal.

En 1500, Giovanni decidió regresar a Roma. Cansado de aquel peregrinaje forzoso, que parecía que no iba a acabarse nunca, se embarcó en Francia, donde se encontraba por aquel entonces, en un barco que se dirigía a Civitavecchia, el puerto de Roma. El mal tiempo lo obligó a detenerse en Savona, en la costa ligur. Allí se encontró por una casualidad del destino con el cardenal Della Rovere, un viejo conocido. Ambos habían votado contra la elección del papa Borgia, y ambos se habían visto obligados a abandonar precipitadamente Roma. El cardenal Della Rovere incluso tuvo que hacerlo en plena noche, antes de la coronación de Alessandro VI. Además del odio en común por el papa Borgia, les unía cierta amistad. En el ya lejano 1487, mientras estaba de paso en Florencia, el cardenal Della Rovere había sido recibido espléndidamente por Lorenzo il Magnifico, a pesar de que era sobrino del hostil Sixto IV; en recuerdo de aquel recibimiento, Della Rovere mantuvo siempre una cordial amistad con Giovanni.

En aquel encuentro ocasional en Savona, debido más a las inclemencias del tiempo que a un deseo de reunirse, sin que ninguno de los tres presentes lo pudiera imaginar, se encontraron tres futuros papas. El cardenal Della Rovere, futuro Giulio II; el cardenal de' Medici, futuro Leone X, y Giulio de' Medici, que aún no era cardenal y sería el futuro Clemente VII. En 1503, mientras Giovanni se encontraba en Roma, murió Alessandro VI y le sucedió Pío III. Pero el nuevo pontífice falleció también a las pocas semanas de su elección y se convocó un nuevo cónclave. Resultó elegido el cardenal Della Rovere, que adoptó el nombre de Giulio II. En aquel mismo 1503, su hermano Piero se ahogó en el río Garigliano. Giovanni, desde aquel momento, asumió las funciones de cabeza de familia.

Aunque el pontificado de Pío III duró muy poco, solo veintisiete días, ya que fue elegido el 22 de septiembre y murió el 18 de octubre del mismo 1503, merece un pequeño comentario. Antes de vestirse con la púrpura cardenalicia, el futuro Pío III, Francesco Todeschini Piccolomini, sobrino del papa Pío II, cuya memoria quiso recordar adoptando su nombre, tenía con él otro punto en común: el de ser padre de al menos doce hijos naturales, todos ellos concebidos, eso sí, antes de entrar *in sacris*.[8] Durante el cónclave en el que resultó elegido el anciano Pío III los cardenales se habían endeudado peligrosamente para comprar votos en apoyo a sus propias candidaturas. En el cónclave celebrado para designar al sucesor de Pío III la situación era muy distinta. Ya fuertemente endeudados a consecuencia del cónclave anterior, eran pocos los cardenales que disponían de medios suficientes.

El cardenal Della Rovere, que se había administrado cautamente en el primer cónclave, entendió que, si no era elegido en este, pocas probabilidades tendría de coronarse con la tiara, ya que la suya no era ya una tierna edad. En aquella época tenía sesenta y ocho años, una edad considerada venerable. Ofreció pues a su mayor opositor, el cardenal d'Amboise, apoyado por el partido francés y, en concreto, por el rey Luis XII, las legaciones a perpetuidad de Aviñón, Bretaña y Saboya. Había hecho también correr la voz, antes del cónclave, de que si el cardenal d'Amboise era elegido pontífice, trasladaría inmediatamente la sede del papado a Aviñón, en Francia.

Distinta era la situación del cardenal de' Medici. No tenía necesidad de ser comprado. Hacía ya tiempo que era amigo de Della Rovere, y era demasiado inteligente para entender que los tiempos no estaban aún suficientemente maduros para su propia candidatura. En el momento del cónclave,

Giovanni no había cumplido aún los veintiocho años. Fue, pues, elegido el cardenal Della Rovere. Escogió reinar con el nombre de Giulio II. Había habido un solo papa con ese nombre, a mediados del siglo IV, Giulio Romano. Pero Giulio II no eligió ese nombre por simpatía por aquel pontífice, sino en memoria del gran Julio César, del cual quería ser un digno discípulo. Giulio II no se había hecho religioso por convicción, sino solo por la oportunidad de tener un tío papa, Sixto IV. De hecho, su verdadera inclinación, como manifestó pronto, era la de las armas. También Giulio II había tenido hijos; es más, tres hijas, todas nacidas cuando era ya prelado.

Era conocido también por su codicia y consagró su vida a acumular riquezas y beneficios eclesiásticos, hasta el punto de poseer una cantidad infinita en el momento de su elevación a la cátedra de San Pedro. Asimismo, el carácter belicoso del nuevo papa no tardó en darse a conocer. Frente a la consternación general, no dudó en ponerse él mismo, aun siendo el sumo pontífice, a la cabeza de las tropas pontificias y cumplir con lo que consideraba su primer deber: reconstruir la integridad territorial de los dominios pontificios. Y lo logró.

Queda claro que, más que como un pontífice, Giulio se comportó como un soberano y un caudillo; se dijo entonces que el papa había tirado al Tíber las llaves de san Pedro para empuñar mejor la espada de san Pablo. Vestido con coraza y con el yelmo de la triple corona papal en la cabeza, partió para la guerra, seguido a regañadientes por todos los cardenales, que consideraban que realmente se les pedía demasiado. El cardenal de' Medici, con su carácter decididamente perezoso, apoyó entusiasmado la decisión del papa, pero solo después de que este le hubiera prometido que lo nombraría gobernador de Perusa cuando hubieran reconquistado aquella ciudad, como efectivamente sucedió. Además de la amistad que lo unía al nuevo pontífice desde los tiempos de su padre, el odio común que ambos sentían hacia Alessandro VI y el apoyo que le había dado para su elección, Giovanni mantenía también vínculos estrechísimos con el cardenal Galeotto della Rovere. Este último era el sobrino preferido del papa, quien lo consideraba casi como un hijo. Tenía también un importantísimo vínculo de profunda amistad con el cardenal Francesco Alidosi. Y a su vez, este mantenía una estrechísima intimidad con el nuevo pontífice y no había dudado en seguirlo a Francia durante el exilio de este último. Este estrecho vínculo de Giulio II con el cardenal Alidosi había hecho hablar no poco a Roma. La fraternidad entre los tres, Giovanni de' Medici, Giulio II y Alidosi fue por tanto estrechísima.

Recordando tal vez aquel recibimiento que il Magnifico le ofreció en Florencia, tal vez exaltado por la aureola de todo lo que rodeaba a los Medici, Giulio II sintió por Giovanni una sincera amistad. Apreciaba de modo especial sus modales corteses, su buen gusto y sus preferencias intelectuales. Giulio II partió, pues, para la guerra con la corte papal y con todo el Sacro Colegio como séquito. Conquistó rápidamente Perusa y Bolonia. Memorable fue la entrada en esta ciudad del cortejo pontificio con una pompa que superaba toda fantasía.[9] En el séquito del papa había entonces veintiséis cardenales, cuarenta y cuatro obispos y diez mil caballeros.

Giulio II estaba seriamente irritado con Florencia por haber osado enviar ayuda a los soldados de Luis XII, que él trataba de expulsar de Italia. Hizo saber a los florentinos que hubieran debido pagar con creces por la ayuda prestada al enemigo y que había decidido abrir el camino de regreso a Florencia de los Medici. Sugirió pues al cardenal de' Medici «que no quisiera estar siempre en el exilio». En la dura batalla de Rávena, que tuvo lugar el 11 de abril de 1512, donde se enfrentaron la Santa Alianza* y los franceses, la Alianza resultó derrotada y el cardenal de' Medici, que se

* Formada por la Santa Sede, los españoles y los venecianos.

había detenido en el campo de batalla a socorrer a los moribundos, fue reconocido por su hábito cardenalicio y hecho prisionero. Pero mientras lo trasladaban a Francia, al pasar el río Po, logró escapar gracias a la complicidad de algunos fieles y encontró refugio en Bolonia, ciudad perteneciente a los Estados Pontificios.

Para hacer frente a un concilio cismático que se había celebrado en Pisa y posteriormente en Milán y Asti, en el que los participantes habían decidido el nombramiento de un nuevo papa en la persona del efímero Martín VI, el cardenal Carvajal, Giulio II decidió convocar un concilio en Mantua, en agosto de 1512, para poner así orden en la situación que se había creado. De los muchos problemas discutidos en dicho concilio, solo dos tuvieron un efecto inmediato: el nombramiento de Maximiliano Sforza como gobernador de Milán, y el regreso de los Medici a Florencia. Por su parte, a los Medici debían serles restituidas sus prerrogativas y sus derechos sobre el principado. Esto sucedió no solo por la ofensa causada al papa por haber proporcionado ayuda a los franceses, sino también para castigarlos por haber aceptado albergar el concilio cismático de Pisa, así como por su negativa a adherirse a la Santa Alianza.

EL FIN DEL EXILIO

En Mantua, los congresistas no solo decidieron el regreso inmediato de los Medici, sino también proporcionarles los medios necesarios para hacerlo, contando siempre con el apoyo del ejército de la Santa Alianza. El virrey de Nápoles, Ramón de Cardona, que estaba también al mando de las fuerzas españolas, fue el encargado de ejecutar esta decisión. El cardenal de' Medici, investido con el título de legado de la Santa Sede en Toscana, siguió a los soldados, que tomaron en primer lugar Prato, pequeña ciudad a las puertas de Florencia, tras una devastadora matanza que dejó horrorizados a todos sus compatriotas. Los florentinos, en un intento por salvar su ciudad de un desastre similar, no tuvieron más remedio que llegar a un acuerdo.

Cardona les impuso duras condiciones, que fueron aceptadas en su totalidad, entre las cuales se encontraba la entrada de Florencia en la Alianza, la compensación por los agravios que la ciudad había hecho al emperador, al rey de España y a él mismo,* y la firma de un tratado con su soberano. El cardenal de' Medici decidió detenerse antes en Prato y reunirse con los miembros de su familia que estaban en condiciones de acudir; estaban allí su hermano Giuliano, su sobrino Lorenzo, hijo de su difunto hermano Piero, y el siempre presente primo Giulio. Para evitar cualquier provocación y dar a entender a los florentinos que los Medici regresaban como simples ciudadanos, sin rencor y sin sed de venganza, se decidió que antes que nada debía entrar en la ciudad solo Giuliano de' Medici. Grande fue la sorpresa de los florentinos al ver cómo hizo su entrada Giuliano el 31 de agosto de 1512. Iba vestido sobriamente, acompañado por Francesco Albizzi, del cual era oficialmente huésped. Como siempre, tenían que salvar las apariencias, y los Medici no querían dar la impresión de haber sido impuestos por la poderosa Alianza.

Era la primera vez que los Medici regresaban, tras dieciocho años de exilio. Para la ocasión, Giulio se había cortado la barba, entonces signo distintivo de militares y señores. Esta actitud no disgustó a los ciudadanos, que pensaban que los Medici regresaban con intenciones de dominio, aunque esto era, en realidad, a lo que aspiraban cuando la situación se lo permitiera. Poco después de su entrada fue proclamado formalmente jefe del Estado. Se constituyó también un nuevo Consejo, formado por sesenta y seis ciudadanos, todos ellos rigurosamente filomediceos. Giuliano se sometió a su pesar a este papel que le imponía su pertenencia a la familia, a

* Sesenta mil florines de oro.

pesar de que en realidad carecía de cualquier ambición política.

Pocos días más tarde hizo su entrada triunfal en la ciudad el cardenal Giovanni. Él era la verdadera alma de este regreso, y lo demostró inmediatamente, asumiendo en realidad el papel asignado a su hermano Giuliano. Con puño de hierro y guante de terciopelo, aniquiló todo posible conato de rebelión y de restauración democrática. Aunque formalmente Florencia era una república, de hecho, era gobernada como una monarquía absoluta.

La situación no era sencilla. Giovanni tuvo, en primer lugar, que hacer frente a varias conjuras antimediceas. La última, capitaneada por Pier Paolo Boscoli y Agostino Capponi, terminó con la detención de los conjurados el 13 de febrero de 1513 y su ejecución el 22 de febrero. Este último día le llegó también la noticia de la repentina muerte en Roma del anciano pontífice Giulio II.

La muerte del pontífice ponía al cardenal de' Medici en una situación delicada. No hubiera querido abandonar Florencia, donde la posición de los Medici no estaba totalmente asegurada, como habían puesto de relieve las diversas conjuras antimediceas. Por otro lado, no podía dejar de participar en el nuevo cónclave, donde se jugaba su destino y el de su familia. La elección de un papa contrario a los intereses de su familia hubiera podido volver a poner todo en cuestión. A pesar del sufrimiento que le causaba la agudización de la fístula anal de la que sufría desde hacía varios años, decidió rápidamente que era mejor presidir la elección del nuevo papa. Con su presencia en el cónclave le sería más fácil controlar las elecciones, dirigiendo los votos hacia un candidato favorable a su familia. Le preocupaba que quien fuera elegido cuestionara nuevamente el dominio de los Medici sobre Florencia. El cardenal era ya un veterano de los cónclaves; de hecho, este era el cuarto en el que participaba. Sabía que, a cambio de su voto, los candidatos estaban dispuestos a cualquier promesa. No le interesaban nuevos beneficios eclesiásticos; lo que quería era el apoyo incondicional del nuevo papa para el mantenimiento de su dinastía. Se puso, pues, rápidamente en camino hacia Roma.

Al no poder cabalgar, a causa de su fístula, tuvo que viajar en silla de manos. Lo acompañaron una treintena de nobles, noventa personas de servicio y tres compañías de caballería destinadas a su escolta. Giovanni, con sus treinta y seis años y cuatro meses, estaba, entre los «jóvenes», justo en medio.

¿Podía el Sacro Colegio votar por un candidato tan «joven», lo que tendría como consecuencia un papado más bien largo? Como se había podido verificar en los anteriores cónclaves, la elección había recaído siempre en un candidato que aseguraba un pontificado no demasiado largo. Era pues importante jugar con astucia. Y en aquel momento el cardenal de' Medici entendió que aquella maldita fístula anal podía incluso abrirle las puertas del papado. Todos conocían su estado de salud, bastante quebrantada. Así pues, el hecho de tener que viajar en silla de manos debía ser resaltado al máximo para inducir a los conclavistas a creer que el cardenal de' Medici podía ser un «papable» precisamente por sus condiciones de salud.

El 4 de marzo de 1513 se abrió el cónclave y comenzó el encierro de los cardenales en el Vaticano. Giovanni, deliberadamente, llegó dos días más tarde, haciéndose llevar con la silla de manos hasta el mismo umbral del cónclave, de modo que todos pudieran opinar sobre su mala salud. La mañana del 11 de marzo se produjo una votación. Casualmente, Giovanni, en calidad de primer cardenal diácono, estaba sentado en el puesto del lector de los votos. Y así, para sorpresa suya, fue el primero en saber que había sido precisamente él el elegido para ocupar la cátedra de San Pedro. Cuando se le preguntó con qué nombre deseaba reinar, respondió: «Leone». Algunos historiadores han revelado que Giovanni eligió este nombre en memoria de su madre, Clarice Orsini, que mientras estaba embarazada de él había soñado que paría un león. Al haber sido Leone IX el último papa con este nombre, Giovanni adoptó desde aquel día el nombre de Leone X.

Cuando, hacia mediodía, el cardenal Farnesio proclamó el ritual *habemus papam* frente a los fieles que se habían reunido precipitadamente a las puertas de los palacios vaticanos, atraídos por la humareda blanca que anunciaba el fin favorable de la votación, los presentes estallaron en gritos de alegría al oír pronunciar el nombre del cardenal de' Medici. Grande fue pues la felicidad ante el anuncio de su elección. Tan solo su nombre era ya garantía de un pontificado marcado por la munificencia, el mecenazgo y la prodigalidad. Acabadas las desastrosas guerras promovidas por el último pontífice, terminados los vergonzosos escándalos del periodo del papa Borgia, se abría finalmente «una edad de oro». En el ínterin, dentro del cónclave había algunos pequeños problemas que urgía resolver urgentemente. Aunque hubiera recibido la tonsura a los siete años y numerosos títulos eclesiásticos, el nuevo papa no había recibido aún la consagración sacerdotal, cosa impensable para un pontífice. Se convirtió pues en sacerdote cuatro días después, en obispo dos días más tarde y, finalmente, pudo ser coronado papa el 19 de marzo. La elección a la cátedra de San Pedro iba con el temperamento y el carácter de Giovanni. Parece ser que la tarde de su elección el nuevo papa le había dicho al fiel primo Giulio: «Disfrutemos de este papado, ya que Dios nos lo ha dado».

La noticia de la elección al solio pontificio del cardenal de' Medici llegó a Florencia de improviso, pero sobre todo con extrema rapidez, apenas diez horas después. De repente, la ciudad se transformó. Fue un verdadero delirio. No solo había sido elegido un Medici, que iba a ser el primer papa de la familia, sino que era también el primer papa florentino. Finalmente, uno de ellos había logrado convertirse en la máxima autoridad del mundo cristiano. El advenimiento fue por eso celebrado con increíble júbilo. Durante tres días, las campanas de la ciudad no dejaron en ningún momento de sonar.

Los florentinos se olvidaron como por ensalmo del odio que habían alimentado durante tantos años contra la familia que habían enviado al exilio. Los Medici regresaban a lo grande, y la ciudad tendría sin duda grandes beneficios. Tras la mediocridad de los últimos veinte años, parecía que Florencia tuviera de nuevo sed de cultura humanística.

Así pues, el sábado 19 de marzo de 1513, vigilia del Domingo de Ramos, Giovanni de' Medici fue coronado papa. ¿En qué pensaba en aquel momento Giovanni? ¿En la tan soñada meta de su padre, finalmente alcanzada? ¿En el increíble ascenso de su familia que ahora, gracias a él, se sentaba en el peldaño más alto del mundo cristiano, por encima de los reyes y de los emperadores?

Seguramente él sí disfrutaba de cada uno de los minutos de aquella ceremonia. A él no le sucedía como a Giulio II, que, siempre inquieto e impaciente, se alzó repentinamente del trono para concluir las ceremonias, incluidas las litúrgicas. Ludovico Ariosto, que se había desplazado a Roma para felicitar al nuevo pontífice, fue acogido de un modo muy afectuoso, aunque se sospechaba que Leone X en realidad no lo había reconocido, como efectivamente sucedió, pues el papa, al ser muy miope, se ponía las gafas solo en privado, al considerarlas poco adecuadas a su nueva dignidad papal.

Leone X, en su doble condición de pontífice y de cabeza de la familia Medici, pensó que ya era hora de encargar a alguien que ejerciera sobre Toscana aquella autoridad que había recobrado. Aceptó de buen grado descargar a su hermano Giuliano de un cometido que nunca le había gustado.

Giuliano abandonó Florencia y se retiró a Roma, donde vivió en el palacio del Belvedere, en el interior de los jardines vaticanos. Para sucederle, el papa nombró a su sobrino Lorenzo II, que al ser muy joven necesitaba un mentor competente en espera de que alcanzara la mayoría de edad.

¿Quién sino el fiel primo Giulio podía hacerse cargo del Gobierno de Florencia? Al fin y al cabo, Giulio era un hombre muy concienzudo, dotado de una gran cultura y de una profunda inteligencia. Solo tres años menor que el papa, había vivido con él desde la primera infancia y se había convertido en su más fiel consejero. De modo que Leone X lo nombró inmediatamente arzobispo de Florencia y, algunos días más tarde, en concreto el 23 de abril de 1513, cardenal. Ante la dificultad de que a los hijos ilegítimos no se les permitiera acceder a los altos cargos eclesiásticos, como era el caso de Giulio, Leone X, cautelosamente, hizo declarar a un fraile que la madre de Giulio se había casado en secreto con Giuliano de' Medici.

La elección de Leone X había cambiado muchas cosas en Florencia y la conjura antimedicea que Leone X había combatido antes de su salida hacia Roma se había debilitado considerablemente. El papa también había pedido clemencia para los conjurados menores, al tiempo que concedió numerosos privilegios a la comunidad florentina de Roma, sobre todo a los comerciantes y a los banqueros. Tuvo también un gesto de clemencia respecto al rey de Francia, Luis XII, excomulgado por Giulio II por apoyar el concilio cismático de Pisa y, con gran diplomacia, permitió al rey dar marcha atrás, reconociendo la suprema autoridad de Leone X. Perdonó también a los cardenales cismáticos y los acogió nuevamente en el Sacro Colegio, a pesar de las protestas de sus colegas.

Volvían a estar en auge los grandes pintores. Rafael, su preferido, y Miguel Ángel, por quien el nuevo papa demostró respeto y admiración, a diferencia de Giulio II, que lo había amenazado con tirarlo desde la barandilla de la capilla Sixtina. Si su reinado comenzó favorablemente, pronto la situación política sufrió un cambio brusco. En 1515, el rey de Francia Francisco I, de veintiún años, que había sucedido a Luis XII, reanudó las hostilidades con sus pretensiones sobre el Ducado de Milán y el Reino de Nápoles. Y sin más dilación se lanzó sobre Italia a la cabeza de 35.000 soldados y salió victorioso en la batalla de Marignano. Deseoso de paz después de tantas guerras, Leone X aceptó viajar hasta Bolonia para reunirse con él y evitar que bajara más al sur, amenazando a los Estados Pontificios.

En su viaje a Bolonia, pasó por Florencia, adonde llegó la noche del 30 de noviembre, y la ciudad, que recibía por primera vez a su pontífice, le tributó una acogida triunfal. Permaneció allí pocos días, pues se acercaba la fecha del encuentro con el rey. Aprovechando su estancia florentina, acudió a rezar a la iglesia de San Lorenzo, donde se encontraba la tumba de su padre, y visitó varias veces a su hermano Giuliano, quien, gravemente enfermo, se había hecho traer a Florencia, pues deseaba morir en su ciudad. Prosiguió después el viaje hacia Bolonia, donde, contrariamente a lo sucedido en Florencia, recibió una acogida muy fría por parte de la ciudadanía. De regreso de Bolonia, el papa se detuvo nuevamente en Florencia, donde se quedó más de un mes. En aquella ocasión le encargó a Miguel Ángel varios trabajos, entre los cuales el más importante sería la fachada de San Lorenzo, proyectada con veintidós estatuas y siete bajorrelieves. «A mí me basta querer hacer que esta fachada de San Lorenzo —escribía Miguel Ángel a Domenico Boninsegni— sea de arquitectura y de escultura el espejo de toda Italia.»

Luces y sombras de los primeros años de papado

El nuevo pontífice no desilusionó a quienes esperaban de él una «edad de oro». Le encantaba leer, sobre todo en griego y en latín, y coleccionaba libros raros y objetos preciosos. Ya en 1508 había comprado a los frailes de San Marco una parte de la famosa biblioteca de su padre, que había quedado dispersa tras el saqueo del palacio Medici y la expulsión de la familia de Florencia. Al igual que su padre, Leone X fundó academias y bibliotecas, y alentó el arte con una prodigalidad que consideraba digna de su propia familia, aunque para lograrlo no dudó en vaciar las ya magras arcas de la Cámara Apostólica. Envió eruditos a Grecia, a Oriente y al norte de Europa para comprar objetos preciosos, ya fueran libros, estatuas o manuscritos, sin reparar en gastos; llevó a las cátedras de la Universidad de Roma a los mejores profesores de Italia y de Europa. Promovió mucho las artes y a los artistas; trabajaban para él, además de Rafael y Miguel Ángel, Bramante, Luca della Robbia, Andrea del Sarto y otros muchos. Le gustaba el teatro y en especial la música; y favoreció específicamente la difusión de la tipografía en Italia, por la que sentía un gran interés.

Mientras en Roma los príncipes de la Iglesia rivalizaban en su deseo de poseer el palacio más bello y más lujoso, Leone X se sentía perfectamente a gusto en el grandioso palacio del Vaticano, el más grande y más lujoso de Italia. Además de disponer de una refinadísima biblioteca, los salones del Vaticano estaban repletos de obras de arte, antiguas y modernas, y de valiosísimos objetos de toda clase, tesoros que el gusto refinado del pontífice multiplicaría posteriormente. Gastaba con desmesura enormes sumas para mantener la corte pontificia, fascinando a los embajadores con el lujo y la pompa de sus ceremonias increíblemente suntuosas, que a él le gustaban en demasía. De hecho, recibía a las visitas debajo de un baldaquín brocado de oro, sentado en el trono. Tras su muerte, se dijo de él que había «devorado» tres pontificados: el tesoro de Giulio II, los ingresos de su Gobierno y los de su sucesor. Y es del todo cierto que su mecenazgo y su prodigalidad fueron un desastre para las exiguas arcas de la Iglesia.

Pero los primeros años de pontificado de Leone X no fueron solo fiestas y felicidad. A pesar de su profundo deseo de paz, al cual lo llevaba su carácter afable y bonachón, 1517 fue en concreto el año negro de Leone X, su *annus horribilis*. Antes, en el mes de abril, tuvo que hacer frente a una conjura destinada a matarlo; como puede comprobarse, los papas no estaban a cubierto de las venganzas de otros. Esta conjura fue llamada «del cardenal Petrucci» y en ella participaron varios cardenales, entre los cuales, cómo no, estaba el tristemente famoso cardenal Riario, sobrino de Sixto IV, que ya había participado en la otra importante conjura contra los Medici, la llamada «de los Pazzi», y otros cardenales, como Soderini, Castellesi y Sauli. En ella, los conjurados tenían como objetivo la eliminación del pontífice con un medio considerado bastante sofisticado.

Como es sabido, hacía tiempo que Leone X sufría de aquella ya famosa fístula anal que limitaba en gran medida sus movimientos. Los cardenales convencieron a uno de los médicos de la corte, el doctor Battista, para que infiltrara veneno en la fístula del pontífice en lugar del remedio de costumbre. Pero la conjura fue descubierta y Leone X hizo arrestar y decapitar a todos los conjurados menores, así como al malvado médico. El principal imputado, el cardenal Petrucci, fue estrangulado por el verdugo. Para los demás, el papa usó la clemencia, condenándoles solo a altísimas penas pecuniarias. Pero ya no confiaba en su entorno.

Así, para crearse un entorno más seguro, ya que temía que en el Sacro Colegio fueran muchos los intentos de otro ataque imprevisto contra su persona, nombró en un solo día a treinta y un cardenales, todos ellos de su máxima confianza. Entre los beneficiarios se encontraban varios primos suyos, así como Adriano de Utrecht, el holandés que estaba destinado a sucederle como Adriano VI. Pero Leone X no podía saberlo aún. En otoño del mismo año 1517, tuvo también que hacer frente a la disputa teológica planteada por el monje Martín Lutero, que culminó con las famosas noventa y cinco tesis del 31 de octubre de ese año. Pero lo cierto es que Leone X no supo hacer frente o no entendió la importancia de las protestas de Martín Lutero.

Giulio II le había dejado en herencia la construcción de la basílica de San Pedro, cuya cúpula había sido diseñada por el florentino Miguel Ángel, y que entonces solo tenía los cimientos. Para hacer avanzar las obras, el papa, siempre corto de dinero, dio orden a los banqueros de conseguir los fondos necesarios. Y con este fin promulgó la *Bula de las indulgencias,* que concedía una especial indulgencia a quien diera dinero para la construcción de San Pedro. Aunque este sistema había sido empleado por los papas anteriores para financiar las arcas del Vaticano desde tiempos muy remotos y aquella bula era doctrinalmente legítima y teológicamente válida, Leone X no entendió que los tiempos habían cambiado y que aquella bula era lanzada en un momento especialmente equivocado y delicado.

En cuanto a Martín Lutero, lo consideró al principio un alemán borracho. Creía que el pretexto de la reforma era solo un litigio entre frailes agustinos y dominicos: «Una disputa de frailes», dijo; y, de hecho, lo era. Aunque para entender mejor el asunto, sin querer entrar demasiado en su esencia, hay que saber cómo se desarrollaron los primeros hechos. A los veintitrés años, el príncipe Alberto de Brandeburgo, de la Casa de los Hohenzollern, ya arzobispo de Brandeburgo y administrador del obispado de Halberstadt, había conseguido ser nombrado arzobispo de Maguncia, el mayor y más antiguo obispado de Alemania. A este último cargo le correspondían también los de primado alemán y príncipe elector, así como el de archicanciller del imperio. Para poder asumir todos ellos, el susodicho había desembolsado la enorme suma de treinta mil ducados, que le fueron prestados por la banca Fugger con una única condición: que la curia romana aceptara ceder la concesión de las indulgencias al príncipe en todos los territorios controlados por él. Así, según los términos del préstamo, la mitad de lo recabado iba al banco y la otra mitad al erario pontificio. El arzobispo de Maguncia confió pues a la orden de los dominicos la recaudación de las indulgencias.

Martín Lutero, de la orden de los agustinos, protestó contra esta práctica, por considerarla inmoral, y colgó en la puerta de su pequeña iglesia de Wittenberg noventa y cinco tesis contrarias a la bula papal. El arzobispo de Maguncia, como máximo beneficiario, reaccionó sin demora, enviando inmediatamente a Roma una relación sobre la situación que se había creado con las tesis de Lutero. Otra carta fue también enviada a Roma por parte de la orden dominica e incluso una del propio emperador. La correspondencia no fue entregada al papa, sino a su máximo consejero, el cardenal Giulio de' Medici, que al no considerarla de especial relevancia ni siquiera informó el pontífice.

El cardenal respondió a las cartas encargando al general de la orden de los agustinos, Gabriele della Volta, que resolviera el asunto. Al fin y al cabo, que un desconocido curita se rebelara ante las decisiones papales no era algo que mereciera que su santidad fuera molestada. El respeto que el cardenal sentía hacia la jerarquía eclesiástica tuvo en realidad unas consecuencias nefastas. El general de la orden de los agustinos remitió a su vez el problema al vicario general en Alemania de la orden, para que resolviera la cuestión de la mejor manera posible.

Mientras tanto, en Alemania, los dominicos, predicadores de las indulgencias, vieron en la reacción de Lutero un ataque a su prestigio y a sus intereses y, sin esperar la reacción de Roma, contraatacaron con 106 antítesis. Naturalmente, los agustinos salieron en defensa de las tesis luteranas y así se llegó a una situación cada vez más complicada, que se agravó hasta el punto de llegar al cisma. Ignorando la situación, cuanto menos al principio, Leone X, en noviembre de 1517,[10] un mes después de ser colgadas las tesis de Lutero, pidió a los dominicos alemanes que le anticiparan 147 ducados de oro de la recaudación de las ventas de las indulgencias para pagar un manuscrito del «Libro XXXIII» de la *Ab urbe condita* [Historia de Roma] de Tito Livio.

Entre procesos y contraprocesos, se llegó al 15 de junio de 1520, donde, con una nueva bula, el papa finalmente condenaba las opiniones luteranas como contrarias a la fe. A él no le dio tiempo de ver el foso que acababa de abrir, que provocaría el cisma y la crisis religiosa más grave de todos los tiempos, pues falleció repentinamente el 1 de diciembre del año siguiente. No se sabe cuál hubiera sido su reacción si hubiera estado al corriente de la situación desde el comienzo. Es un hecho que Leone X había empezado a llevar a cabo cierta reforma de la Iglesia, promulgando decretos destinados a elevar el tono de la vida religiosa y moral. Por ejemplo, quien quería convertirse en sacerdote debía estudiar al menos cinco años de teología y derecho canónico. Él, que se había convertido en papa sin tener ni siquiera los votos, entendió al menos que algo no funcionaba correctamente en el sistema practicado hasta entonces.

Gaetano Pieraccini[11] se preguntó si Leone X fue solo alguien privilegiado por la suerte o si fue también un hombre de talento y de voluntad. Su respuesta es que Leone X fue ciertamente una persona de singular talento y de voluntad poco común. Afirma que, en su pontificado, con el mar en calma, Leone X prefería dejar a otros el timón del barco, pero que en tiempo de tormenta se hacía siempre cargo del mando. En los últimos días de noviembre de 1521 el papa no se encontraba bien. Sufría de una bronquitis que había cogido regresando a Roma desde la villa de la Magliana, donde había ido algunos días para descansar y recuperarse de una indisposición que había sufrido días antes a causa de su costumbre de comer desordenadamente, pues solía hacer grandes ayunos tras haber ingerido comidas pantagruélicas.

En el camino de regreso de la Magliana había recorrido un trecho a pie y había sudado. De regreso a Roma, se dijo que, tras tener noticias de las victorias del ejército pontificio sobre el francés alcanzadas en la comarca de Parma y en Lombardía, había ordenado solemnes fiestas públicas para celebrar la victoria. Presa de una cierta excitación, había ido durante toda la noche de la chimenea a la ventana de su habitación para ver al pueblo en fiesta. Y como ya sufría de bronquitis, cogió un resfriado y tuvo un acceso de fiebre.

El 30 de noviembre se encontró mejor, se levantó y pudo despachar un poco de correspondencia y escuchar música. Pero el día 1 de diciembre, a pesar de que la fiebre había remitido, se sentía débil. A primeras horas de la noche le sobrevinieron de nuevo fortísimos temblores y murió de repente hacia medianoche.

Como su cuerpo se ennegreció, se pensó de inmediato que había sido envenenado. En realidad, Leone X murió probablemente de bronconeumonía. Sus funerales se llevaron a cabo sin pompa alguna, pues las arcas de la Iglesia se encontraban vacías. Enterrado en un primer momento en el Vaticano sin ningún monumento, fue a continuación trasladado a la basílica de Santa Maria della Minerva, donde algunos años más tarde el cardenal Ippolito de' Medici le hizo erigir un monumento obra de Raffaello da Montelupo. De ese modo terminó de manera brusca el pontificado del primer papa Medici. Contrariamente a los demás pontífices de su época, no se le puede reprochar que hubiera llevado una vida disoluta, pues no tuvo jamás relaciones escandalosas ni tampoco hijos. Fue solo un príncipe del Renacimiento que el destino había colocado en el escalón más alto de la cristiandad.

No estoy muerta todavía

Para ser una familia con tantos papas y cardenales, deberíamos ser bastante religiosos, pero no es el caso. Para empezar, mi padre odiaba a los curas. No los podía ver ni en pintura. Tal era su odio que el día de mi primera comunión se negó a entrar en la iglesia y se quedó fuera a esperar que la ceremonia concluyera. Mi madre tampoco era una fanática. Iba a misa los días señalados por una fiesta concreta, como Pascua o Navidad.

Cuando fue mayor iba más a menudo, forzada por su hermana mayor, mi tía Rosa, que sí que era muy religiosa. Pero en sus últimos años, ya no acudía. Le pregunté por qué, y me contestó que siempre que iba le pedían dinero, y que se había cansado de donar a la Iglesia.

Cuando pasaba sus últimos días en el hospital, una noche que todavía le quedaba algo de lucidez, mientras yo estaba con ella, entró un hombre en la habitación, y mi madre, que estaba ciega, lo oyó y me preguntó quién era.

Le dije:

—Es el cura, mamá. Pasa a saludar a todos los enfermos.

—Ah, no, no, no, no quiero. Que se vaya.

El cura me miró con resignación y se fue. Debía de estar acostumbrado.

Cuando pregunté a mi madre por qué había rechazado al cura, me contestó:

—Este venía por la extremaunción. No estoy muerta todavía.

Clemente VII (Giulio de' Medici, 1478-1534)

En las páginas anteriores he mencionado varias veces al famoso primo Giulio, que fue en primer lugar fiel consejero de Leone X y que, poco después de su muerte, llegó también al codiciadísimo solio de San Pedro, en el que reinó con el nombre de Clemente VII. En otros tiempos, su nacimiento ilegítimo le hubiera cerrado las puertas de esa dignidad. Pero en el Renacimiento todo era posible. Su paren-

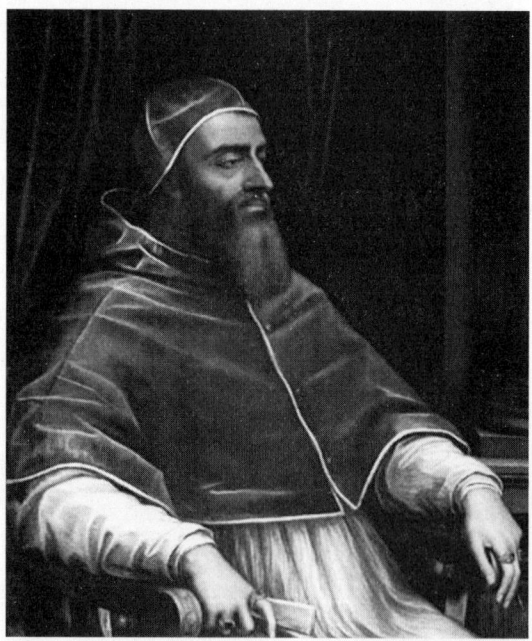

Fig. 15. *Retrato del papa Clemente VII*. Pintura de Bronzino.

tesco, su extraordinaria personalidad y algo de suerte le abrieron finalmente puertas que en el momento de su nacimiento nadie hubiera osado imaginar que se le abrirían.

La opinión de la historia sobre el segundo papa medíceo ha sido muy severa y poco indulgente, sin tener en cuenta que, probablemente, su pontificado fue uno de los más difíciles de la historia. En detrimento suyo hay que decir que protagonizó varios sucesos funestos que marcaron aquellos años de la primera mitad del siglo XVI y que culminaron con el saqueo de Roma en 1527 y la permanente lucha que hubo entre dos grandes aspirantes a la supremacía europea, el emperador Carlos V y el rey de Francia Francisco I. Su culpa, en todo caso, residía precisamente en haberse convertido en papa en un momento tan difícil. Aunque el propio Francesco Vettori[12] admite que

Clemente VII había iniciado su pontificado en un mal momento: «Consumido por las guerras y los gastos, con Italia llena de ejércitos y la cristiandad debilitada. Y la Iglesia romana con poquísima reputación, respecto a la facción luterana». La gran rivalidad entre Francia y España* determinó de manera muy nefasta su pontificado. Frente a esta lucha de gigantes, el papa podía adoptar solo dos actitudes: la de la neutralidad y la de las alianzas. Lo cierto es que la Iglesia no podía, de ningún modo, permanecer neutral frente a la recrudescencia del luteranismo en Alemania; por otro lado, para luchar contra este precisaba de un fuerte aliado. Durante su pontificado Clemente VII tuvo también que hacer frente al cisma de Inglaterra, vinculado a las pretensiones de Enrique VIII, así como satisfacer los caprichos de uno u otro soberano. Irritarlos siempre significaba una nueva guerra, por lo que era preciso elegir. De ahí el peligroso juego de las alianzas y su alternancia, dependiendo de las necesidades del momento.

* Recordemos que Carlos V era emperador del Sacro Imperio, además de rey de España.

El cisma de Inglaterra encontró a Clemente VII en serias dificultades. Desde hacía meses, era casi prisionero en el imponente castel Sant'Angelo, frente a los palacios vaticanos, refugio obligado de los pontífices cuando los acontecimientos lo requerían. Tuvo que permanecer encerrado durante siete meses mientras veía como Roma ardía, destruida por el saqueo de los lansquenetes que había enviado Carlos V para castigarlo por haber elegido la alianza del rey de Francia. Por su parte, el rey de Inglaterra, Enrique VIII, amenazaba con el cisma si el papa no le concedía el divorcio de Catalina de Aragón que iba a permitirle casarse con Ana Bolena. A pesar de su momentánea debilidad, Clemente no aceptó ceder al chantaje del soberano inglés. Lo cierto es que, si hubiera accedido a sus peticiones, le habrían llovido las críticas que lo acusaban de querer someter la santa Iglesia a la voluntad de un soberano extranjero.

La situación era, sin embargo, aún más complicada, pues al no avenirse al divorcio exigido por Enrique VIII, el papa Clemente fue acusado, por su intransigencia, de dividir aún más a la cristiandad, ya duramente comprometida a causa del cisma luterano. De ahí que podamos pensar que, fuera cual fuese la decisión que hubiera tomado, el papa no se hubiera librado de duras críticas por un lado o por otro. Lo que no quita que Clemente VII no supiera ser como papa el diligente y astuto administrador que demostró ser como cardenal, cuando, en nombre de su primo Leone X, gobernó el Estado florentino en su doble función de arzobispo de Florencia y de regente.

Como a menudo sucede en estos casos, al querer satisfacer a todos, descontentó a todos. En realidad, su política tenía un único fin: aumentar el poder de su propia familia. Y no cabe duda de que lo logró, pasando de una alianza a otra cuando mejor le convenía, pagando él mismo, a costa de su alta dignidad y de su propia persona, el alto precio que podía significar el cambio de alianza. Pero al final consiguió sus objetivos: se sirvió de la alianza imperial para asegurar el trono de Florencia y de Toscana a la dinastía medicea. De señores de la república, gracias a él los Medici pasaron a convertirse en soberanos absolutos de Toscana. Y, del mismo modo, usó la alianza francesa para concertar la boda de su «sobrina» Caterina con el hijo de Francisco I, abriéndole paso a esta última al trono de Francia, de donde sería una de las más grandes reinas.

Qué duda cabe que fue mérito suyo el que los Medici alcanzaran el apogeo de su poder en la historia de la política europea del momento. Pero ¿cómo había llegado al trono pontificio el cardenal Giulio de' Medici? El suyo fue un largo camino y su elección no fue un golpe de suerte; Giulio se ganó duramente el pontificado.[13] El cardenal Giulio de' Medici era un hombre alto, apuesto, delgado, de modales agradables y dotado de una aguda inteligencia. No es una afirmación mía, lo dice Leopold von Ranke, que lo describe en estos términos:

> Hablaba con igual competencia de cualquier tema, tanto de filosofía como de teología, de mecánica o de arquitectura hidráulica. En todas las situaciones demostraba una agudeza extraordinaria. Los asuntos más embarazosos, las circunstancias más difíciles, eran explicados y penetrados hasta el fondo por su extrema sagacidad. Nadie más era capaz de discutir sobre cualquier tema con más maestría que él, y en la práctica de los negocios, nadie hubiera podido superarlo en habilidad.[14]

Lamentablemente, poseía también una gran frialdad de corazón y era muy taimado. Carecía completamente de aquellos atributos bondadosos y de la instintiva simpatía que poseía su primo Leone X, y que hacían que se le perdonaran muchos de sus defectos.

Cuando Clemente VII subió al trono papal, se había pensado que sería una vuelta al esplendor de la corte del otro papa mediceo, Leone X. Su pertenencia a la misma dinastía, que tanto había hecho por el mecenazgo, por la literatura y por la cultura artística, daba pie a dicha suposición. El nuevo papa era de hecho un reconocido amante del arte, de las ciencias, de la música y de la conversación con los sabios, todas ellas cosas que su inmediato predecesor, Adriano VI, había abolido rigurosamente. De ahí que sus compatriotas se augurasen un esplendoroso futuro inmediato; pero los hechos no les dieron la razón. Su parsimonia, tras el esplendor del primer papa Medici, fue considerada incluso como avaricia. En resumen, tras su elección, su actitud defraudó. «Se espera ver una corte florida», había escrito Micheli* al día siguiente de su elección, el 18 de noviembre de 1534. En realidad, Clemente VII se mantuvo lejos de la ostentación y de la generosidad de su primo.

A Clemente no le gustaron nunca los fastos. No fue un derrochador, sino un hombre sobrio, más cuidadoso que avaro. Amante de las letras, llamó a su lado a hombres y cultores de los clásicos, como Giberti y Sadoleto; y encargó a Maquiavelo escribir su *Historia de Florencia*, que este después le dedicó. También le gustaba mucho la música. Benedetto Varchi[15] escribió que «entendía de pintura y de escultura y se deleitaba enormemente con ellas». Es cierto que tuvo siempre en consideración a los científicos mientras, por el contrario, no le gustaban los bufones y juerguistas que tanto habían deleitado al buenazo de Leone X. Nadie niega que Clemente VII adorara y protegiera a los artistas; incluso olvidó las ofensas que le había hecho Miguel Ángel Buonarroti y lo animó a seguir trabajando en los mármoles de la sacristía de la iglesia de San Lorenzo en Florencia. Nombró encargado de poner el sello de plomo a las bulas pontificias al pintor Sebastiano del Piombo, cargo del que derivó su apodo del Piombo. Así, este mismo escribía a Pietro Aretino el 4 de diciembre de 1534: «Yo soy fraile emplomador... y viva el papa Clemente».

Giulio Romano, Rafael, Giovanni da Udine y Giorgio Vasari trabajaron para Clemente VII, de quien ya habían reci-

* Embajador de la República de Venecia.

164

bido encargos cuando era cardenal. Fundó en Florencia la Biblioteca Laurenciana y encargó a Miguel Ángel que erigiera el edificio junto a la iglesia de San Lorenzo. Un epígrafe colocado en la puerta mayor de la biblioteca recuerda su fundación por obra de Clemente VII: *AD ORNAMENTUM PATRIAE AS CIVIUM SUORUM UTILITATEM*. En aquella biblioteca reunió Clemente los tesoros y las obras que Leone X había recopilado en Roma para su colección privada. Asimismo, hizo erigir una villa señorial en el monte Mario, La Vigna, según los planos de Rafael.

Al inicio de su pontificado, la opinión general fue, pues, positiva. Pero ¿quién era Giulio de' Medici? Era hijo natural de aquel Giuliano de' Medici hermano de Lorenzo il Magnifico, asesinado en la catedral de Florencia, durante la conjura de los Pazzi. Cuando nació fue descrito como «hijo natural del magnífico Giuliano de' Medici nacido por parte de madre de muchacha que no tenía marido, Fioretta, hija de Antonio». Extrañamente, mientras se conoce su origen, permanece en cambio incierta su edad, aunque se supone que nació en los primeros meses de 1478 o en los últimos de 1477. Micheli escribió en 1523, cuando Giulio fue elegido papa: «La edad del pontífice es de cuarenta y seis años», lo que hace pensar que habría nacido en 1477. Pero Foscari* escribía en 1526: «Este pontífice tiene cuarenta y ocho años», lo que haría que la fecha de su nacimiento se remontara a 1478. En cambio, un documento encontrado en la Palatina informa: «Giulio, hijo del magnífico Giuliano de' Medici, nacido el día 6 de marzo de 1478, que fue después el papa Clemente VII [...]». Tras el asesinato del padre, el futuro papa Clemente contó enseguida con el afecto y la protección de los Medici. Su tío Lorenzo il Magnifico había escrito a Fernando I de Nápoles y al papa para que a Giulio, destinado a la carrera eclesiástica, le fuera otorgado el rico priorato de Capua, que le fue efectivamente concedido. Ya desde su in-

* Encargado de la República de Venecia en Roma.

fancia, Giulio había contado con la amistad con sus primos Piero, Giovanni y Giuliano, los tres hijos de Lorenzo. A Giovanni, por el cual sintió siempre un gran respeto, le tuvo especial cariño y lo siguió y lo sirvió con devoción incluso en el campo de batalla, pero especialmente en los intrincados meandros de la diplomacia y de la política italiana.

Este nacimiento «bastardo» causó algún problema cuando se trató de nombrarlo cardenal. Pero Leone X, que lo quería bien y creía en él, no solamente por su inteligencia, sino también por su rectitud y su fidelidad, en cuanto fue elegido papa lo quiso cerca y premió al fiel primo nombrándolo inmediatamente cardenal, el 23 de septiembre de 1513, y posteriormente, en 1514, arzobispo de Florencia. Supo siempre hacerse valer como consejero del papa, convirtiéndose cada vez más en el brazo derecho de la política medicea. No sorprende pues que, con objeto de superar cualquier enredo en su carrera eclesiástica, el papa no dudara en mediar para que lo declararan hijo de legítimo matrimonio; le resultó fácil demostrar con algunos testimonios que la madre, antes de dar a luz, había contado el secreto consentimiento de Giuliano de' Medici para convertirse en su mujer: «*Ex legitimo matrimonio procreatum in omnibus et per omnia pleno jure*».

Fue también Leone X quien, después de investir de la soberanía de Florencia a su jovencísimo sobrino Lorenzo II, duque de Urbino,* y tras el fallecimiento de su tío y tutor, quiso que Giulio asumiera el gobierno de la ciudad. Como se ha visto, el reinado de Lorenzo II y su insensata conducta habían minado la autoridad y el prestigio de la familia Medici. Leone X entendió que solamente su primo cardenal podría retomar las riendas de la situación con delicadeza y al mismo tiempo con habilidad. El suyo fue un gobierno feliz y eficaz, consagrado a reorganizar el Estado y sus desastrosas finanzas. Como escribió Roscoe:[16]

* Lorenzo II, hijo de su hermano Piero.

166

El cardenal Giulio, en la administración de los asuntos de Toscana, ante los ojos del pontífice, continuó durante aproximadamente dos años dando prueba de un talento poco común, y consolidando con mano firme y con cierta severidad el poder de los Medici. Mantuvo Florencia tranquila, reactivó el comercio, arregló la deuda pública y enriqueció su tesoro.

La verdad es que esto último encaja bien con el carácter de Giulio, considerado casi tacaño: «Por su carácter, es extraordinariamente ahorrador, hasta casi llegar a la sordidez».[17]

Un eximio gobernante

El suyo fue pues un Gobierno muy prudente. Conocía el carácter polémico de sus compatriotas y cuánto les gustaba discutir sobre las posibles reformas políticas. Todos, de Nicolás Maquiavelo al más modesto artesano, del severo Francesco Guicciardini al más pobre villano, tenían una teoría que defender y una reforma que proponer. Por consiguiente, el cardenal escuchaba a todos y no hacía caso a nadie, dejando creer a los florentinos que habían recuperado tras la muerte de Lorenzo II la antigua libertad republicana. Si en apariencia parecía querer dar crédito a las peticiones de mayor democracia, en realidad se guardó muy mucho de dejar a su pueblo a su propia suerte.

Su concepción del poder político, que siempre tuvo cuidado de no manifestar abiertamente, pero que persiguió en los años siguientes, difería también de la tradición de la familia Medici. El cardenal entendía que los tiempos habían cambiado y que en la época de los grandes Estados, de los poderosos soberanos y de los ejércitos mercenarios, el poder debía ser conquistado y mantenido sobre todo con la fuerza. Por ello no tenía intención de hacer aceptar democráticamente a los últimos descendientes de la familia, sino que estaba dispuesto a imponerlos. Ni que decir tiene que en el transcurso de aquellos años al mando del Estado también él tuvo que hacer frente a más de una conjura. Sin embargo, supo siempre encararlas con astucia, evitando la dura represión, aunque dos conjurados en concreto, Jacopo da Diacceto y Lodovico Alamanni, fueron ejecutados. Otros hallaron la salvación en la fuga, mientras algunos otros, como Nicolás Maquiavelo, salvaron la vida simplemente alejándose de Florencia y retirándose a su casa de campo. Los conjurados Diacceto y Alamanni fueron condenados por haber «turbado la pacífica, libre y tranquila vida de la ciudad», y el cardenal se mostró apesadumbrado por la severidad que había tenido que usar en defensa del Estado. Mientras animaba distintas discusiones académicas, no podía aprobar y permitir una conjura.

Cuanto menos, aquellos fueron años tranquilos y la ciudad pudo vivir en paz. Y cuando en 1521 murió Leone X, muchos creyeron, y él mismo estaba convencido, que la tiara* pasaría al cardenal Giulio. Como influyente consejero del difunto papa, pensaba que había llegado su momento, al ser uno de los papables más apreciados. De hecho, en cuanto tuvo noticia de la muerte de Leone X corrió a Roma con la certeza de que sería elegido papa. Pero de los treinta y nueve cardenales reunidos en cónclave, al menos dieciocho esperaban ser elegidos y Giulio solo logró que le otorgaran catorce votos. Para cansar a los adversarios, el partido de Giulio decidió entregar sus votos al candidato más improbable, el cardenal Adriano Dedel, de Utrecht. Este último, que ocupaba el cargo de arzobispo de Tortosa, gobernaba España en aquel momento en nombre de Carlos V, del cual había sido preceptor. Para sorpresa de todos, incluso del propio elegido, también el partido adversario había decidido entregar sus votos al mismo candidato, de modo que el cardenal Dedel fue elegido papa, ante la consternación general.

* Nombre dado a la corona triple del papa.

Los adversarios de Giulio se habían empeñado en evitar el nombramiento de otro Medici en el trono pontificio, recordando oportunamente su nacimiento ilegítimo. Además, el cardenal de' Medici era considerado demasiado joven, pues tenía solo cuarenta y cuatro años y gozaba notoriamente de buena salud, mientras el Sacro Colegio esperaba siempre de un papado que no durara demasiado. Estaba aún fresco el recuerdo de la elección de Leone X, que había fingido ser de salud muy enfermiza para obtener los votos de sus colegas. El nuevo papa, Adriano VI, que no podía ser más distinto a su predecesor, mostró enseguida su carácter intransigente, negándose a cambiar de nombre, como era costumbre, por lo que eligió reinar con su nombre de bautismo. Muy pío, virtuoso y frugal, se había impuesto reformar la Iglesia y hacerla volver a sus orígenes.

Lo primero que hizo fue ordenar el regreso a sus respectivas sedes episcopales a los obispos que vivían lejos de sus diócesis y permanecían en la corte papal porque era allí donde se ejercía el verdadero poder y donde hallaban los placeres de una corte brillante y también lujuriosa. Poetas, artistas, músicos, filósofos, verdaderos o falsos, todos aquellos que habían rodeado al anterior pontífice y engrandecido su corte, fueron alejados de Roma. La Ciudad Eterna quedó reducida a un lugar destinado a la oración, con gran disgusto para los propios romanos, que veían así decaer sus negocios, pues el mantenimiento de la espléndida corte papal significaba para todos un negocio muy rentable. No por otra cosa a la muerte de Adriano VI se colgó una dedicatoria en la puerta de la arcada pontificia que rezaba: CON EL AGRADECIMIENTO DEL SENADO Y DEL PUEBLO ROMANO, dando a entender que el deceso del pontífice extranjero estaba muy lejos de ser lamentado. Aunque su papado solo duró veinte meses, Adriano VI demostró algunas dotes que los papas anteriores habían olvidado, tratando de reorganizar una Iglesia que andaba a la deriva.

Tras aquel infausto cónclave, Giulio había regresado a Florencia desilusionado, pero no rendido. Ahora las cartas estaban echadas y se sabía, por el papel que había tenido en esta elección, que el cardenal de' Medici aspiraba al trono pontificio. En agosto de 1522, viajó hasta Livorno para recibir al nuevo papa, Adriano VI, que llegaba de España. Acompañó al pontífice hasta Roma por mar, y regresó después inmediatamente a Florencia para ocuparse del Gobierno de la Señoría. Pero el 17 de abril de 1523 estaba nuevamente en Roma. Además de sus numerosos cargos, el arzobispo de Florencia era también canciller pontificio. Adriano VI, que le mostraba una gran amistad, lo había vuelto a llamar, a pesar de que Giulio hubiera estado en contra de su elección en el cónclave.

Con su corrección y su talento, Giulio no solo conquistó la simpatía del anciano pontífice, a quien iba a suceder pocos meses más tarde, el 19 de noviembre del mismo 1523, sino también la de aquellos cardenales que habían votado por el devoto y pío Adriano VI. Grande había sido también la desilusión de estos ante el resultado de la elección, pues nunca hubieran imaginado que el pontífice les obligara a regresar a una vida de oración y de meditación. Porque Adriano VI no gustaba a los cardenales que lo habían elegido y, como ya hemos visto, mucho menos a los romanos, que preferían, y con mucho, a un papa que dilapidara su dinero, como había hecho su predecesor, el derrochador y generoso Leone X. El cambio de uno a otro había sido demasiado brusco. El austero y reformador Adriano VI, que quería una Iglesia hecha de oración y de meditación, decididamente no gustaba. Y Roma no sabía qué hacer con un papa como aquel.

En los pasillos del Vaticano

Los romanos no tuvieron que esperar mucho. El 14 de septiembre de 1523, Adriano VI les ahorró la molestia, muriendo pacíficamente de una de aquellas fiebres otoñales que hacían estragos y que fue sin duda muy oportuna. Como siempre, se sospechó que se trataba de un envenenamiento, y los romanos, la noche que siguió a la muerte del papa, fueron a colgar una corona de flores a la puerta de la casa de su médico principal, con la inscripción: AL LIBERADOR DE LA PATRIA, lo que dejaba suponer que había sido envenenado. Pero se trataba solo de calumnias; Adriano VI en realidad fue víctima de una fiebre, probablemente debida a la malaria.

Se convocó pues un nuevo cónclave y, esta vez, cuando se dirigía a Roma, el cardenal de' Medici estaba casi seguro de cuál iba a ser su propia suerte. En el nuevo cónclave sus posibilidades de ser elegido eran sin embargo escasas. Tanto el rey de Francia como el emperador tenían sus candidatos, y Giulio no estaba entre ellos. Pero maniobró con tanta astucia y habilidad que logró ser elegido por unanimidad, poniendo en contra a los cardenales Orsini y Colonna, que se odiaban; era tal la rivalidad entre sus respectivas familias que cada uno de los dos contendientes luchaba más por impedir la elección del otro que para ser elegido.

Fue precisamente en aquel laboriosísimo cónclave, que duró cincuenta días y del que debía salir vencedor el 19 de noviembre de 1523 con el nombre de Clemente VII, donde Giulio demostró su singular inteligencia, su constancia y su fuerza de voluntad, jugando con habilidad y ganando tiempo.

Aunque fuera el jefe reconocido de los jóvenes cardenales nombrados por Leone X, para poder capitanearlos había tenido que ganarse su amistad y su estima.[18] La mayoría de los votos estaba repartida entre el cardenal de' Medici y el cardenal Wolsey. Su otro opositor, el cardenal Alessandro Farnesio, aunque minoritario, probaba desesperadamente su suerte ofreciendo doscientos mil ducados a uno y otro partido para conseguir sus votos. Pero al final el cardenal de' Medici salió vencedor.

Resulta extraño pensar que este hombre, que entonces ocupaba el solio pontificio, había sido excomulgado por la insensata bula del papa Sixto IV. Como se vio anteriormente, este papa, en junio de 1478, en su aversión hacia la familia Medici, los había excomulgado a todos, incluso al hijo de su víctima, Giuliano, a quien había mandado asesinar. Mientras tanto, en Florencia, durante las reuniones del cónclave, el juego estaba servido. Se apostaba sobre si el cardenal de' Medici iba a salir vencedor. El viejo Piero Prandini, por ejemplo, había apostado que Giulio de' Medici no podía ser elegido porque era un «bastardo»; pero esta apuesta le costó la vida. Después de que tuviera lugar la elección, sus enemigos pusieron en conocimiento del papa las palabras ofensivas que este había pronunciado y fue condenado a muerte bajo la acusación de haber «ofendido la dignidad del nuevo papa».

El único en votar contra esta sentencia fue un tal Antonio Bonsi, que eligió huir a Roma pidiendo de rodillas perdón directamente al nuevo pontífice, el «bastardo» Clemente VII. Este empezó precisamente su pontificado con un verdadero acto de clemencia, pues no solo perdonó al valeroso Antonio Bonsi, sino que, conservándolo a su lado, le concedió acto seguido un obispado. En cuanto se tuvo noticia de la elección, en Florencia no se produjo un estallido de alegría, como sí sucedió en cambio ante la noticia de la elección del primer papa Medici. Los florentinos lo conocían bien, ya que hacía años que los gobernaba con mano de acero, aunque con guante de terciopelo.

Ahora que el cardenal arzobispo de Florencia era el sumo pontífice, las primeras opiniones sobre el nuevo papa fueron todas favorables; especialmente, en lo que respectaba a su conducta privada. «Este pontífice no vende beneficios —escribió el embajador Foscari de Venecia—, ni se dedica a la simonía. Está tranquilo. Vive parcamente.» Vettori escribió: «Fue ajeno a la sangre, nada soberbio, ni simoníaco ni avaro ni libidinoso, sobrio en el comer, parco en el vestir, religioso y devoto en las misas y oficios divinos, que nunca osó omitir». Y también: «Elegido papa sin simonía, vivió siempre religiosamente y fue más prudente que ningún hombre. No vende los beneficios, oficia cada día su misa con devoción: ajeno al pecado carnal, sobrio en el beber y en el comer, da un excelente ejemplo». Pero en Florencia había otras preocupaciones bien distintas. Ahora que con el cardenal de' Medici se había ido el pastor de la diócesis y el gonfaloniero de la ciudad, ¿qué iba a suceder? ¿Quién iba a dictar la suerte de la República Florentina? Todos se lo preguntaban. ¿En quién pensaba el papa para ocuparse del Estado florentino? Sin duda en otro miembro de la familia Medici, pero ¿en quién?

Tras la temprana muerte de Lorenzo II, que dejaba como única heredera a una niña, la joven Caterina, que por su condición de mujer no podía entrar en la línea sucesoria, no se veía quién podía heredar el poder. Es cierto que vivían en Florencia otros miembros de la Casa de' Medici, los descendientes de Lorenzo il Vecchio, hijo segundón de Giovanni de' Bicci. Pero todos los miembros de esta rama lateral de los Medici habían sido siempre hostiles a la rama principal y la habían incluso combatido duramente. Por esta razón, era altamente improbable que estos primos, llamados los Popolani, pudieran sucederlos en el poder. El nuevo papa, aunque en opinión de todos era hijo natural, es decir, un bastardo, cosa que él mismo naturalmente no podía hacer ver que ignoraba, al fin y al cabo no dejaba de ser un miembro de la rama principal. Y por ello no hubiera consentido nunca que un miembro de la rama segundona, la de aquellos odiosos Popolani, llegaran al poder conquistado con tanto esfuerzo por la rama principal. Antes que traicionar su propia rama, el papa seguramente hubiera preferido restituir en Florencia la constitución republicana.

En el ínterin, para ganar tiempo, Clemente VII decidió enviar a Florencia al cardenal Passerini como representante suyo. Fue él quien administró los asuntos florentinos durante los primeros tres años del nuevo pontificado, aunque formalmente el gobierno de la ciudad era aún ejercido por la Señoría. Junto al cardenal Passerini, Clemente VII envió a Florencia al joven Ippolito de' Medici, hijo natural de Giuliano.* Ippolito tenía entonces solo quince años. Era un joven guapo y simpático. En opinión de todos, era él quien estaba destinado a suceder a la autoridad ejercida por su padre doce años antes. Se instaló en el palacio Medici con el cardenal Passerini, adoptó el título de magnífico y fue elegido miembro del Gobierno.

En pocos meses más, se reunió con ellos otro joven llamado Alessandro, declarado oficialmente hijo natural del difunto Lorenzo II. En realidad, Alessandro era hijo del propio pontífice y había nacido durante el exilio de la familia, cuando Clemente VII no era aún cardenal. El hecho de que Alessandro era hijo de Clemente VII era conocido en la familia. La actitud que adoptó a continuación el pontífice, que superó muchísimos obstáculos para que este joven disoluto, inepto, vicioso y por lo general detestado por todos medrara, no deja duda alguna acerca de su nacimiento. Además, aunque Alessandro era bastante oscuro de piel, con los labios carnosos, el cabello rizado y oscurísimo, probablemente herencia de su madre, que se supone que fue una mulata, guardaba un gran parecido físico con el propio pontífice.

Su nacimiento se había mantenido oculto durante mucho tiempo. Solo tras las sucesivas muertes de Giuliano, duque de Nemours, de Lorenzo II y del propio Leone X, apareció públicamente, y el papa lo hizo pasar por hijo de Lorenzo II. Lo cual era altamente improbable.

Si hubiera sido así, sus derechos a la sucesión del difunto duque de Urbino habrían sido indiscutibles. En cambio, cuando Clemente VII llamó a consulta a los enviados floren-

* Me refiero a Giuliano de' Medici, duque de Nemours, hermano de Leone X, no a Giuliano de' Medici, el padre del pontífice.

tinos para decidir quién iba a gobernar el Estado, estos últimos, entre los que se encontraba Francesco Vettori, varias veces citado en estas páginas, aconsejaron al pontífice que diera provisionalmente el poder a un gonfaloniero. Este sería elegido año tras año, hasta que Ippolito alcanzara la edad de gobernar, por lo que se reconocía así inequívocamente los derechos sucesorios del joven hijo de Giuliano. Alessandro no fue, pues, ni nombrado ni tenido en la más mínima consideración; él, que era supuestamente hijo y, en consecuencia, sucesor inmediato de Lorenzo II. El hecho de que algunos años más tarde el pontífice decidiera apear del poder a Ippolito para sustituirlo por Alessandro es muy significativo de su paternidad.

Tras la desaparición del nada añorado Lorenzo II, no se veía por ninguna parte un posible heredero entre los miembros de la Casa de' Medici. Jacopo Salviati tuvo el atrevimiento de pedir abiertamente a Clemente VII la restitución de la libertad republicana. El papa escuchaba con aparente benevolencia a los embajadores florentinos, no demostrando nunca que alimentaba en su interior el proyecto puramente dinástico de llevar a los Medici no ya a gobernar, sino a reinar. Clemente decidió pues proceder con cautela en el derrocamiento de la república. En realidad, su plan era solucionar antes el asunto de Ippolito, para poder sustituirlo por Alessandro. Por tanto, envió antes, como legado suyo, a Baccio Valori, que se instaló en el palacio de la Señoría. Diez meses más tarde, el 5 de julio de 1531, llegaba a Florencia Alessandro de' Medici y tomaba posesión del palacio Medici.

Como ya hemos visto, la política de Clemente VII variaba dependiendo de los casos, oscilando peligrosamente entre un partido y el otro. Se servía de toda su diplomacia para colocar a Carlos V contra Francisco I, para impedir que se unieran en una alianza, tal vez en perjuicio del propio papado; lo logró. Además, Clemente quería quitarle de la cabeza a Carlos V la idea de convocar un concilio para arreglar los asuntos de la Iglesia, como había propuesto Adriano VI, una intromisión que el papa no podía tolerar. Aun así, todo su pontificado estuvo marcado por las guerras que tuvieron lugar entre Carlos V y Francisco I de Francia. Cuando Carlos V se volvía demasiado poderoso, amenazando con molestar a la santa Iglesia, Clemente se pasaba al campo de Francisco I para desequilibrar el poder imperial.

Llegado un punto, el papa decidió crear una Santa Alianza, que comprendía Francia, Inglaterra, el papado, Florencia y Venecia, con el objetivo de oponerse a Carlos V. El rey de Francia fue derrotado en Pavía, desde donde Francisco escribió a su madre la famosísima carta: «Todo está perdido, excepto el honor y la vida, que están a salvo», y esa derrota fue un duro golpe para el papa. Si aquella carta la podía escribir un rey, no podía ciertamente escribirla un papa, que no podía admitir que para la santa Iglesia todo estuviera perdido. Aun así, la decisión de Clemente VII de apoyar el campo francés, defendiendo a Francisco I incluso después de la derrota de Pavía, fue por su parte un acto generoso pero muy arriesgado. Pero el emperador no estaba dispuesto a dejarse engañar continuamente por los cambios de humor del pontífice y, para castigarlo por este nuevo cambio de alianza, reunió en Trento a 14.000 lansquenetes dispuestos a lanzarse sobre Italia y dar una lección al pontífice.

Este ejército tenía al mando a Georg von Frundseberg, quien andaba por ahí exhibiendo una cuerda de seda con la que quería colgar al propio pontífice, a quien llamaba «sodomita y bastardo». Para mantener enfurecida a la soldadesca, formada sobre todo por alemanes y por soldados españoles, Carlos V les había dejado sin varios meses de paga, prometiéndoles que serían recompensados con el saqueo de las ciudades que conquistaran. Cuando el ejército imperial recibió la orden de lanzarse sobre Italia, se encontró en Mantua con Giovanni de' Medici,* llamado delle Bande

* De la rama de los Popolani y padre del futuro Cosimo I, gran duque de Toscana.

Nere. Giovanni, capitán general del Ejército pontificio, el único verdadero capitán del papa, intentó frenar su avance; pero fue traicionado por el duque de Ferrara, que había puesto secretamente a disposición de los alemanes cañones cargados de noche en barcazas. Herido mortalmente en una pierna el 24 de noviembre de 1526 en Governolo, en la provincia de Mantua, falleció algunos días después.

Los alemanes, sin encontrar resistencia, atravesaron prestos toda Italia, llegando rápidamente a Roma, dispuestos para «el saqueo glorioso de Roma». Y el Saco de Roma, que la historia recuerda como uno de los más atroces, dio comienzo el 6 de mayo de 1527. La defensa de la ciudad había sido confiada al nada valeroso Francesco Maria della Rovere, que disponía de pocos medios y de poca entidad. William Robertson[19] relata así el Saco de Roma:

> Es imposible describir o incluso imaginar la miseria y el horror de la escena que vino después. Todo lo que una ciudad tomada por asalto puede temer de la furia militar que no conoce el freno de la disciplina, todos los excesos que la ferocidad de los alemanes, la avaricia de los flamencos, el libertinaje de los españoles podían cometer, los desgraciados habitantes de Roma lo tuvieron que sufrir. Iglesias, palacios y casas, todo fue saqueado sin distinción, mientras ni la edad ni la condición social hacían a la población inmune a las injurias. Cardenales, nobles, sacerdotes, matronas, vírgenes, todos fueron presa de los soldados y quedaron a merced de hombres sordos a la voz de la humanidad. Ni siquiera cesaron estos ultrajes, como sucede por lo general en las ciudades tomadas por asalto, cuando el primer ímpetu del furor se calmó; el ejército imperial, que ningún general lograba contener después de que el Borbón* hubiera muerto, mantuvo el dominio de la ciudad muchos meses, durante los cuales la brutalidad de los soldados no tuvo tregua.

* Comandante de las tropas imperiales fallecido el primer día del asedio.

177

Su botín, solo en dinero, ascendió a la suma de un millón de ducados, pero lo que consiguieron con tallas y tributos superó, y en mucho, esta cifra. Roma, aunque conquistada varias veces por los pueblos septentrionales durante los siglos V y VI, no había sido nunca tratada con tan gran crueldad, ni por los hunos ni por los vándalos, ni siquiera por los godos, por muy bárbaros e idólatras que fueran estos.

Tras refugiarse en el castel Sant'Angelo, donde permaneció encerrado durante siete meses, Clemente VII podía ver desde sus ventanas cómo ardía Roma. La soldadesca enfurecida daba rienda suelta a su crueldad, incendiando las casas y las valiosas bibliotecas, devastando las refinadas pinacotecas. Las monjas eran violadas mientras imágenes religiosas y los paramentos sagrados eran apuñalados y ultrajados. El papa no logró escapar hasta el 8 de diciembre, disfrazado, con un solo secuaz. Se refugió en Orvieto, donde llegó en un estado lamentable y sin nada; jamás el papado había sufrido tal humillación. Finalmente, tras diez largos meses de ocupación, el ejército imperial abandonó Roma, expulsado por la peste, no dejando tras de sí más que ruina y desolación.

En cuanto llegó a Florencia la noticia del inicio del saqueo, el 19 de mayo de 1527, la ciudad aprovechó la desastrosa situación del papa para rebelarse nuevamente y expulsar a los dos jóvenes Medici, Alessandro e Ippolito. Caterina,* al principio prisionera en la villa de Poggio a Caiano, a pocos kilómetros de la ciudad, y posteriormente oculta en varios conventos, debió esperar algunos meses más para poder estar de nuevo bajo la protección del papa. Las malas lenguas, aprovechando la momentánea debilidad de este, hacían correr la voz de que el motín de Florencia y el decreto de exilio que expulsaba de nuevo a su familia resultaban más intolerables para Clemente VII que el propio Saco de Roma.

* Hija de Lorenzo II.

Florencia creía que con esta guerra el papa perdería definitivamente el apoyo del emperador, lo que podía significar para ellos el regreso a la libertad y a la independencia. Pero demostraban con ello no conocer bien a este papa, que no habían dudado en llamar «maestro de toda astucia».

En efecto, el pontífice, fugitivo y desposeído de todo, se servía de su inteligencia y de su ingenio para tratar de resolver este desastre y recuperar aliados. Entendió, en primer lugar, que era imprescindible hacer la paces con el emperador. Carlos V accedió al acuerdo que proponía el papa, pero imponiéndole condiciones muy gravosas, como la cesión de buena parte del territorio papal y el pago de una fuerte indemnización. Claro que Clemente no podía hacer otra cosa que aceptar. Pero, mientras meditaba acerca de cómo salir de la situación de acatamiento a la que lo tenía sometido el emperador, le declaró de nuevo la guerra en diciembre del mismo año 1527, aliándose con Enrique VIII. El rey de Inglaterra esperaba así, aliándose con el papa, obtener al final el divorcio tan ambicionado de Catalina de Aragón, tía del emperador, y poder así finalmente casarse de nuevo con Ana Bolena. El rey de Francia, la República de Venecia, Génova y la propia Florencia completaron la alianza.

En esta ocasión, Florencia cometió un error fatal tomando partido contra el emperador, pues Carlos V, para librarla de la influencia del papa, le había ofrecido ponerla bajo su protección. Niccolò Capponi, entonces gonfaloniero de la ciudad, intentó convencer a sus compatriotas de que aceptaran la oferta imperial, previendo que el papa pronto se reconciliaría con el emperador, pero no hubo nada que hacer. Los florentinos tendrían que arrepentirse amargamente de su elección cuando, tres años más tarde, aliándose de nuevo con el papa, como había previsto Capponi, Carlos V impuso a Florencia el regreso definitivo de los Medici.

En junio de 1529, Clemente VII se embarcó con destino a España, donde residía en aquel momento Carlos V, para exponerle su plan secreto. Tras aquella entrevista celebrada en Barcelona, los dos soberanos llegaron a un acuerdo que quedó parcialmente en secreto y que iba a cambiar definitivamente las cartas de la política italiana. Una de las cláusulas secretas del acuerdo de Barcelona fue que Clemente VII había convencido al emperador de la necesidad de poner fin a la república en Florencia, restableciendo definitivamente a la única familia con «derechos» seculares, es decir, la suya, los Medici. Con este acuerdo, el emperador no solo se comprometía a asegurar el regreso definitivo de los Medici a Florencia y su dominio sobre la ciudad y el Estado toscano, nombrando a Alessandro, y no a Ippolito, duque de Florencia, sino que prometía también dar a Alessandro como esposa a su hija Margarita, sellando definitivamente la alianza con el papa. A cambio, Clemente VII aceptaba coronar a Carlos como emperador.

Pero el papa no aceptó del todo las condiciones imperiales, pues Carlos V hubiera querido ser coronado en Roma, con toda la pompa de la santa Iglesia, mientras que el pontífice le impuso, como venganza a la afrenta sufrida en el Saco de Roma, la coronación en la más modesta ciudad de Bolonia. El acuerdo entre el emperador y el papa se materializó en agosto de 1529, en el Tratado de Cambray, que sellaba la paz entre Carlos V y Francisco I. Como parte del acuerdo de Barcelona, Clemente VII había convencido a Francisco I para que abandonara a sus aliados, Inglaterra, Venecia, Ferrara y Florencia; y renunciara definitivamente a sus pretensiones sobre Italia, dejando ser a Carlos V prácticamente dueño de todo el país. Florencia, que en aquel momento se encontraba aislada, abandonada a su suerte por su aliado más importante, Francia, tuvo que aceptar todas las condiciones imperiales. Y con este juego diplomático quedó demostrada toda la astucia de este papa, reducido a simple fugitivo, desposeído de todo, pero que a pesar de ello logró imponer su voluntad sobre poderosos soberanos, como Carlos V y Francisco I. Cumpliendo los términos del Tratado de Cambray, el ejército imperial recibió la orden, en septiembre de 1529, de marchar sobre Florencia. Los alemanes aparecieron rápidamente frente a la rica ciudad, no deseosos de combatir, sino de saquearla, como habían hecho con Roma. «Doña Florencia —gritaban—, prepara tus brocados, que nosotros venimos a comprarlos con lanzas.»

¿Qué defensa pudo oponer Florencia, una ciudad refinada y afamada por sus expertos artesanos, regida por astutos comerciantes, pero ciertamente no gobernada por grandes caudillos? La ciudad, patria de famosos músicos, poetas, arquitectos, escultores y pintores, poseía gran cantidad de brillantes y lujosos palacios, pero carecía totalmente de defensas militares y de ciudadelas. El propio Clemente VII, que tenía poca estima por las virtudes heroicas de sus conciudadanos, decía que «no hubieran soportado ver pisoteados sus jardincitos». En cambio, al acercarse el enemigo, los valerosos florentinos quemaron los alrededores de la ciudad, a los pies de la muralla, destruyendo no solo jardines, sino parques y villas, iglesias y conventos, salvando solo la *Cena* pintada hacía poco por Andrea del Sarto en el monasterio de San Salvi.

Confiaron al genial Miguel Ángel Buonarroti las obras de defensa militar de la ciudad. Rodeada por un cerco de fuego, Florencia se defendió durante once largos meses, hasta que el comandante de su defensa, el perusino Malatesta Baglioni, entendió que la ciudad no podría resistir eternamente y que era mejor llegar a un acuerdo si se quería evitar el saqueo del ejército imperial. De mayo a julio, 28.000 florentinos murieron de hambre o a causa de las heridas. En esas fechas se llegó a un acuerdo, mediante el cual se respetaría la ciudad a cambio del pago de una multa de ochenta mil florines de oro, una cifra exorbitante.

Además, se imponían condiciones políticas para la rendición de la ciudad que parecieron en un primer momento bastante clementes; pero cuatro meses después, antes de que los florentinos pudieran reaccionar, el emperador cambiaría definitivamente el régimen político, de república a monarquía, nombrando a su futuro yerno e hijo del papa, Alessandro de' Medici, duque de Florencia. Mientras tanto, en nombre del papa, se había escrito: «Su santidad manifestará, como siempre ha hecho, afecto, piedad y clemencia hacia su patria y los ciudadanos de esta». Pero la «clemencia» del papa no pudo evitar que la cabeza del último gonfaloniero, Francesco Carducci, rodara en la cesta de los ajusticiados.

Miguel Ángel, que había «abastionado el monte» y «armado el campanario de San Miniato», sabiéndose buscado, se escondió en el campanario de San Niccolò. Clemente VII, recordando su inmenso talento artístico, daba en cambio instrucciones para que «sobre todo Miguel Ángel fuera tratado bien». Además, el papa quería que el artista retomara lo antes posible las obras de la sacristía Nueva. En cumplimiento de las demás cláusulas del acuerdo de Barcelona, el papa llegaba a Bolonia el 25 de octubre de 1529 para coronar a Carlos V. La coronación tuvo lugar el 24 de febrero de 1530. Clemente VII había logrado no solo conjurar el peligro del concilio con que lo amenazaba Carlos V, y que lo hubiera cogido en un momento de extrema debilidad del papado, sino también obtener su ayuda para reconquistar Florencia, colocando a su hijo Alessandro como fundador de una nueva dinastía, además de lograr una prestigiosa boda con la propia hija del emperador, vinculando así la Casa de' Medici con la prestigiosa Casa Imperial de Austria.

El nuevo encuentro de Bolonia entre el papa y el emperador fue un largo intercambio de amenazas, al tiempo que un alarde de supremacías. Mientras Carlos V daba claramente a entender al papa que debía renunciar a la alianza con Enrique VIII de Inglaterra y que no podía de ningún modo concederle el divorcio,* pues él se hubiera sentido profundamente ofendido si su tía Catalina de Aragón era repudiada de este modo, no sabía aún que Clemente VII acababa de cerrar un acuerdo secreto con Francisco I. Con este nuevo pacto secreto se había decidido el matrimonio entre la heredera de los Medici, la joven de catorce años Caterina, hija de Lorenzo II, con el duque de Orleans, Enrique de Francia, que tenía dieciséis y era el segundo hijo del rey francés.

Por el acuerdo secreto, no solo Caterina aportaría una riquísima dote de la que Francia estaba muy necesitada, cien mil escudos de oro, además de sus derechos hereditarios sobre los Estados de Florencia y Urbino, sino que el papa se comprometía también a ayudar a Francisco I a reconquistar el Ducado de Milán, que sería entregado a Enrique y a Caterina. De este modo, el papa pensaba colocar a su familia en dos grandes Estados de Italia, uno en el centro, Florencia, y otro en el norte, Milán. El viejo proyecto de Leone X volvía a estar de moda. Haciendo ver que pedía la opinión del emperador acerca de una eventual boda entre Caterina y Enrique de Francia, el papa recibió el apoyo de Carlos V, que lo animaba a seguir adelante con dichas negociaciones, convencido de que el orgulloso rey de Francia no hubiera aceptado nunca tal matrimonio, que él consideraba desigual. Estaba seguro de que a causa de una negativa como esa nacería una profunda discordia entre el papa y el rey de Francia.

Animado por este apoyo, Clemente aceleró el matrimonio de Caterina, que en realidad había sido convenido ya, y cogió al emperador por sorpresa. Clemente podía sentirse satisfecho de haber vencido al emperador en doblez, y el emperador no podía ni siquiera mostrarse ofendido, ya que «oficialmente» había sido él quien había aconsejado la boda. De nuevo, el papa demostraba su gran astucia. En los primeros días de octubre de 1533, Clemente VII acompañó con

* En realidad, se trataba de la anulación del matrimonio.

gran pompa a su sobrina Caterina hasta Marsella para entregarla al rey de Francia. Regresó después lentamente hacia Roma, adonde llegó el 10 de diciembre, evitando cuidadosamente Florencia, a la que nunca había querido de verdad y por la que no se sentía querido. Pasó por Ancona y Loreto, llegando a Roma cansado y humillado.

Cerrado este capítulo, Clemente tuvo que hacer frente al problema del cisma de Inglaterra, mientras su autoridad era cuestionada por el propio rey que había sido durante tantos años su aliado. Es inimaginable que Clemente VII se negara a anular el matrimonio de Enrique VIII con Catalina de Aragón por simples motivos religiosos. Su negativa residía en el miedo que tenía de ofender a Carlos V, tras las amenazas recibidas por este durante su encuentro de Bolonia, y en la pérdida que hubiera sufrido con la anulación de sus planes, es decir, del apoyo imperial para la instauración de su dinastía en el trono de Florencia.

En aquel diciembre de 1533, el papa gozaba aún de buena salud: «Como si hubiera hecho una simple excursión a sus viñas del monte Mario», escribió un enviado milanés. Pero, al poco tiempo, el papa sufrió un ataque litémico, pues el 5 de enero de 1534, en la ceremonia de la vigilia de la Epifanía, se pronunciaba «*papa non venit propter podagra*»; y el día 10 se escribía que el papa estaba «*in lecto propter podagra*». Después volvió a gozar de buena salud hasta mayo. Pero el 30 de ese mes, el cronista Martinelli registraba: «*Papa absente propter podagras*» de las ceremonias religiosas. Y el 3 de junio se escribía: «Nuestra santidad ha estado hasta ahora impedido a causa de su salud [...], pero ahora, a Dios gracias, se encuentra bien y está casi totalmente curado». El 20 de junio, Martinelli volvía a escribir: «Nuestra santidad, desde ayer por la noche, ha estado un tanto indispuesto de aquel dolor de estómago con un poquito de fiebre».

En julio de 1534, Clemente VII lanzó la excomunión contra el rey de Inglaterra, quien, cansado de esperar una anulación que no llegaba nunca, había decidido repudiar a Catalina de Aragón y casarse secretamente con Ana Bolena. Con esta excomunión esperaba salvar la superioridad de la Iglesia de Inglaterra sobre el poder real, consciente de las consecuencias desastrosas que habría causado un cisma con la Iglesia de Inglaterra. Por desgracia, no logró impedirlo. Le faltó tiempo, pues la excomunión de Enrique VIII fue el último acto público de Clemente VII. Murió dos meses después, de bronconeumonía, el 25 de septiembre de 1534, a las 18.00, a los cincuenta y seis años, una edad para aquellos tiempos del todo respetable.

No fue llorado por nadie, y fue enterrado junto a su amado primo, Leone X, en el coro de la basílica de Santa María sobre Minerva, en Roma. En una carta al duque de Norfolk, un tal Gregorio da Casale escribió:

La alegría de Roma ha sido grande. El odio más amargo reinaba en el ánimo de todos contra el difunto pontífice; un odio que no ha cesado ni siquiera con su muerte y que se demuestra con los ultrajes cometidos casi cada noche en su tumba. Una noche, la tumba fue completamente destapada y el cadáver hallado a la mañana siguiente con el cuerpo atravesado por una espada. Y si no hubiera sido por respeto al cardenal Ippolito de' Medici, el cadáver habría sido arrastrado por las calles de la ciudad, colgado de un gancho. Finalmente, ha sido necesario poner una guardia armada junto a la tumba para impedir que cada noche fuera abierta y ensuciada con toda clase de inmundicias.

El mismo Ippolito con el que Clemente VII se había comportado mal durante toda su vida, alejándolo de Florencia para impedir que hiciese sombra a su propio hijo Alessandro, robándole sus derechos sucesorios en el Gobierno primero, y sus derechos dinásticos después, cuando nombró a Alessandro heredero universal de la fortuna y de todos los bienes de la Casa de' Medici. Y fue precisamente

Ippolito quien, demostrando su generosidad y su poco rencor contra aquel papa y primo que le había arruinado la vida, protegió su sepultura. ¿Cómo fue posible que el pontificado de un hombre como Clemente VII, que duró once penosos años, tal vez el miembro más inteligente de su familia, inspirador del papa que fue su predecesor, fuese tan catastrófico, hasta el punto de pensar que nada de cuanto había emprendido le salió bien? ¿Verdaderamente Clemente VII puso por encima de su propia dignidad el deseo de ver el apogeo de su familia? No resulta muy creíble.

Fue dura también la opinión de Vettori, quien escribió: «Le costó mucho llegar a convertirse en un gran y reputado cardenal, y en un pequeño y poco estimado papa». ¿Cómo puede explicarse este cambio entre la figura de gran y reputado cardenal y la de pequeño y poco estimado papa? ¿Fue él quien cambió o fueron los acontecimientos históricos los que durante su pontificado fueron especialmente terribles y tempestuosos? Respecto al emperador, Clemente VII no renunció ni por un solo instante a su dignidad papal. Resistió a un rey prevaricador en sus requerimientos del divorcio, aun a costa de un cisma con la nación inglesa. Logró convencer al poderosísimo emperador Carlos V, cuando estaba en una situación de extrema debilidad, no solo para que lo apoyara en la reconquista de Florencia, sino también para que favoreciera a su propio hijo, el infame Alessandro, al cual por añadidura se le concedía la mano de una princesa imperial. Convenció asimismo al poderosísimo y orgullosísimo Francisco I de que su hijo Enrique se casara con Caterina de' Medici, abriéndole así las puertas al trono de Francia. Tal vez sí, el orgullo que sentía por su propia dinastía dio al papa una fuerza insospechable.

Años más tarde, en la transformación del palazzo Vecchio, Cosimo I, primer gran duque de Toscana, hizo que Vasari dedicara una de las más hermosas salas a Clemente VII.

Vasari eligió, en efecto, pintar en el techo el que fue uno de los grandes éxitos diplomáticos del segundo papa Medici: la boda de Caterina de' Medici con Enrique de Francia. En la escena se ve cómo Clemente VII une en matrimonio a Caterina con Enrique, detrás del cual se reconoce muy fácilmente la figura de Francisco I. Hay también un león que no representa un animal simbólico, sino real, pues estaba domesticado y vivía en el palacio real francés junto a un enano llamado Gradasso y a su mujer, que también era enana; ambos figuran en la pintura. Hoy esta sala es el despacho del alcalde de Florencia.

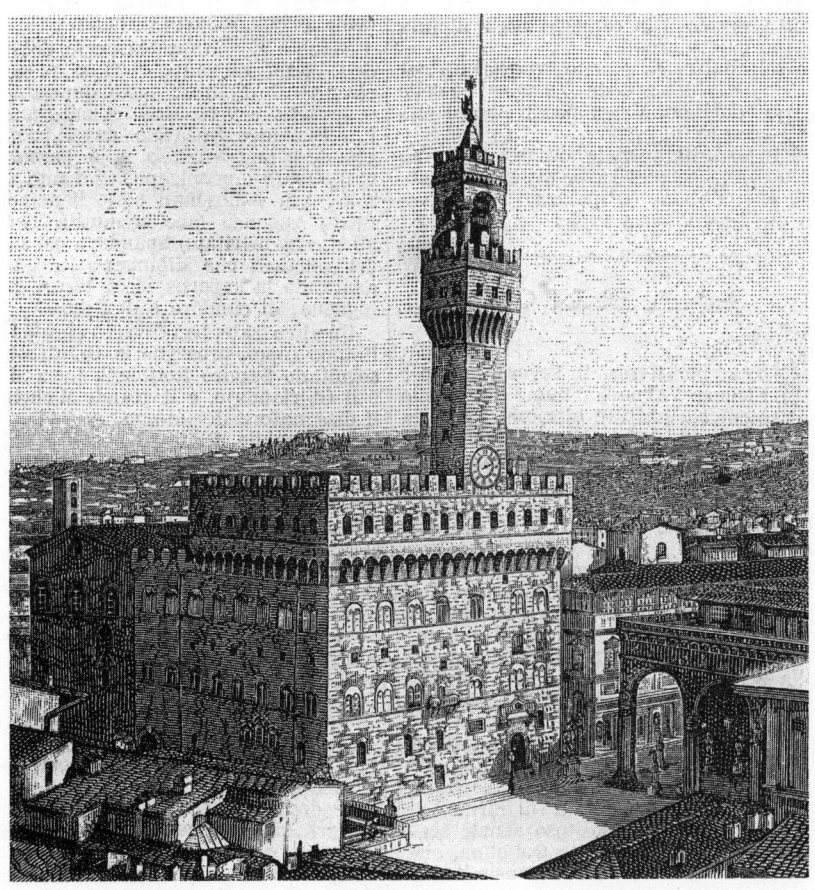

Fig. 16. *Palazzo Vecchio, o della Signoria, en Florencia.*
Xilografía.

En 2024 se conmemoró el aniversario de la muerte, ocurrida en 1574, de dos figuras extraordinarias del Renacimiento que marcaron la historia de Florencia y de Toscana: Cosimo I de' Medici, segundo duque de Florencia y primer gran duque de Toscana; y Giorgio Vasari, artista polifacético y perfecto ejemplo de hombre de cultura de su tiempo: pintor, historiador del arte y las antigüedades y arquitecto-decorador en la corte de Cosimo I. Como pintor, de marcado gusto manierista, fue el responsable de importantes obras para los Medici, incluida la decoración del salone dei Cinquecento en el palazzo Vecchio. También fue un arquitecto importante: entre sus obras en este campo se encuentran el palazzo della Carovana de Pisa y el conjunto florentino de los Uffizi.

Considerado por todos como el primer historiador del arte de la Edad Moderna que sentó las bases para el nacimiento y el desarrollo de la disciplina, su nombre, de hecho, está indisolublemente ligado a *Las vidas*, una historia centrada en Florencia de las grandes artes nacidas del dibujo, la pintura y la arquitectura, desde Cimabue hasta su época, organizado por biografías de artistas individuales y publicado en dos ediciones en 1550 y 1568. La obra biográfica de Vasari creó un modelo esencial con el que se comparó la literatura histórico-artística durante el resto del siglo XVI y durante los cien años siguientes. Su obra historiográfica determinó en muchos casos la suerte o la desgracia crítica de los artistas citados y, sobre todo, de los excluidos, y aún hoy representa la principal fuente biográfica de muchos artistas de los que se ha conservado poca documentación.

Consciente del poder del arte como símbolo de prestigio y de Gobierno ilustrado, Cosimo I cambiaría el rostro de Florencia y crearía una larga lista de obras e intervenciones en el vasto territorio del gran ducado, contando con Giorgio Vasari a la cabeza de las obras de construcción más importantes. Cuatrocientos cincuenta años después de la muerte de estos dos protagonistas de la historia del gran ducado, en Florencia podemos descubrir los usos, costumbres y el arte de la ciudad entre 1400 y 1500 en la Casa Vasari, donde el artista pasó la última parte de su vida. Pero también en la ciudad de Pisa, donde el trabajo conjunto de Cosimo I y Vasari dejó una huella de valor excepcional con respecto a la transformación paisajística y la construcción, como la obra del puente Cappiano, construido por Cosimo para sanear la región y regular las aguas del lago Fucecchio.

La obra, como se intuye, es enorme y abarca muchos campos, pero como curiosidad de la relación entre Vasari y Cosimo I tenemos el poco conocido *Studiolo* de Cosimo I, o *Tesoretto del Duca*, una pequeña habitación «secreta» en el palazzo Vecchio de Florencia.

Construido hacia 1545 en el entresuelo del palacio, no lejos del dormitorio de Cosimo (que se había trasladado al palazzo Vecchio en 1540), consistía en una pequeña habitación cuadrangular cuyas paredes estaban cubiertas por armarios y estaba coronada con una bóveda pintada con frescos. La habitación servía como cofre del tesoro privado del duque (donde ni siquiera entraban los sirvientes): no solo acogía objetos preciosos, sino también documentos personales, objetos raros y curiosidades, plantas medicinales y otros instrumentos de interés científico. De hecho, los historiadores nos han contado cómo al futuro gran duque a veces le encantaba crear remedios medicinales con procedimientos complejos. En ocasiones, estas creaciones también se enviaban como obsequio a otros gobernantes europeos. En 1559 la sala fue redecorada según un diseño de Giorgio Vasari, quien pintó a los cuatro evangelistas en el techo, mientras sus ayudantes creaban las personificaciones de las artes y las musas en la bóveda: la pintura, la escultura, la arquitectura y la música en las esquinas; alegorías de la astronomía, la filosofía, la poesía y la geometría a los lados; y en el centro los símbolos de los evangelistas. Este fue el primer estudio que se construyó en el palazzo Vecchio, antes del más grande y famoso *Studiolo* de Francesco I, hijo de Cosimo. Los vestigios del estudio de Cosimo se perdieron en el siglo XVIII, cuando la familia Lorena dejó de utilizar el palacio. Fue redescubierto en 1908, durante las obras de restauración general que siguieron a las intervenciones arbitrarias del periodo de Florencia como capital de Italia por los Saboya. Hoy en día, los dos estudios, situados a muy poca distancia el uno del otro, se pueden visitar en el museo del palazzo Vecchio.

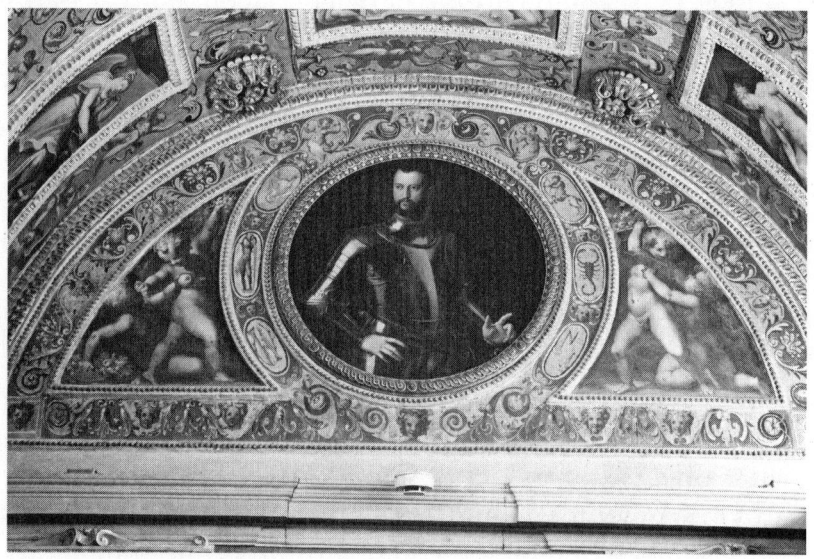

Fig. 17. *Retrato de Cosimo I* en el *Studiolo* de Francesco I en el palazzo Vecchio medieval, Florencia.

Alessandro, duque de Florencia (1510-1537), y el cardenal Ippolito de' Medici (1511-1535)

Tras fallecer Lorenzo II sin herederos varones capaces de sucederle, el papa Clemente VI escogió a su sucesor, su propio hijo Alessandro, nacido de una breve relación que el entonces Giulio de' Medici, que aún no era cardenal, había tenido con una criada del palacio Medici.*

Alessandro fue criado en el palacio Medici en compañía de la joven huérfana Caterina, hija única de Lorenzo II, y de Ippolito de' Medici, hijo natural del llorado Giuliano, duque de Nemours. Lo cierto es que el tratamiento recibido por los tres jóvenes, confiados a la tutela del cardenal Passerini, fue muy distinto, probablemente en función de las propias disposiciones del papa, que ya demostraba una mayor predilección por Alessandro. Ippolito había sido acogido en Roma por su tío Leone X a los siete años y había recibido una buena educación de su preceptor, el cardenal Bibbiena. Cuando cumplió los quince años, fue enviado a Florencia por el papa Clemente VII, quien lo hizo nombrar miembro del Gobierno, cosa que todos consideraban justa, ya que al alcanzar la mayoría de edad estaba destinado a suceder a su primo Lorenzo II en el Gobierno de la república, pues este último no tenía herederos varones directos.

* Alessandro nació en 1510, mientras que el futuro Clemente VII fue nombrado cardenal en 1513.

Pero ya hacia finales de 1529, Clemente VII, demostrando a todos los efectos una fuerte inclinación paterna, empezó a pergeñar el proyecto de dejar de lado a Ippolito para situar a Alessandro en su lugar como futuro jefe del Gobierno de Florencia. En realidad, esta decisión era bastante arriesgada, ya que Ippolito era muy adecuado para ese puesto, mientras que Alessandro era ignorante, vicioso y disoluto, al tiempo que universalmente detestado por sus correrías. Sin embargo, como ya hemos visto, en 1529, en Barcelona, en el pacto secreto con el emperador Carlos V, Clemente VII había acordado la sustitución de Ippolito por Alessandro. Además, en el pacto firmado, el emperador se comprometía a dar por esposa a Alessandro a su hija Margarita de Austria, que entonces era apenas una niña, como sucedió efectivamente algunos años más tarde. De Margarita de Austria se dijo que era la única mujer en el mundo que se había casado en primeras nupcias con el hijo de un papa y en segundas con el nieto de otro papa, Pablo III Farnesio.

Para impedir el acceso de Ippolito al Gobierno, el papa decidió conferirle el cargo de cardenal. El joven se opuso con todas sus fuerzas a esta decisión, pues se sentía naturalmente inclinado al oficio de soldado y sentía antipatía hacia todo lo que guardaba relación con la carrera eclesiástica. Pero al final, no tuvo más remedio que acatar la decisión del papa. Para alejarlo de Florencia, donde gozaba ya de cierto respeto, fue enviado en misión política a la lejana Hungría. Alejado Ippolito, en Florencia se abolió la república y Alessandro fue declarado duque, en mayo de 1532, cumpliéndose así los pactos secretos a los que el papa había llegado con el emperador. Así fue como el 1 de mayo de 1532 Alessandro pudo leer delante de los miembros de la Señoría el decreto según el cual el emperador anunciaba la abolición de la Señoría y su proclamación como duque de Florencia; es decir, no ya como gobernante, sino como reinante. Pero antes el papa tuvo que sufrir el tercer exilio de los Medici, que dio comienzo con el Saco de Roma, en 1527, y que duró solo tres años, hasta 1530, cuando los Medici pudieron volver a hacerse cargo del poder. Pero esta vez fue necesaria la ayuda del ejército imperial, guiado por el príncipe de Orange, que asedió la ciudad en 1529; una ayuda imperial a la nueva restauración de los Medici que era otra de las consecuencias de los pactos secretos firmados entre Clemente VII y Carlos V.

En el ínterin, durante la rebelión republicana, Alessandro fue enviado a las afueras de la ciudad, a la villa medicea de Poggio a Caiano, para que no estuviera expuesto al ataque de los republicanos. Por su parte, Ippolito y Caterina permanecieron en un principio en el palacio Medici de la ciudad, bajo la protección del cardenal Passerini, en un ambiente hostil y con una población recelosa. Alessandro, quien ya en 1523 había recibido del papa el Ducado de Penne, en los Abruzos,* tenía veinte años cuando ocupó el cargo de jefe del Gobierno. Era un hombre sin sentimientos y sin decoro, inculto y arrogante, violento, lujurioso, grosero, indiferente a toda clase de arte, ya fuera poesía, música o pintura, y su único placer eran los olores y los perfumes.

De hecho, prefería la compañía de gente vulgar como él. De manera que sus ministros eran en realidad sus compañeros de orgías, elegidos no en función de sus capacidades, sino de los placeres que podían proporcionar al joven duque. Con ellos, Alessandro no dudaba en echar abajo las puertas de los conventos para violar a las jóvenes monjas o hacer que mataran por venganza a los familiares de aquellos que lo ofendían o le negaban algo. Su breve reinado, que duró apenas cinco años, fue uno de los más vergonzosos de toda la historia de Florencia y de la familia Medici. Muy distinto era Ippolito. Según Varchi, era «bellísimo y muy agradable de aspecto, poseedor de todas las gracias y virtudes, afable y a disposición de todos»; en definitiva, todo lo contrario de Alessandro.

* Región del sur de Italia.

193

Parecía que Ippolito había, en efecto, heredado todas las cualidades de su padre: la belleza, la inteligencia y la amabilidad. En un primer momento se había pensado en casarlo con Caterina, reforzando los vínculos dinásticos, pero la joven muchacha era una pieza demasiado importante en la política del papa como para concederla simplemente al primito por el cual ella alimentaba «cierta simpatía». Nombrado a pesar suyo príncipe de la Iglesia, cargo que ocupaba a regañadientes, hasta el punto de odiar tener que vestirse de cardenal, mientras estaba en Hungría a menudo se hacía retratar con la espada en el cinto y el traje nacional húngaro.

De regreso a Roma tras haber pasado una breve temporada en Bolonia, siempre alejado de Florencia, quiso olvidarse de la injusticia papal viviendo como un príncipe, en un gran palacio, rodeado de literatos y de músicos. Hay que decir que gastaba muchísimo, mucho más de cuanto le permitían sus rentas. Indiferente, hacía pagar sus deudas al papa, a cuyas continuas protestas respondía irónicamente, y para justificar sus quinientos servidores de palacio decía: «No los tengo porque necesite sus servicios, sino porque ellos necesitan los míos». Sin embargo, a la muerte del papa en 1534, demostró nobleza de carácter protegiendo la memoria de aquel hombre que le había arruinado la vida. Y eso aunque Clemente VII no le ahorró las humillaciones. Además de alejarlo de Florencia y de su legítimo derecho al poder, Ippolito se había sentido especialmente ofendido cuando Clemente VII había decidido nombrar a Alessandro heredero universal de las riquezas y de la grandeza de la Casa de' Medici. De hecho, Ippolito no solo era mayor de edad, sino también el pariente más cercano del último señor de Florencia, Lorenzo II. Por derecho de primogenitura, siendo su primo también nieto de Lorenzo il Magnifico, la herencia le tocaba a él.

En 1535, Ippolito recibió el encargo de los proscritos florentinos* de que, como embajador suyo, presentara una sú-

* Exiliados.

plica al emperador para que alejara a Alessandro del Gobierno. Carlos V se encontraba en aquel momento en Túnez, ocupado en la empresa contra los berberiscos, e Ippolito decidió ir a buscarle. Al llegar a Itrio, cerca de Gaeta, mientras esperaba un navío en el que poder embarcar hacia Túnez, fue preso de las fiebres y murió de malaria a los pocos días. Esta fue al menos la explicación oficial de su muerte para tratar de esconder lo que en realidad era un asesinato. Se dijo que fue envenenado por los sicarios de Alessandro, informado por sus espías de las intenciones de Ippolito con el emperador. Parece ser que el duque le envió un emisario, un tal Giovanni Andrea, de Borgo Sansepolcro. Cuenta Young:

El asesino, Giovanni Andrea, no le sobrevivió demasiado. Tras haber escapado de los servidores de Ippolito, que en su cólera hubieran querido despedazarlo, huyó a Florencia y vivió durante algunos meses en el palacio de Alessandro, protegido por este último. Desde allí, regresó cierto tiempo después a su ciudad natal, pero la gente de Borgo Sansepolcro, en un arrebato de ira por el delito que había segado la vida a un hombre tan universalmente amado como el cardenal Ippolito, se apoderó de él y lo lapidó hasta la muerte.[20]

Poco estaba destinado a sobrevivirle también el desdichado Alessandro. Murió la noche del 5 al 6 de enero de 1537, asesinado por un íntimo confidente suyo, así como compañero de desgracia, su primo Lorenzino de' Medici. Este Lorenzino, que la historia recordará por el drama *Lorenzaccio*, pertenecía a otra rama de la familia, colateral a la de Alessandro, y descendía en línea directa de Lorenzo il Vecchio, un hermano menor de Cosimo il Vecchio. Se había quedado huérfano siendo muy joven y, a la muerte de sus padres, había sido recogido por Clemente VII, que lo había tomado bajo su protección y confiado también a la tutela del cardenal Passerini, en las mismas condiciones que sus primos Alessandro, Caterina e Ippolito. Aunque lleno de ingenio, instruido y con carácter, ya en 1534 Lorenzino empezó a dar señales de desequilibrio mental, pasando a cometer actos de vandalismo en la Ciudad Eterna.

Se cuenta que en un arrebato caprichoso había decapitado las ocho estatuas de los reyes bárbaros que decoraban el arco de Constantino, provocando gran indignación en Roma y las iras del papa, que se enfureció. Expulsado de Roma como un delincuente, encontró refugio en Florencia, junto al duque Alessandro, y se convirtió en muy poco tiempo en su favorito y compañero de correrías. Pero la boda de Alessandro con Margarita de Austria azuzó en la mente enferma de Lorenzino el odio hacia su primo, que con este prestigioso matrimonio había arruinado su secreto proyecto de poder ser algún día el legítimo sucesor del ducado. Efectivamente, como primer príncipe de sangre, si el duque moría sin herederos directos, según el rescrito de Carlos V, le correspondería a él heredar el ducado. Por el contrario, la boda de Alessandro, que hacía suponer que pronto aseguraría la descendencia, hizo nacer en él el rencor por el fracaso de sus ambiciones de heredero.

A partir de este momento Lorenzino vivió obsesionado con la idea de matar a su primo. Y lo logró la noche del 6 de enero de 1537, cuando apuñaló mientras dormía al odiado Alessandro. Aunque resulte extraño, el crimen no tuvo en Florencia una gran resonancia. El duque Alessandro era tan odiado por el pueblo que en ningún momento se pensó en vengar la muerte del tirano. Lorenzino, en lugar de hacerse cargo de la sucesión y hacer valer sus derechos de nacimiento, huyó a caballo, vagabundeando de ciudad en ciudad. Al final, también murió asesinado, en 1548, por los sicarios que le envió su primo Cosimo de' Medici, de la rama de los Popolani, al que tanto odiaba, y que había ocupado su lugar.

Cosimo, haciéndose cargo de los derechos de primogenitura que había dejado libres la fuga de Lorenzino, había sucedido a Alessandro en el ducado. Eliminando a Lorenzino, bajo la apariencia de hacer justicia, se aseguraba en realidad la legitimidad de la sucesión. Lo cierto es que, siendo

Lorenzino descendiente directo de la rama primogénita, no podía excluirse la posibilidad de que un día, en torno a su nombre, se constituyera en Florencia un partido legitimista. Finalmente, para cerrar la triste historia de Alessandro I, hay que precisar que su rama no se extinguió con él. En efecto, se prolongó con la boda de una hija suya, Giulia, que se casó con su primo Bernadetto de' Medici, de la rama de los príncipes de Ottajano; estos son mis antepasados.

Esta política de matrimonios consanguíneos en la familia en realidad no era nueva. Ya en la generación anterior, el padre de Bernadetto de' Medici, Ottaviano, se había casado con una prima suya, Francesca Salviati, hija de Lucrezia de' Medici, la mayor de las hijas de Lorenzo il Magnifico.* Se piensa que Lucrezia, mediante la boda de sus dos hijas, Francesca y Maria, ambas casadas con primos de la misma familia, había tratado de reunir nuevamente las tres ramas de la Casa de' Medici.

Lucrezia de' Medici, primera hija de Lorenzo il Magnifico, quien decía de ella que «la quería tanto como a sus propios ojos», se convirtió en esposa de Jacopo Salviati, de la sempiterna familia rival de los Medici. Tuvo dos hijos varones, Giovanni y Bernadetto, los dos cardenales, y dos hijas. La primera, Maria, se casaría con Giovanni de' Medici, llamado delle Bande Nere, y fue la madre del primer gran duque de Toscana, Cosimo I, mientras la segunda, Francesca, se casó con Ottaviano de' Medici, del cual tuvo entre otros hijos a Alessandro, que también sería cardenal y posteriormente papa, el tercer papa mediceo, con el nombre de Leone XI. Como podemos comprobar, la política matrimonial de la hija de Lorenzo il Magnifico tuvo el mérito, con los matrimonios consanguíneos, de transmitir hasta hoy la línea directa de la Casa de' Medici.

Lucrezia, que tras la expulsión de los Medici había hallado refugio en Roma, junto al papa, había vivido mucho tiempo en el palacio Medici que la familia poseía en esta ciudad, aunque después había tenido que abandonarlo, ya que estaba destina-

* Véase el árbol genealógico al final del capítulo.

do a Margarita de Austria, viuda del duque Alessandro I. De hecho, por Margarita de Austria el palacio fue bautizado como «palacio Madama». El otro palacio que los Medici poseían en Roma, aún hoy llamado «villa Medici», es en la actualidad la sede de la Academia de Francia. Construido por Ferdinando de' Medici en 1544, es, sin embargo, el único palacio de Roma que supera en altura a la cúpula de San Pedro, en el Vaticano, ya que los papas habían prohibido que se construyera un edificio más alto que la máxima basílica del mundo cristiano.

Parentesco entre Alessandro y Lorenzino

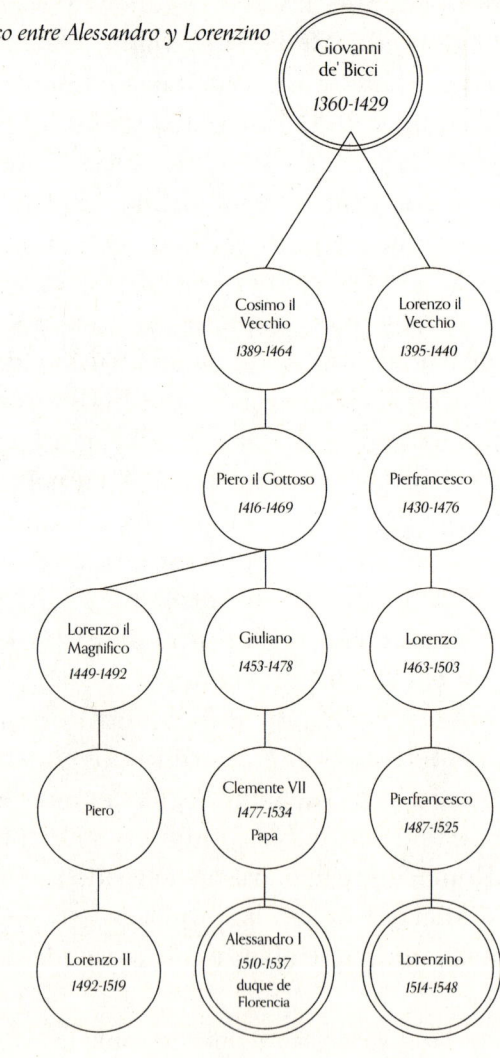

Caterina de' Medici, reina de Francia
(1519-1589)

En la milenaria historia de Francia pocas mujeres han tenido un impacto tan profundo y perceptible como Caterina de' Medici. Puede gustar más o menos, puede ser denigrada o alabada, pero Caterina no ha dejado indiferentes a quie-

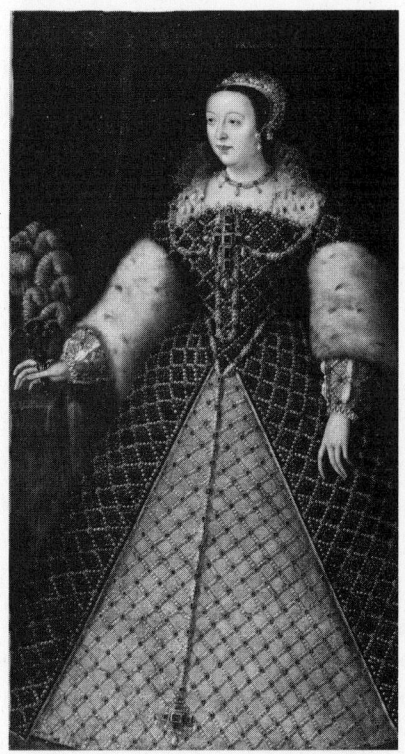

Fig. 18. *Retrato de Caterina de' Medici.*

nes se han acercado a su historia, pues fue sin duda una de las más grandes reinas de aquel país.

Seguramente, sus treinta años de reinado no fueron siempre un camino de rosas, en especial en la segunda mitad del siglo XVI, con el trono de Francia tambaleante, enemigos tras todas las puertas, facciones rivales y guerras de religión como menú cotidiano. Aun así, en la desgarrada Francia, Caterina supo mantenerse a flote, reforzando la autoridad de sus hijos destinados a reinar, llevando el timón con mano de acero en medio de una corte hostil y envidiosa, que la despreciaba y no soportaba ser gobernada por aquella a la que llamaban con desprecio «la italiana». Supo mantener en equilibrio su inestable monarquía, demostrando insospechadas dotes de gran estadista.

En tales circunstancias, hizo de la mediación un arte florentino, de modo que los franceses, siempre dispuestos a burlarse de sus gobernantes, la llamaban «la florentina» o «*madame* Serpent», interpretando así su natural inclinación a evitar chocar de frente con los innumerables problemas del reino. Fue sobre todo una mujer brillante, increíblemente abierta de mente, que introdujo innumerables novedades en la corte de Francia.

Verdadera heredera de los Medici más refinados, Caterina brillaba con luz propia, al tiempo que vadeaba hostilidades. Con su gran inteligencia, su natural curiosidad hacia todas las novedades que aún no tenían nombre, construyó numerosos palacios y castillos, protegió a literatos y artistas, coleccionó todo lo que le parecía interesante, de cuadros a libros, de mapas a cualquier objeto de arte. Físicamente, había heredado más características de la rama materna que de la paterna y era rubia, mientras los Medici eran todos de cabello oscuro. Solo los ojos, negros y grandes, recordaban a los rasgos propios de los Medici. Hablaba italiano, griego, latín y francés; y sus numerosas cartas a sus hijas, la una reina de España y la otra duquesa de Lorena, son un ejemplo fehaciente de su profunda cultura, pues además de política, sabía hablarles de poesía, de filosofía y de música, lo que la alejaba enormemente de la mediocridad de la corte que la rodeaba.

Caterina de' Medici tuvo una infancia desgraciada y una vida llena de sufrimientos, pero eso no le robó la inmensa voluntad de vivir que alimentaba. De ella nos ha llegado una imagen de profunda austeridad que no correspondía a su carácter y que debemos a su vestimenta de viuda, que no se quitó nunca, en recuerdo del único amor de su vida, su marido Enrique II, que no la correspondía y que la hizo sufrir indeciblemente, imponiéndole en público, sin pudor alguno, a su amante, Diana de Poitiers.

Caterina nació en Florencia el 13 de abril de 1519. Su padre era Lorenzo II de' Medici, duque de Urbino y nieto de il Magnifico. Su madre, Magdalena de la Tour d'Auvergne, pariente del rey de Francia.* A los pocos días de su nacimiento, ambos fallecieron, Magdalena el 28 de abril y Lorenzo el 4 de mayo, dejándola huérfana.

La madre de Caterina, Magdalena de la Tour d'Auvergne, era hija de Juana de Bourbon-Vendôme, una princesa de sangre.** Una hermana de Magdalena, Ana de la Tour d'Auvergne, se había casado con James Stuart, duque de Albany, tutor del rey de Escocia Jacobo V. Un hecho que no sería especialmente relevante si no fuera porque el duque de Albany, durante la minoría de edad de Caterina, administró a su antojo la conspicua herencia de su difunta madre. De hecho, sería necesaria la intervención del papa Clemente VII, algunos años más tarde, en concreto en 1525, para que Caterina pudiera volver a tomar posesión de sus bienes. Dado que la joven había quedado huérfana de padre y de madre, fue trasladada a Roma, al palacio de su abuela paterna, Alfonsina Orsini. Por desgracia, esta murió pocos meses después, en febrero de 1520, y Caterina fue confiada al cui-

* Véase el árbol genealógico al final del capítulo.
** Título dado en Francia a los parientes cercanos de la Casa Real.

dado de su tía, Clarice de' Medici, hermana de su padre y esposa de Filippo Strozzi. En el palacio Strozzi, Caterina vivió algunos años felices, pues fue criada como una hija por Clarice. Creció junto a los hijos de esta y durante toda la vida permaneció profundamente unida a esta familia y a sus primos Strozzi.

A los seis años, en 1525, su tío,* el papa Clemente VII, decidió trasladarla nuevamente a Florencia, al palacio Medici. Este traslado fue justificado porque, al ser Caterina la única heredera de los bienes de su padre, el papa consideraba de vital importancia que la niña estuviera presente en Toscana. A partir de entonces, Caterina pasó el tiempo entre el palacio Medici de la ciudad y la villa Medici de Poggio a Caiano. Muy pronto se le sumaron sus primitos Ippolito,** Alessandro, declarado momentáneamente su hermanastro —pues se dijo que era hijo natural de Lorenzo II, su padre, cuando en realidad, como ya hemos visto, la paternidad recaía en el propio Clemente VII—, y finalmente Lorenzino, un primo de otra rama, que algunos años más tarde, cuando se convirtió en asesino de Alessandro, desempeñaría un papel funesto. Caterina se entendió muy bien con Ippolito, que tenía ocho años más que ella, mientras que desde el principio detestó a Alessandro.

Pero la tranquilidad de Poggio iba a durar poco. En efecto, daban comienzo años terribles y, con la caída de Roma a manos de los imperiales*** y la momentánea debilidad del papa, Florencia se rebeló contra la autoridad del papa y Caterina pasó a ser considerada por los republicanos antimediceos que se apoderaron de la ciudad una valiosa rehén. La niña corría un gran peligro, pues había incluso quien, cegado por la rabia contra los Medici, había propuesto que su

* En realidad, Clemente VII (Giulio de' Medici) era primo de su abuelo, Piero.

** Hijo natural de su tío abuelo Giuliano, duque de Nemours.

*** El famoso Saco de Roma de 1527.

cuerpo fuera colgado de las murallas al alcance de los artilleros sitiadores, mientras otros proponían que fuera entregada a los mercenarios reclutados para defender la ciudad.

Entonces, su tía Clarice, consciente del gran peligro que corría la heredera legítima de los Medici, decidió esconderla provisionalmente en el convento de las dominicas de Santa Lucia alle Murate, en los márgenes de Florencia. Durante tres años seguidos, en el mayor de los secretos, y con la complicidad de otro primo, Ottaviano de' Medici,* la joven fue trasladada de convento en convento para que sus adversarios perdieran su rastro. Lamentablemente, tantos esfuerzos sirvieron de bien poco, pues mientras era devuelta al convento de le Murate en plena noche, el 20 de julio de 1530, se presentaron tres senadores, que en nombre de la República Florentina exigían que Caterina les fuera entregada.

Las monjas, asustadas por los gritos de la muchacha, que se negaba a seguir a los senadores, convencida de que la llevaban a una muerte segura, pidieron que se le concediera al menos otro día y que regresaran al día siguiente. Los senadores aceptaron y, cuando regresaron, se encontraron a Caterina vestida de monja y con el pelo corto. «No se atreverán —dijo la joven Caterina a la madre superiora— a conducirme ante los ojos del pueblo con estos hábitos, cometiendo el delito de arrancar a una monja de su convento.» Hubo una larga discusión para lograr que Caterina se cambiara de ropa; pero frente a la resistencia obstinada de la muchacha, se vieron obligados a desistir de su empeño y, finalmente, Caterina fue acompañada, vestida de monja y con una buena escolta, a otro convento, el de Santa Lucía, en la vía San Gallo. La razón de este cambio de convento era que a la Señoría le parecía que en le Murate, refugio de las grandes damas de la aristocracia florentina, Caterina hubiera podido volverse demasiado popular, provocando una corriente favorable a los Medici.

* Padre del futuro papa Leone XI.

Que una niña de once años se resistiera de tal modo a los senadores demuestra que ya entonces Caterina no era una niña corriente. Pasado el tiempo, uno de los senadores, Silvestro Aldobrandini, que contrariamente a los otros dos le había demostrado respeto y la había tratado con deferencia y cortesía, sería recompensado por ese trato dispensado a la niña: más de veinte años después, cuando él era un pobre proscrito hereje condenado a muerte por el papa y ella una poderosa reina, Caterina empleó toda su real autoridad para salvarle la vida.

Por suerte, un mes después, en agosto de 1530, la ciudad se rindió a las tropas pontificias y Caterina recuperó la libertad. Fue llevada entonces nuevamente a le Murate hasta que en 1531 el papa, quien mientras tanto había regresado a Roma, decidió que era más seguro para ella mantenerla junto a él en los palacios vaticanos. Caterina se había convertido en una importante pieza en el juego de las diplomacias europeas, y más de un candidato se había adelantado para obtener su mano. El rey de Escocia había sido propuesto por su tío postizo, el duque de Albany; el duque de Milán había sido propuesto por el emperador Carlos V, que quería alejar al papa de una alianza con los franceses; y otro tanto el duque de Mantua. Pero el papa tenía para ella otros planes.

En un primer momento, se pensó también en casarla con su primo Ippolito, de modo que se reunieran con esta boda los derechos de dos ramas de la Casa de' Medici* y se creara para ellos un principado mediceo. Mas Clemente VII, por miedo a que esto pudiera hacer sombra a Alessandro, se puso de acuerdo con el rey de Francia, Francisco I, para que Caterina se casara con Enrique, duque de Orleans, su hermano menor. La razón principal por la que el rey de Francia había propuesto la candidatura de su hermano era que Francisco I consideraba de vital importancia la alianza del

---

* Caterina como heredera de los bienes de la Casa de' Medici e Ippolito como heredero dinástico del poder.

papa para sus proyectos italianos.* Además, Caterina era también la heredera del Ducado de Urbino, que en el ínterin había sido devuelto a su antiguo propietario, y aportaba como dote cien mil escudos de oro. Por si fuera poco, Clemente VII había prometido que la Santa Sede cedería a Caterina los ducados de Parma y Plasencia, además de Módena y Reggio Emilia. A los catorce años, Caterina, alta, con el cabello rubio, unos ojos bellísimos y manos espléndidas, no era tal vez de una grandísima belleza, pero, como comentaba el embajador de Venecia, «tiene unos modales verdaderamente corteses y amables».

En vista de la inminente boda, Clemente VII la autorizó a regresar brevemente a Florencia, con sus queridas monjas de le Murate, desde donde salió hacia Niza para reunirse con el papa, que venía de Roma por mar. Finalmente, en el mes de septiembre de 1533, Caterina abandonó definitivamente Italia. Se embarcó en Porto Venere, en el golfo de La Spezia. Descansó brevemente en Niza, donde se encontró con el papa, y los dos prosiguieron el camino hacia Marsella, escoltados por una flota de sesenta embarcaciones. La suya tenía las velas color púrpura con bordados de oro, mientras que la del papa poseía un pabellón con brocados de oro. El 28 de octubre de 1533, en la catedral de Marsella, Caterina de' Medici se casó con Enrique de Orleans; la boda fue oficiada por el propio Clemente VII. Tenía apenas catorce años y no volvería a pisar nunca más su patria, pequeño peón de una política mucho más grande que ella.

Resulta curioso que, en esa boda, donde Caterina fue acompañada por todos sus parientes más cercanos, incluido Ippolito, no estuviera el duque Alessandro. Si Alessandro hubiera sido realmente su hermano, y no su primo hermano, su presencia hubiera sido indispensable. Sobre esta boda hay una anécdota[21] curiosa. Como regalo personal, Clemente VII entregó a Caterina siete perlas especialmente bellas y gran-

* La reconquista de Milán y Génova.

des, que pueden verse en la parte delantera de la corona que lleva en sus retratos. Veinticinco años más tarde, Caterina le regaló estas mismas perlas a su nuera, María Estuardo, reina de Escocia, cuando esta se casó con su primogénito, Francisco II. De hecho, en el palacio de Holyrood, en Edimburgo, hay un retrato que muestra a María con estas perlas alrededor del cuello. Y cuando la reina Isabel de Inglaterra hizo decapitar a María Estuardo, le robó también sus perlas, que pasaron a formar parte de las joyas de la Corona de Inglaterra. Reaparecieron nuevamente en 1911, cuando Jorge V las llevó en su coronación. De ese modo las perlas de Caterina de' Medici acabaron en la Corona de Inglaterra.

Camino al trono

El día de su boda comenzó para Caterina una nueva vida. El escritor francés Brantôme, que entonces vivía en la corte, la describe de este modo: «Tiene aspecto grave pero amable al mismo tiempo. Posee una expresión simpática y demuestra muy buen gusto en el vestir. Es esbelta, de tez blanca, tiene pies pequeños, unas manos bien formadas y un bellísimo timbre de voz».

Cabalgaba también con gran dominio y sentía una verdadera pasión por la caza. De hecho, fue ella quien introdujo en Francia la manera de cabalgar al estilo amazona.

Francisco I se dio cuenta enseguida de que su nueva nuera era más brillante e instruida que la mayor parte de las mujeres de su corte, y no tardó en reclamarla siempre a su lado. De este modo, Caterina entró a formar parte del círculo más íntimo del rey, *la petite bande* ('la pequeña banda'). A pesar de que esto fuera de gran ayuda para Caterina en su adaptación a su nuevo mundo, era también demasiado inteligente para no darse cuenta de que su posición despertaba los celos de la corte y de los grandes de Francia, que no aceptaban este matrimonio por considerarlo *une mesalliance* ('una mala alianza'). Así fue como Caterina adoptó un tono humilde y poco llamativo. Aunque no sirvió de nada, pues el odio creciente contra *la bourgeoise* ('la burguesa') se dejaba notar cada día con mayor intensidad.

Si Caterina tenía catorce años, su marido, Enrique de Orleans, tenía apenas dieciséis. Era un joven poco brillante, inquieto y tímido, a quien su padre en cierto modo despreciaba. Desde el principio sintió una profunda antipatía por su mujer, cuya inteligencia lo superaba con creces, poniendo de relieve aún en mayor medida su mediocridad. Había sido prisionero en España durante tres años, tras la derrota de su padre en los campos de batalla, y cuando regresó a Francia había olvidado su lengua materna. Ya en una precaria situación a causa de la creciente hostilidad de la corte y de su marido, la posición de Caterina se agravó aún más con la muerte del papa, acaecida en 1534, que la dejó sin su alta protección. Por otro lado, Clemente VII no había mantenido las promesas que hizo en el momento de la boda y no había ayudado a Francisco I a reconquistar los territorios italianos tan ambicionados, de modo que los franceses tenían un motivo más para odiar a Caterina.

Estaba sola, sin parientes ni amigos, pero con muchos enemigos. En 1535 la muerte de Ippolito, su querido Ippolito, a manos de los sicarios de Alessandro, agravó esta sensación: ahora estaba realmente sola, sin nadie a quien poder recurrir. En agosto de 1536, es decir, apenas tres años después de su matrimonio, sucedió un hecho importantísimo que trastornaría toda su existencia. Moría el delfín de Francia, el hijo primogénito de Francisco I, y Enrique, su marido, se convertía en el heredero de la Corona. Este acontecimiento desencadenó las iras de los franceses en su contra, furiosos ante la idea de que «aquella pequeña burguesa italiana» pudiera un día convertirse en su reina. Y así fue como inmediatamente, sin fundamento alguno, se divulgaron opiniones según las cuales había sido ella, la propia Caterina, quien había envenenado al delfín para que su marido pudiera ocupar su lugar y reinar un día en Francia. Tuvo pues que sufrir la humillación de una investigación, que demostró su absoluta inocencia. Lo cierto es que el delfín, ya de por sí de salud enfermiza, había bebido demasiado deprisa una gran cantidad de agua helada tras haber sudado abundantemente jugando al *jeu de paume* ('juego de palma'). No murió, pues, envenenado.

Aunque libre de cualquier acusación, quedó grabado inexorablemente en la mente de los franceses que había sido ella la verdadera causante de la muerte del delfín; esta reputación de envenenadora la seguiría durante toda la vida; el pueblo siempre ha sido un fácil acusador. Ni que decir tiene que Francisco I no dio crédito por un solo instante a estas perversas habladurías y, como para compensarla por el insulto, se mostró siempre muy atento con ella, colmándola de atenciones que irritaban aún más a los cortesanos. Mientras tanto, su marido, no contento con despreciarla y mostrarle su odio en público, se enamoró de Diana de Poitiers, una mujer veinte años mayor que él, con la cual mantuvo una relación que duró veinte años. Nada le fue ahorrado a Caterina, ni siquiera los insultos en público, pues esta mujer se permitía el lujo de humillarla en su presencia, olvidándose de que era la delfina de Francia.

Para colmo, por una extraña ironía del destino, Diana de Poitiers era pariente de Caterina de' Medici. Su abuela paterna, Jeanne de la Tour d'Auvergne, era hermana del abuelo materno de Caterina, Jean de la Tour d'Auvergne, de modo que, en la práctica, eran primas segundas. Francisco I desaprobaba la actitud de su hijo, y apreció aún en mayor medida la nobleza y la discreción con que Caterina afrontaba esta nueva adversidad. Si entre las dos mujeres una era una gran dama, no había duda alguna de que esta era Caterina. El espíritu intrigante de Diana de Poitiers era tal que, en 1542, como tras nueve años de matrimonio Caterina no tenía aún hijos, consecuencia lógica del alejamiento de su marido, osó presentarse ante el rey para proponerle que repudiase a la delfina. Informada de tamaña afrenta, Caterina se personó ante Francisco I y le hizo saber que, si las exigencias de la sucesión al trono así lo requerían, estaba dispuesta a renunciar a su marido y retirarse a un convento. El rey, que ante este gesto suyo aumentó aún más su consideración hacia Caterina, le aseguró que no permitiría jamás que fuese repudiada.

Tal vez Francisco I le dijera algo a su hijo, pues al año siguiente, en 1543, Caterina daba a luz a su primer hijo, un varón llamado Francisco, como su abuelo, y que reinaría un día como Francisco II. En los años siguientes, Caterina tuvo otros nueve hijos, tres de los cuales murieron en su tierna infancia. Además del ya citado Francisco II, otros dos de sus varones reinaron en Francia, Carlos IX y Enrique III, mientras tres de sus hijas serían reinas: Isabel al casarse con Felipe II de España, Claudia con el duque de Lorena y Margarita con el rey de Navarra, que se convertiría más tarde en Enrique IV de Francia.

Resulta interesante advertir cómo este asunto de la intervención de la favorita ante el rey es interpretado de modo diferente por distintos escritores. El francés Ivan Cloulas, por ejemplo, en su libro sobre Caterina afirma que Diana de Poitiers era en realidad muy amiga de Caterina y que empujó incluso a Enrique a sus brazos. Aunque, a decir verdad, resulta difícil creer que una favorita, la antagonista por excelencia, una mujer sin escrúpulos como ella, fuera tan generosa como para incitar a Enrique a cumplir con sus deberes conyugales, cuando un acercamiento de la pareja real podía significar su definitivo alejamiento del futuro monarca. Además, la manera abominable en que Diana trató a Caterina cuando esta llegó al trono no deja duda alguna acerca de su supuesta «amistad». Así lo demuestra también la correspondencia que Caterina mantenía con sus hijas, en la que trata a Diana de Poitiers como *la putaine* ('la puta'), añadiendo, en el párrafo siguiente, que esta palabra no debía ser pronunciada por personas de su clase.

En 1547 sucedió una nueva desgracia: murió Francisco I y Caterina perdió a su último protector, aunque con este suceso subió junto a su marido al trono de Francia. Si Caterina era, primero como duquesa de Orleans, después como delfina, víctima del prejuicio de los franceses contra ella, cuando ocupó el trono se desencadenó a su alrededor el odio más extremado que imaginarse pueda. A lo que hay que sumar que con la llegada de Enrique II al trono comenzó el triunfo vergonzoso de la favorita; ella tenía cuarenta y ocho años, mientras que Enrique II contaba solo veintinueve. Para Caterina comenzaron doce años de tormento, que solo acabaron a la muerte del rey.

Diana de Poitiers fue inmediatamente nombrada duquesa del Valentinois y sobre ella recayeron todos los beneficios posibles, incluso los impuestos especiales que se cobraban cuando subía al trono un nuevo rey. De modo que sus rentas pasaron a ser, y con mucho, superiores a las de la propia reina. Diana se hizo construir espléndidos castillos, como si fuera ella la soberana, e indujo a Enrique II a sustituir a todos los ministros del difunto Francisco I por hombres de su confianza. En aquellos años Caterina aprendió a fingir y a poner al mal tiempo buena cara, disimulando las increíbles humillaciones que le eran infligidas con saña; no quería, bajo ningún concepto, dar pretextos a su rival para crear una situación en la que ella, la reina, saldría perdiendo. Así, cuando nacía cada uno de los hijos de Caterina, Diana se arrogaba el derecho a tomar todas las decisiones que afectaban al recién nacido, sin que su madre pudiera intervenir mínimamente. A propósito de los hijos, es curioso advertir cómo, más tarde, cuando Caterina obtuvo el derecho a ocuparse personalmente de la educación de sus hijas, Isabel, Claudia y Margarita, mientras los hijos varones eran confiados a gobernadores nombrados por el rey, las niñas desarrollaron un intelecto brillante, fruto de la severa pero refinada educación que la madre les había impartido, mientras los varones permanecieron sumidos en la ignorancia y poco interesados en los asuntos del espíritu, rasgos que habían heredado de su padre, que de ingenio tenía bien poco. Es admirable comprobar como todos sus hijos, a pesar del desprecio que se demostraba a diario a la reina, y del cual no podían ciertamente no estar al corriente, todos, tanto varones como mujeres, manifestaron durante toda su vida un profundo respeto y una gran admiración por su madre y todos se sintieron igualmente orgullosos de ella.

En cuanto a Diana de Poitiers, no escatimó esfuerzos en su larga carrera difamatoria. Por ejemplo, a la pequeña reina de Escocia María Estuardo, criada en la corte de Francia porque estaba destinada a casarse con el delfín, Francisco, Diana le decía que Caterina era hija de tenderos, de farmacéuticos enriquecidos, y que por eso su blasón contenía roeles, que simbolizaban las píldoras que estos fabricaban. Lamentablemente, este tipo de difamación estuvo arraigada durante muchos siglos, de modo que aún hoy hay en Francia gente que lo cree.

Es evidente que el comportamiento del rey con la reina no ayudaba a la corte a ser clemente con ella; de manera que los cortesanos que la despreciaban se permitían en su presencia un comportamiento arrogante absolutamente inaudito. Por ello, la respuesta de Caterina fue más que admirable. Se resignó en silencio a esta insoportable situación en parte porque, al fin y al cabo, amaba a su marido, pero también porque no le quedaba otro remedio. ¿Dónde hubiera podido ir? ¿Regresar a Florencia? Imposible. Su primo Cosimo, que ella tanto odiaba, se había instalado en el poder.

¿Marcharse a otro país? No hay nada más triste que una reina repudiada que vaga de país en país, como le sucedió más tarde a otra reina de Francia, su prima Maria de' Medici. Ella no tenía otra opción que tragar y esperar. Un día, y de esto estaba convencida, llegaría su momento; ese día podría desquitarse.

Mientras tanto, estaba destinada a ir de mal en peor. Cuando en 1552, Enrique II se empeñó personalmente en conducir a sus ejércitos contra Alemania, se dejó convencer por la favorita de no dejar la regencia a Caterina, como era costumbre en esos casos. Y por difícil que parezca, en aquella ocasión Caterina demostró un dominio de sí misma y una magnanimidad increíble. Cuando leyó el decreto que la excluía de la regencia, la reina sonrió y se limitó a decir:

Aunque no complazca al rey conferir a la reina esta autoridad que su majestad Francisco I había otorgado a su madre Luisa en similares circunstancias y, aunque si hubiera querido conferírsela, podría asegurarle a su majestad que hubiera hecho buen uso de ella, no tengo intención de pedirle que repare la ofensa hecha a la reina, sino solo que el decreto no sea publicado, por miedo a que esto no rebaje la reputación de la monarquía entre el pueblo, y demuestre la gran ofensa que le hace el rey a la reina frente al pueblo, disminuyendo la estima y aumentando el desprecio que todos en esta corte sienten por ella.

Los presentes se quedaron estupefactos al ver con qué dignidad Caterina recibía aquel insulto.

Es pues evidente que la situación de la reina de Francia no era precisamente fácil. Ni siquiera es necesario hacer un gran esfuerzo para entender que la versión dada por ciertos escritores franceses, como he citado anteriormente, que retrata a una Diana de Poitiers «amiga» de la reina, es tendenciosa y falsa; como si se quisiera justificar, aunque a distancia de siglos, que, al fin y al cabo, la «puta del rey» era también una gran señora. No lo era: era tan solo una mujer con una ambición desenfrenada, capaz de cualquier golpe bajo para herir a su rival.

Por dura que fuera, esta situación formó el carácter de Caterina. Obligada a medir cada una de sus palabras, consciente del alto riesgo que podría acarrearle un conflicto abierto con la favorita, en una corte donde no tenía amigos ni defensores, Caterina aprendió. Acumuló las humillaciones, pero evitó escenas histéricas y de celos. Sabía demasiado bien que su marido, del cual estaba por desgracia enamorada, no dudaría, si tuviera que elegir entre ella y la favorita, en beneficiar a esta última. Afortunadamente, tuvo pequeños desquites; como cuando, tras la desastrosa batalla de San Quintín, en 1557, donde los ejércitos franceses fueron aniquilados y París ya se veía asediada, Caterina, por iniciativa propia, estando el rey ausente, se presentó en el Parlamento y levantó el ánimo de los parlamentarios más pesimistas, instigándoles a proseguir la lucha y convenciéndoles para votar subsidios generosos para la defensa del reino. Fue una de las pocas ocasiones en que el Parlamento al completo se puso en pie para gratificarla con un espontáneo aplauso, reconociendo finalmente en ella aquellas dotes de valor y de buen juicio de las que tan solo están dotadas las grandes reinas en los momentos más adversos y difíciles.

> La asamblea se cerró entre grandes aplausos dirigidos a su majestad, y entre signos vivísimos de aprobación por su conducta, como es imposible describir con palabras. En toda la ciudad no se habló de otra cosa que de la prudencia de la reina y de la manera acertada en la que actuó en aquella circunstancia.

Eso escribía el embajador de Venecia, Giacomo Soranzo, en sus despachos al dux.[22] Esta demostración de sus capacidades sorprendió al pueblo parisino, acostumbrado a denigrarla y a burlarse de ella. Incluso su marido quedó impresionado. Aun así, no cambiaría sustancialmente su situación en la corte, aunque desde ese momento Enrique II la trató con menos indiferencia. Lamentablemente, o por suerte, al rey le quedaba poco tiempo de vida.

GUERRAS DE RELIGIÓN

En junio de 1559, con motivo de las fiestas celebradas por la boda de su hija Isabel con Felipe II de España, Enrique II decidió participar en uno de los numerosos torneos organizados para la ocasión. Caterina le había rogado que desistiera de sus intenciones. La reina de Francia había sido siempre una apasionada de la astrología, hasta el punto de no hacer frente a un acontecimiento importante sin consultar a sus astrólogos, y uno de ellos le había predicho que Enrique II moriría a los cuarenta años. Desde ese momento Caterina temía siempre por él; pero este, que acaba de cumplir cuarenta y dos años y que para la ocasión vestía los colores de su favorita, el blanco y el negro, hizo oídos sordos a las súplicas de su mujer y se lanzó apasionadamente contra su retador, el capitán de su guardia, Montmorency.

El choque fue brutal. La lanza de Montmorency levantó el yelmo del rey y se clavó en su ojo. Enrique resultó gravemente herido y se supo de inmediato que el rey no iba a sobrevivir a esta herida. Efectivamente, falleció diez días después, el 10 de julio de 1559, tras una atroz agonía. Caterina era viuda, pero por encima de todo se convertía en la reina madre. Su desesperación por la pérdida de aquel marido, que no la había amado nunca y que ella veneraba apasionadamente, fue inmensa. De entonces en adelante, durante toda su vida, salvo en dos ocasiones excepcionales, las bodas de sus hijos Carlos IX y Enrique III, Caterina vistió siempre de negro. Subió al trono Francisco II, su hijo, un quinceañero timorato y enfermizo que se había casado el año anterior con María Estuardo. Pero Francisco II no se sentía con fuerzas para asumir el poder y lo dejó en manos de su madre. Finalmente, Caterina reinaba.

Lo primero que hizo esta, como no podía ser de otro modo, fue ordenar el alejamiento de la corte de Diana de Poitiers. La obligó también a devolver las joyas de la Corona que Enrique II le había imprudentemente regalado, así como a venderle el castillo de Chenonceau, que ella hubiera podido arrebatarle, pero que prefirió comprar. En la corte, todos se sorprendieron de su magnanimidad. Incluso Diana de Poitiers se esperaba la peor de las venganzas, una venganza que no llegó nunca. Caterina quería ser prudente; no deseaba dar al mundo la imagen de un comienzo de reinado marcado por venganzas y ajustes de cuentas. Tenía también que desmontar todo el aparato político del Estado, donde durante los doce años del reinado de Enrique II, Diana de Poitiers había infiltrado a sus hombres, amigos, parientes y fieles.

Asimismo, la situación internacional era en aquellas fechas muy compleja. Exponerla significaría entrar en detalle en la historia de Francia de aquellos tiempos, cosa que no es el objeto de este libro. Baste tan solo recordar las palabras de Imbert de Saint-Amand, quien escribió en su libro *Las mujeres de la corte de los Valois*: «Jamás un peso tan opresivo había descansado en los hombros de una mujer. La fuerza de ánimo de una Blanca de Castilla no hubiera sido suficiente para luchar contra las tempestades que estaban a punto de desencadenarse en Francia».

Si hasta entonces Caterina había estado ocupada con las luchas internas de la corte, ahora tenía que afrontar otros problemas muy distintos.

Francia estaba solo en los albores de una larga guerra fratricida entre católicos y protestantes.* La reina madre se abstuvo de tomar partido por una u otra facción, aunque era profundamente católica y contraria a la nueva religión, pues intuía perfectamente que eso hubiera significado un gravísimo peligro para el trono de sus hijos. Trató pues desde el principio de permanecer por encima de las partes, en la medida en que fuera posible, repartiendo con equidad los cargos del Estado entre católicos y protestantes; incluso sus damas de honor estaban divididas en porcentajes iguales. Pero era evidente que con esta política Caterina no contentaba a nadie y disgustaba a todos, ya que cada uno de los dos partidos se sentía agraviado. Le fue pues reprochada su moderación y algunos la acusaban desdeñosos «de tener siempre a mano la rama de olivo».[23]

---

* Llamados «hugonotes» en Francia.

Por otro lado, su afición a la astrología hizo germinar una larga serie de difamaciones sobre ella que han llegado hasta nuestros días. De hecho, aunque parezca mentira, para muchos franceses Caterina de' Medici sigue siendo la envenenadora por excelencia, olvidándose de que a ella le interesaban todas las ciencias, incluso las matemáticas y la mecánica; y fue también una de las primeras en querer imponer los asuntos de higiene, casi desconocidos en la época. El atractivo de su persona se reforzó con la edad. Brantôme[24] recuerda que «era majestuosa y estaba llena de encanto», y que «como reina de Francia, se mostraba regia y brillante, hasta el punto de que ninguna otra podía igualarla». En realidad, el poder de Caterina aún no era enorme. Su hijo, el débil Francisco II, se dejaba fácilmente convencer por los poderosos duques de Guisa, tíos de su mujer, María Estuardo, concediéndoles prerrogativas inauditas. Lo cierto es que al duque de Guisa le dio autoridad sobre las cuestiones militares, mientras que al hermano de este, el cardenal de Lorena, se la dio sobre las cuestiones civiles.

En los primeros días de su reinado, Francisco II había promulgado un decreto que concedía autoridad a su madre, recomendando que se le obedeciera; pero de hecho los Guisa se introdujeron tan sigilosamente en el poder que anularon a efectos prácticos este decreto; la ambición de estos era tal que ya pensaban en sustituir a la dinastía reinante de los Valois. La política llevada a cabo por los Guisa fue de total intolerancia por lo que respecta a la nueva religión, el protestantismo, golpeando duramente a los hugonotes, que fueron víctimas de crueles persecuciones. En consecuencia, los protestantes, que conocían bien el espíritu tolerante de Caterina de' Medici, se dirigieron a la reina madre para pedirle ayuda. Pero Caterina tenía las manos atadas y bien poco poder, por lo que tan solo consiguió que el duque de Guisa suspendiera las persecuciones; como el duque no mantuvo su promesa, los hugonotes acusaron a la reina madre de jugar a dos bandas.

Con la intención de mantener a esta poderosa familia del lado de la familia real, en enero de 1559, los soberanos franceses habían concedido a Carlos III, duque de Lorena, la mano de su segundogénita, Claudia de Francia. Asimismo, la hija de este matrimonio, Cristina, se convirtió en gran duquesa de Toscana cuando se casó con Ferdinando I de' Medici, y Caterina, como parte de la dote, le cedió todos los derechos sobre sus bienes personales en Toscana. Doscientos años más tarde el duque Francisco de Lorena, descendiente de Carlos III y Claudia, se casó con María Teresa de Austria y apoyó sus derechos a la sucesión del gran ducado sobre este lejano parentesco suyo con los Medici.

Como ya hemos visto, en junio de 1559 Caterina y Enrique II habían casado a su hija Isabel con el rey de España, Felipe II. Aunque en el momento de la boda Isabel tenía solo catorce años y su esposo, que ya había enviudado dos veces, treinta y dos, el suyo fue un matrimonio feliz. De ahí que un año más tarde Isabel escribiera a su madre: «Soy la mujer más feliz del mundo». Caterina deseaba también casar a su hija pequeña, Margarita, con el príncipe de Asturias, don Carlos, hijo y heredero de Felipe II. Pero por suerte, visto el triste final de este príncipe, la boda no llegó a buen puerto. En el mismo periodo, hubo una solicitud por parte de Portugal para casar a Margarita con el pequeño rey Sebastián de Portugal, que tenía seis años. Pero la preferencia por una boda española hizo desestimar esta propuesta.

Francisco II, que había sido desde siempre algo enfermizo, empezó en noviembre de 1560 a supurar por el oído derecho y también por la boca. El 4 de diciembre, por la noche, cenó poco y se acostó; ya no se despertaría. Murió la madrugada del 5 de diciembre de 1560, sin haber recuperado la consciencia. Había reinado apenas diecisiete meses y hubiera cumplido los diecisiete años el 19 de enero de 1561. Le sucedía en el trono su hermano menor, Carlos IX, un niño de diez años. Caterina asumía con pleno derecho la regencia del reino, aunque, para no irritar a sus enemigos, no tomó este título oficialmente y se hizo llamar tan solo «gobernadora de Francia». A la joven reina María Estuardo, viuda de Francisco II, por la que Caterina sentía antipatía a causa de su soberbia respecto a ella, se le rogó que regresara lo antes posible a su lejano Reino de Escocia. En el ínterin, durante lo que duró el corto reinado de Francisco II, los Guisa habían reprimido duramente el protestantismo, procediendo a la ejecución de todos los grandes personajes sospechosos de ser simpatizantes y efectuando auténticas matanzas. Incluso la reina madre fue acusada de favorecer su desarrollo, aunque en realidad tan solo trató de mediar y evitar una guerra fratricida por motivos religiosos. Para intimidar a la corte y demostrar su poder, los Guisa obligaron a todos sus miembros, estando presentes el rey, la reina y la reina madre, a presenciar las ejecuciones capitales; en un solo día cincuenta y siete protestantes fueron decapitados en público. Esa infame conducta se le reprochó a Caterina acto seguido, siempre con el propósito de desacreditarla, mientras todos los documentos históricos y el propio testimonio de personajes como la reina de Navarra, Juana de Albret, madre del futuro Enrique IV, muestran que Caterina trató siempre de salvar todas las vidas que le fue posible, y ello a pesar de la poca autoridad de la que disponía.

Ahora que finalmente Caterina podía ejercer el poder absoluto en nombre de su hijo Carlos IX, ordenó la inmediata liberación de todos los prisioneros por motivos religiosos, entre ellos dos acérrimos enemigos de los Guisa, el príncipe de Condé y el rey de Navarra, Antonio de Borbón, que eran también inmediatos sucesores a la Corona de Francia tras los hijos de Caterina. Acto seguido escribió al papa para pedirle que permitiera tomar la comunión también a aquellos que no practicaban la religión católica y que estos fueran autorizados a seguir la misa en francés, como reclamaban. Esta clarividencia incitó a los católicos contra ella aún más, pues vieron en su actitud la confirmación de sus inclinaciones hacia el protestantismo, cosa por lo demás del todo falsa, pues ella, que era pariente cercana de dos papas, nunca hubiera soñado un cambio similar. Pero, aunque la cuestión religiosa y las guerras que siguieron después ocuparon todo el «reinado» de Caterina, dejaré de lado esta cuestión, que daría para varios libros.

Hubo tan solo una paz provisional cuando el duque Francisco de Guisa fue asesinado por un fanático protestante. Habiendo promulgado un edicto en el cual se autorizaba la práctica de las dos religiones en Francia, Caterina emprendió con su hijo Carlos IX un largo viaje por toda Francia que duró dos años, con la doble intención de mostrarle su país y mantener a la corte lejos de París, siempre dispuesta a feroces intrigas. Durante este viaje se encontró en Bayona con la reina de España, su hija Isabel, a quien no veía desde hacía años. En aquel encuentro, Isabel iba acompañada por el duque de Alba, que tenía órdenes secretas de Felipe II de convencer a la reina Caterina para que excluyera a todos los protestantes de los cargos públicos, prohibiera los rituales protestantes y exiliara a todos los clérigos de dicha religión. Pero Caterina no se dejó convencer por su yerno, lo que hizo que el duque de Alba, más tarde tristemente famoso por su conducta en los Países Bajos, escribiera en una carta a Felipe II: «He encontrado a la reina madre más que fría por lo que respecta a la santa religión».

Felipe II, con la excusa de las guerras de religión, y en nombre de la defensa del catolicismo a ultranza, trataba de aumentar su poder y su influencia en Francia; pero Caterina era demasiado inteligente para no entenderlo y dejarse engañar. Y por su parte, Felipe II, al igual que su enviado, el sanguinario duque de Alba, que no dudó en hacer asesinar cruelmente a más de veinte mil herejes en los Países Bajos, no podía entender la apertura mental de Caterina de' Medici, pues el humanismo de la corte medicea había llegado a Florencia un siglo antes del llamado «Siglo de Oro español». Baste pensar que los protagonistas de este Siglo de Oro nacieron todos a partir de la segunda mitad del siglo XVI, exceptuando a Cervantes, nacido un poco antes, en 1547: Lope de Vega nació en 1562, Calderón en 1600 y Velázquez en 1590. El rey de España no podía pues rivalizar con ella y mucho menos entender la liberalidad de espíritu de la heredera de los Medici. Además, siendo pariente tan cercana de dos papas, conocía demasiado bien el funcionamiento de la curia romana como para dejarse influir por esta, aunque su catolicismo permaneció siempre incólume.

UNA ESTRELLA TENAZ

Ni siquiera los franceses podían entenderla, envueltos como estaban en sus luchas de partidos y en sus enfrentamientos religiosos, mientras solo ella trataba de mantener la cabeza fría con un innato sentido de Estado. Baste pensar que los protestantes pedían ayuda a los alemanes, mientras el partido católico estaba dispuesto a aceptar una invasión española para socorrerlos. Mientras tanto, Caterina, incansable, hizo promulgar varios decretos para invitar a defenderse a los pueblos tratados injustamente por la policía real, decretos que aún hoy están presentes en el código penal francés.[25] Se preocupó también de la construcción de varias residencias reales, entre las que se encontraba el Louvre, que Francisco I había empezado a reconstruir y que ella terminó, por lo que fue la primera en vivir allí. Hizo también levantar un importante palacio para uso propio junto al Louvre, el bellísimo palacio de las Tullerías, destruido totalmente por un incendio en 1871. Para comunicar los dos palacios, mandó edificar una galería, que Cosimo I de Toscana imitó cuando construyó el famoso pasadizo que une el palacio Pitti con el palacio de la Signoria en Florencia y que pasa por encima del ponte Vecchio. Amplió y embelleció los castillos de Saint Germain y de Chenonceau, dos de las muchas residencias reales.

Tampoco perdió la costumbre familiar de atesorar obras de arte. A un enviado suyo en Roma le encargó comprar una estatua de Adonis y le escribió constantemente para estar informada del desarrollo de las negociaciones. De hecho, le escribía minuciosas instrucciones como esta: «No hace falta que reveles que la compra es para la reina de Francia, pues a los príncipes siempre se les roba. Dado que me han contado que el vendedor quiere sacar algún provecho, recuerda que no debe saber que los interesados somos nosotros».[26]

De lo que se deduce que la reina de Francia estaba también muy pendiente de las cuentas. Pero mientras tanto, no faltaban los problemas. Se preparaba una nueva guerra de religión y además Caterina se empeñó en liberar el territorio francés de los vestigios de la presencia inglesa, cosa que logró. El embajador veneciano Correr escribió, refiriéndose a las enormes dificultades que Caterina encontraba cotidianamente: «A ella sola se debe que aquí se encuentren aún los vestigios de la majestad real. Si la reina madre decidiera abandonar su política conciliadora, sería una verdadera calamidad para este reino».

Pero lo peor estaba aún por venir y se avecinaban tempestades. Un ejército alemán había entrado en Francia para apoyar a los protestantes, mientras un ejército español apoyaba a los católicos. Los protestantes, secundados por los ejércitos alemanes, cometieron actos de indescriptible violencia y crueldad. Además de destruir y humillar todo lo que podía tener apariencia de católico, profanaron las tumbas reales y quemaron los huesos de san Luis, el rey Luis IX de Francia,* así como el corazón de Francisco I. Caterina escribió entonces: «No creo que nadie en el mundo pueda sufrir tanto con estas atrocidades cometidas por las tropas extranjeras como yo, que estoy muriendo en vida». Finalmente, logró que se firmara la paz entre ambos ejércitos, descontentando nuevamente a todos, pero teniendo como prioridad lo que a ella le importaba: la integridad del territorio

* Como puede verse en el árbol genealógico del final del capítulo, antepasado de la propia Caterina.

francés. Era hora también de preocuparse por las cuestiones familiares. Había decidido entregar a su hijo Carlos IX como esposa a la dulce Isabel de Austria, hija del emperador Maximiliano II, y la boda se concertó en noviembre de 1570. Por otro lado, pensando en Enrique, su segundogénito y futuro Enrique III, se iniciaron negociaciones con la reina Isabel I de Inglaterra; pero como estas no parecían llegar a buen término, tres años después se decidió abandonarlas. Las dificultades se debían sobre todo a la oposición del papa, que temía que la influencia protestante fuera determinante en Francia con una esposa tan profundamente anglicana para un príncipe francés y católico. A pesar de la oposición papal a otra nueva boda por los mismos motivos religiosos, Caterina lo pasó por alto y concertó el matrimonio de su última hija, Margarita, con Enrique de Navarra; el motivo era esencialmente político, pues Enrique era protestante mientras Margarita era una princesa católica.

Como ya hemos referido, los problemas que debía afrontar en el gobierno del país para mantener a la monarquía por encima de las partes eran de por sí inmensos, pero a ellos debía añadirse un problema más, inesperado: sus propios hijos, pues Carlos IX, celosísimo de sus prerrogativas reales, odiaba a su hermano Enrique, duque de Anjou y favorito de la madre. Carlos IX era un joven de muy buen aspecto, pero físicamente débil. Sufría en concreto de insuficiencia pulmonar, enfermedad que lo llevaría pronto a la tumba. Y además no le gustaban los estudios que le imponía su madre.

Caterina, refinada y curiosa, quería que sus hijos recibieran una educación especialmente severa y amplia. En consecuencia, el joven rey se sometió a regañadientes a la voluntad de la reina madre, pues prefería la guerra y los juegos violentos, como el ejercicio de las armas o la equitación, actividades muy poco adecuadas a su débil constitución. Había heredado el temperamento violento de su padre, no la indolente paciencia de su madre.[27] Pero a medida que la tuberculosis que padecía avanzaba, su carácter se modificaba hasta volverse violento; en los últimos años de su breve reinado le sobrevinieron auténticas crisis de locura. Esto no era óbice para que quisiera y respetara profundamente a su madre, a quien no perdía ocasión de rendir homenaje:

> Después de Dios, la reina, mi madre, es la persona a la que más debo; su ternura hacia mí y hacia mi pueblo, su aplicación, su celo, su prudencia, han guiado muy bien los asuntos de este Estado en una época en que mi edad no me permitía dedicarme a ellos, impidiendo que las tempestades de las guerras civiles afectaran mi reinado.

En realidad, todos sus hijos le rindieron homenaje, pero eso no impediría que se enfrentaran uno contra el otro, en ocasiones debido a la intervención de terceros. Por poner un ejemplo, en una carta interceptada por los espías de la reina madre, el intrigante cuñado del joven rey de Francia, Felipe II de España, intentó sublevar al hijo contra su madre, decididamente demasiado inteligente para sus planes. Caterina tenía, pues, enemigos por todas partes, tanto dentro como fuera del reino, y no podía fiarse ni siquiera de su propia familia. Por otro lado, Caterina nunca había confiado demasiado en los españoles, a quienes consideraba un pueblo de soldados, de exploradores, de torturadores de indios, de ladrones de tesoros y de furiosos inquisidores siempre dispuestos a levantar piras. Estaban, en su opinión, demasiado alejados del refinamiento de esta florentina convertida en reina de Francia.[28] De ahí que prohibiera el paso de las tropas españolas por suelo francés con objeto de reprimir las revueltas que tenían lugar en los Países Bajos, lo que las obligaba a realizar un largo rodeo por mar o por tierra.

El 30 de mayo de 1574 murió Carlos IX tras una lenta agonía. Como del matrimonio con Isabel de Austria había tenido solo una hija, que murió a los cinco años, la sucesión recayó en su hermano Enrique, entonces duque de Anjou, que ocho meses antes había sido elegido rey de Polonia. Lo cierto es que el nombramiento de Enrique como rey de Polonia, que tuvo lugar el 9 de mayo de 1573, fue solo el coronamiento de una política personal de Caterina, que veía así satisfechos sus deseos como madre y como reina. Con Polonia en su poder y los turcos como aliados, Caterina esperaba que Austria entrara en la órbita francesa. No en vano el primer paso ya se había dado con la boda de Carlos IX e Isabel de Austria.

A su último hijo, el duque de Alenzón, Caterina quería darle por esposa nada menos que la reina Isabel de Inglaterra; pero el duque de Alenzón no quiso saber nada del asunto a causa de la edad de la reina, que tenía veintiún años más que él. En realidad, tampoco Enrique quería de ningún modo convertirse en rey de Polonia y si lo hizo fue obligado, no solo por los planes políticos de su madre, sino sobre todo por su hermano Carlos IX, que veía una manera de desembarazarse definitivamente de él. Así pues, cuando Enrique supo que se había convertido en rey de Francia a consecuencia de la muerte repentina de su hermano, abandonó en plena noche Cracovia, entre el 18 y el 19 de junio de 1574, sin molestarse siquiera en saludar a sus ministros, para acudir con presteza a París, donde iba a ser coronado con el nombre de Enrique III. En realidad, la suya fue una carrera bastante agradable, ya que empleó casi tres meses en llegar a Francia, atravesando Austria, Venecia y Saboya, donde se organizaban espléndidas fiestas para recibir al nuevo rey de Francia. El regreso del hijo por el cual Caterina no supo nunca ocultar sus preferencias, la llenó de alegría; pero a pesar de ello, Enrique III sorprendió a todos, incluida su madre, por su frivolidad. Enormemente extravagante, este rey mostró enseguida su naturaleza dejando la totalidad del poder en manos de su madre. Era muy celoso de sus prerrogativas aunque dejara la fatiga del poder en otras manos e intervenía solo guiado por algún capricho. Por su parte, Caterina empezaba a envejecer. Había engordado y estaba muy cambiada físicamente. Se diría que había perdido aquel gusto por la elegancia que los franceses tanto habían admirado a su llegada a Francia. Sin embargo, seguía montando a caballo, tirando con arco y bailando, y continuaba trabajando incansablemente. Escribía hasta veinte largas cartas en una tarde y cuando viajaba, leía en la incómoda y bamboleante carroza toda su correspondencia.

Conservaba aún su alegría característica, y continuaba manifestándose ingeniosa y propensa a reírse de sí misma. Así, cuando le informaron de que sus enemigos habían dado a su cañón de más tamaño, que trasladaban con esfuerzo, el nombre de «la reina madre», se rio de buena gana. Solo se entristecía cuando advertía la frivolidad del rey, su hijo, y lo poco recomendables que eran sus amistades. Indomable, afrontó nuevamente las fatigas de un largo viaje de tres años a través de Francia para apaciguar en persona a unos revoltosos. El reúma le hacía sufrir, pero no se quejaba, firme en su determinación de continuar por el bien de Francia. En estos términos escribía a su amiga la duquesa de Uzès: «He terminado mi trabajo aquí y, en mi modesta opinión, he dado una lección a muchos, pues he logrado lo que parecía imposible».

En junio de 1584, murió su cuarto hijo, el duque de Alenzón. Y dado que con él desaparecía el heredero porque Enrique III no tenía hijos, la Corona recayó en su yerno Enrique, rey de Navarra y marido de su hija Margarita; fue el futuro Enrique IV. En 1585 dio comienzo la octava guerra de religión. Caterina tenía sesenta años y el cansancio le pesaba. A pesar de todo, emprendió de nuevo viaje y se trasladó a la Champaña para convencer a los jefes católicos de que no entraran en guerra.

En 1587, mientras estaba aún de viaje por el país, le llegó la noticia de que Isabel de Inglaterra había hecho decapitar a María Estuardo,* la niña que ella había criado junto a sus propios hijos.

* Decapitada el 18 de febrero de 1587.

Caterina, más supersticiosa que nunca, siempre se había negado a regresar al castillo de Saint-Germain, pues un astrólogo le había anunciado que moriría cerca de Saint-Germain. El destino iba a hacerle una jugarreta. Ya muy enferma, cuando advirtió que el final se acercaba, llamó a su confesor; pero como este estaba ausente, ocupó su lugar un joven capellán. «¿Cómo te llamas?», le preguntó la reina.

«Julien de Saint-Germain, majestad.» «Ah, estoy muerta», exclamó la reina. Entró en coma y expiró a la una y media de la tarde. Era el 5 de enero de 1589. Tres meses después hubiera cumplido setenta años. Había sido reina de Francia durante cuarenta y dos años y había gobernado con mano de acero durante treinta años. La misma mañana de aquel jueves 5 de enero, Caterina había redactado su testamento, un documento larguísimo, donde se especificaban los menores detalles y reflejaba su lucidez de espíritu.

En su testamento dejaba todos sus bienes a su nieta Cristina de Lorena, que se casó posteriormente con Ferdinando I de' Medici, gran duque de Toscana, aparte del castillo de Chenonceau, que regaló a la reina Luisa, esposa de Enrique III; además de regalos a todos aquellos que la habían servido fielmente: sus sirvientes, los oficiales, algunas damas, los capellanes... Baste recordar que en el momento de su muerte la reina madre tenía a su servicio a 112 damas de honor, 76 caballeros, 58 consejeros, 108 secretarios, 51 capellanes, 23 médicos y 50 doncellas; sin contar el personal de palacio, los cocineros y algunos otros. En total más de quinientas personas.

A Carlos de Valois, hijo natural de Carlos IX, le dejó todos los bienes heredados de su madre, Magdalena de la Tour d'Auvergne. El resto de cuanto no se ha mencionado se lo dejó a su hijo el rey, excluyendo del testamento a su hija Margarita y a su marido Enrique de Navarra. Ordenó ser enterrada en Saint-Denis, panteón de los reyes de Francia, junto a su marido, Enrique II. Pero sus deseos no pudieron cumplirse, pues en el momento de su muerte se encontraba en el castillo de Blois, ya que Saint-Denis estaba en manos de algunos rebeldes. Enrique de Navarra, que había subido al trono como Enrique IV a la muerte de Enrique III, para vengarse de que lo hubiera excluido del testamento, esperó otros veintiún años antes de trasladar su cuerpo a Saint-Denis, lo que sucedió en 1610. Seis meses después de su muerte, su hijo Enrique III fue asesinado por un monje fanático, Jacques Clément, con lo que se extinguió trágicamente la descendencia de Caterina de' Medici y la rama primogénita del linaje. Varios siglos después, esta mujer, que tanto había luchado por la paz de Francia, por su ampliación territorial, hasta el punto de hacerle alcanzar casi los límites actuales, que había introducido en el país el perfume, las patatas y el chocolate, madre de tres de sus reyes, de la reina de España y de la duquesa de Lorena,* será recordada por los franceses que perpetúan la maledicencia como una envenenadora responsable de las peores infamias.

De poco ha servido que en estos últimos años el estudio de su personalidad y de su correspondencia haya demostrado claramente hasta qué punto esta reputación fue tan solo el fruto del profundo prejuicio que la había acompañado desde su llegada a su nuevo país de adopción; una muestra palpable de que no hay quien borre una mala reputación. Baste pensar que hasta hace poco tiempo se mostraba una ventana del Louvre desde donde se decía que Carlos IX disparaba personalmente contra los protestantes. Afortunadamente, alguien advirtió que aquella ventana no existía en aquella época, ya que dicha ala del palacio había sido construida más de treinta años después de los hechos.

Caterina de' Medici había visto antes morir a toda su familia en Italia, después a su marido y posteriormente a los hijos que le sucedieron en el trono, Francisco II y Carlos IX, así como al duque de Alenzón. Murió preocupada por el futuro de su preferido, Enrique III, pues sabía que no

---

* Recordemos que Lorena era un Estado independiente.

Ascendencia francesa de Caterina de' Medici

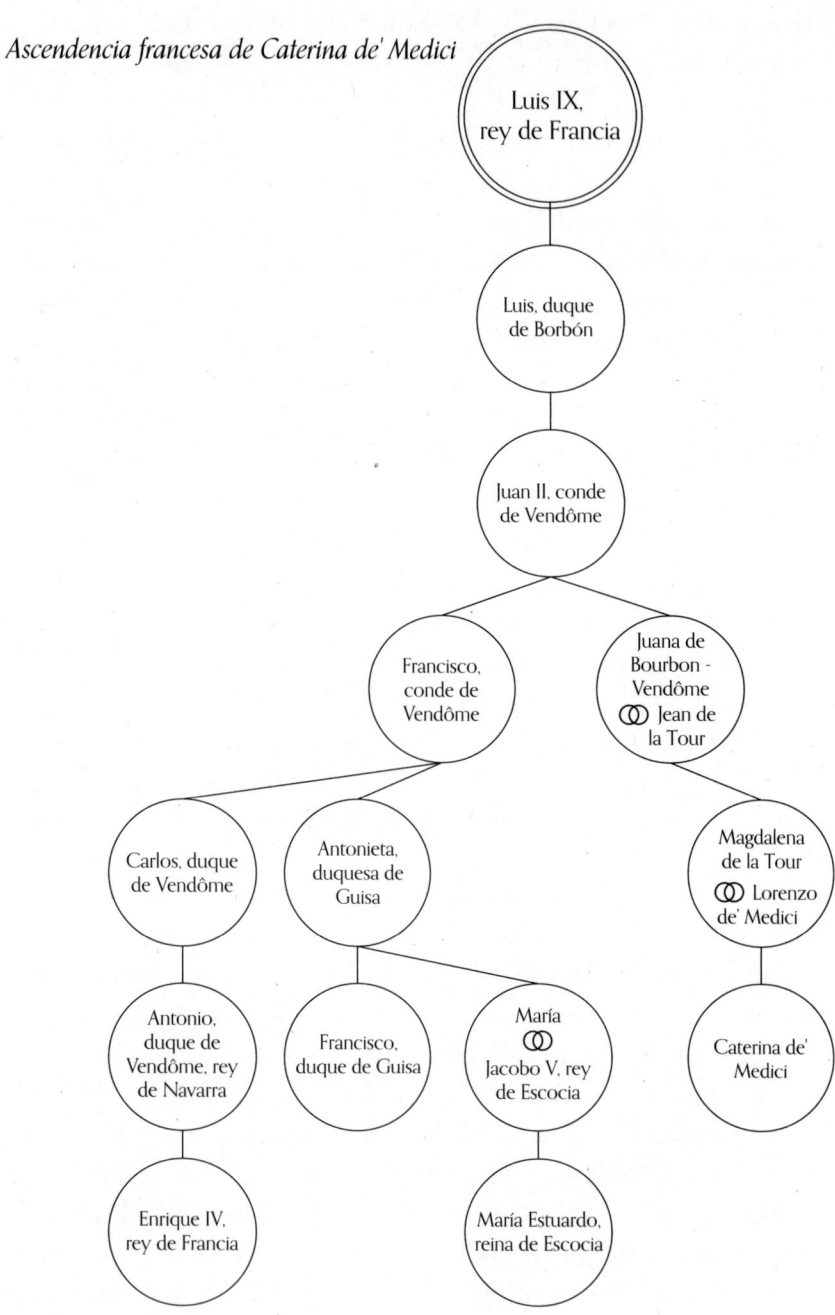

Ascendencia italiana de Caterina de' Medici

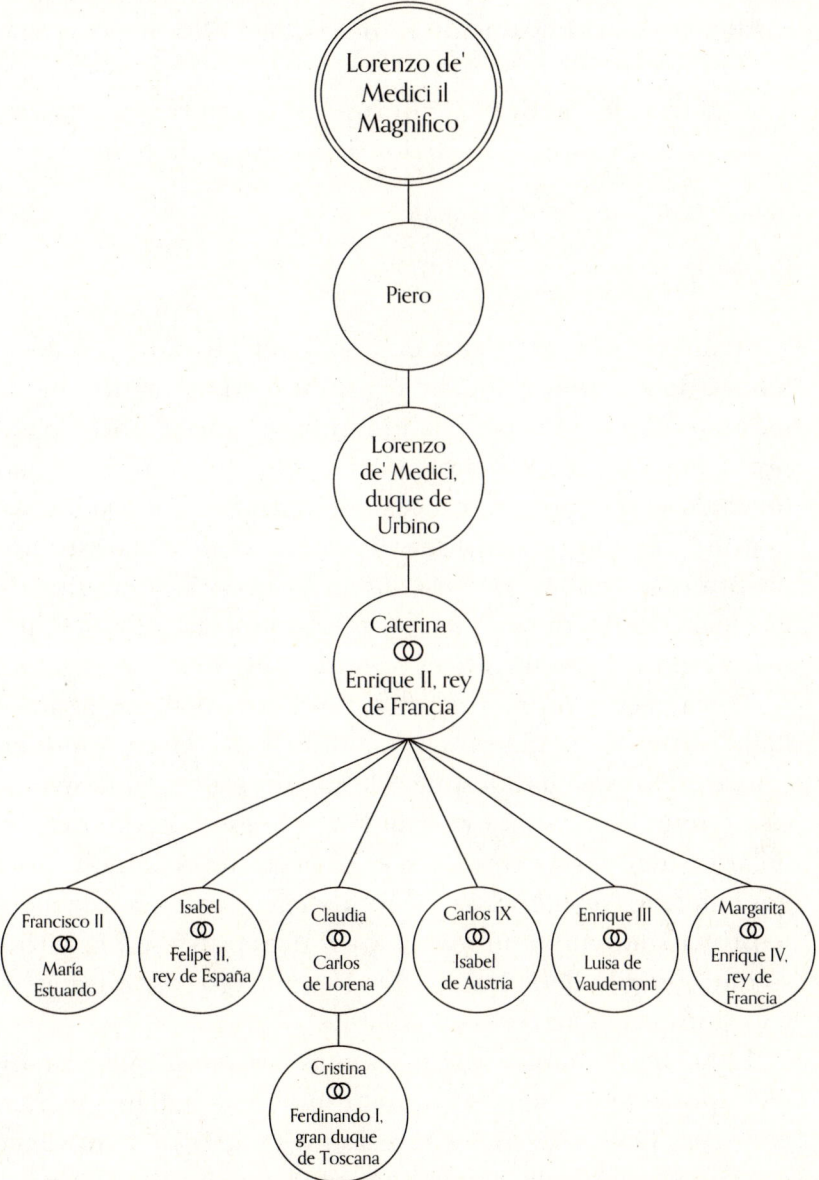

iba a saber sobrellevar una situación tan difícil como aquella en la que se encontraba el reino en esos años; efectivamente, solo le sobrevivió unos pocos meses. Como remate, en el transcurso de la Revolución francesa, en 1793, cuando todas las tumbas de los soberanos fueron profanadas, los huesos de Caterina de' Medici y de Enrique II acabaron en una fosa común, junto a todos los de los demás reyes de Francia.

FRANCIA

Si mi familia es el emblema de una familia italiana por excelencia, debo admitir que, en ocasiones, no me siento plenamente identificado con esta identidad. Aunque poseo pasaporte italiano, los muchos años vividos en Suiza me han formado casi como un francés. Siempre he residido en Romandie, la región francófona de Suiza, y realicé mis estudios en francés, donde nos enseñaban la historia y cultura de Francia. Puedo decir que, en mi adolescencia, me sentía más como un joven francés común que como un italiano.

En casa, con mis padres, en los últimos años, hablábamos italiano, pero con mi hermano siempre nos comunicamos en francés. Hoy en día, después de medio siglo, mantenemos esta costumbre, y si por casualidad se le escapa una frase en italiano, me suena extraño. Si en una conversación con amigos hablamos de literatura, de inmediato me vienen a la mente principalmente nombres de escritores franceses. Es curioso que, cuando debo hacer cálculos, lo hago solo en francés y soy incapaz de hacerlo en italiano.

El hecho de hablar varios idiomas —español, alemán, inglés, portugués, catalán, y, naturalmente, italiano y francés— me lleva a veces a confusiones y, si en una conversación no encuentro la palabra adecuada, la digo en el primer idioma que se me ocurre. El resultado es una conversación bastante exótica. Mis amigos se han acostumbrado, pero no sé qué puede pensar un desconocido. Cuando viajo a Italia, necesito un par de días para readaptarme al idioma, y mi italiano está salpicado de palabras españolas o portuguesas.

Suiza ha influido profundamente en mi carácter. El orden, la limpieza y la seriedad forman parte, para mí, de las características de los suizos. Llegué cuando tenía cuatro años y me fui con veintiocho. Espero haber conservado solo lo mejor y me he esforzado en los años posteriores en perder el acento de la Suiza romanda.

Si me preguntan si me siento italiano, siempre respondo que me siento europeo, y es verdad, porque no sabría decir con certeza si soy italiano, suizo o francés.

Cosimo I de' Medici, el primer gran duque (1519-1574)

Como se ha visto en un capítulo anterior, a la muerte del duque Alessandro I le sucedió Cosimo de' Medici en sustitución del heredero legítimo, Lorenzino de' Medici, culpable de magnicidio y que huía por el norte de Italia de ciudad en ciudad. De hecho, Cosimo estaba emparentado con Lorenzino, al ser sus respectivos abuelos hermanos. Mientras Lo-

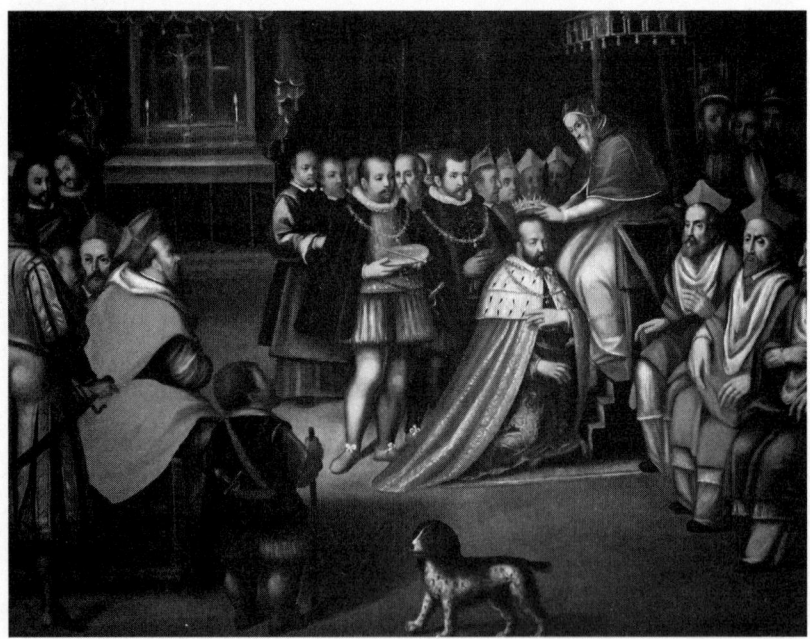

Fig. 19. *El papa Pío V corona a Cosimo I, gran duque de Toscana, el 5 de marzo de 1569 en Florencia.* Pintura de Bronzino.

renzo, el primogénito de ellos, era el abuelo de Lorenzino, Giovanni, el segundogénito, era el abuelo de Cosimo. Su bisabuelo común Lorenzo, llamado il Vecchio, era a su vez hermano de Cosimo il Vecchio, que dio origen a la rama de Lorenzo il Magnifico. Cosimo y Lorenzino pertenecían pues a una rama segundona de la dinastía. El padre de Cosimo era aquel Giovanni de' Medici, llamado delle Bande Nere, que perdió la vida en una batalla contra los imperiales en un intento por impedir su paso hacia Roma, mientras su madre era Maria Salviati de' Medici, de quien ya hemos hablado.

Completamente desconocido en el momento del asesinato del duque Alessandro, Cosimo logró ser elegido por el Consejo de los cuarenta y ocho como sucesor, gracias a la intervención del historiador Guicciardini, el cual gozaba de cierta influencia en el Consejo. Guicciardini había propuesto la candidatura de Cosimo de' Medici con la esperanza de que se casara con su hija. Pensaba que así podría conquistar reconocimiento y hacerse con cierta influencia sobre el jo-

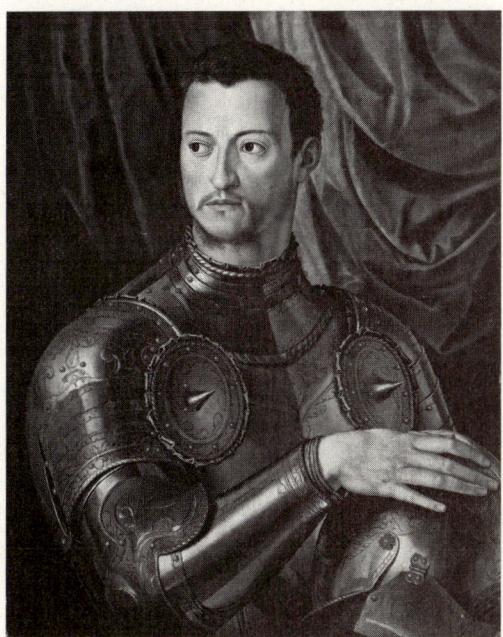

Fig. 20. *Cosimo I con armadura*. Pintura de Bronzino.

Descendencia simplificada de
los grandes duques de Toscana

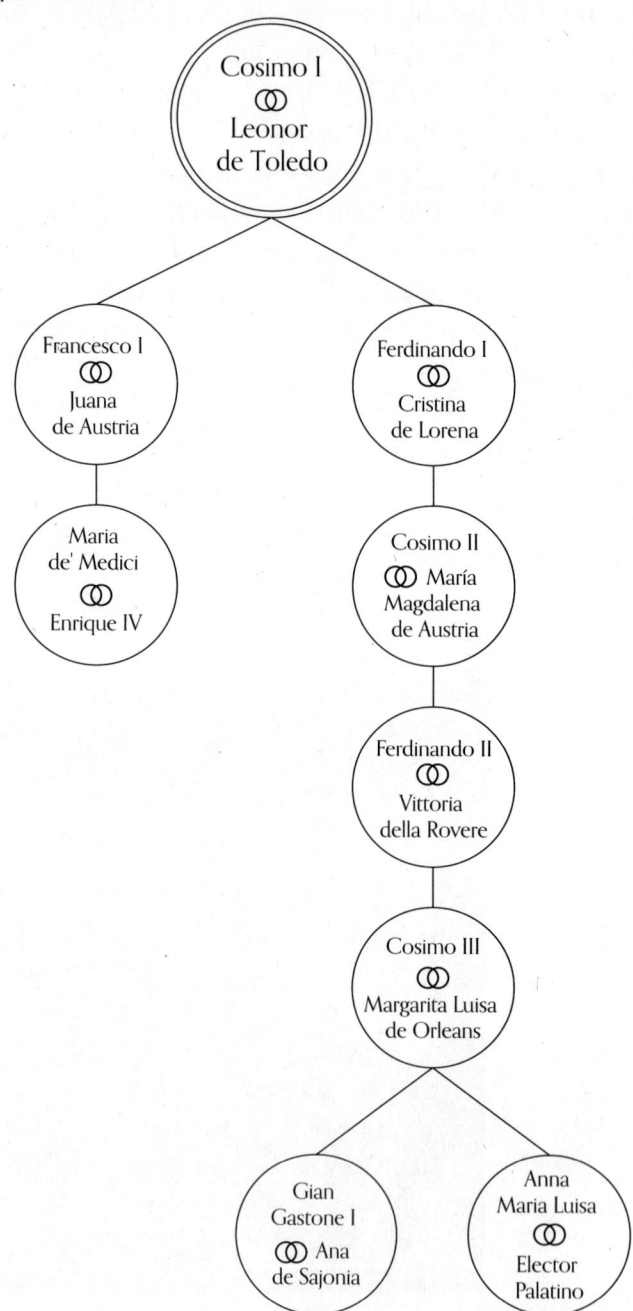

ven duque, que por aquel entonces apenas tenía diecisiete años. Logró lo que quería y obtuvo el apoyo del Consejo, con lo que Cosimo fue declarado oficialmente sucesor de Alessandro. El emperador Carlos V confirmó su nombramiento de duque de Florencia el 28 de febrero de 1537.

Cosimo I, considerado en un principio un hombre poco inteligente y apático, interesado solo por la caza y la pesca, demostró inmediatamente su verdadero carácter. Recién confirmado su nombramiento, sorprendió a todos poniendo de relieve su propia independencia y asombró en concreto a Guicciardini, al rechazar la mano de su hija y sus consejos. Ya desde el comienzo de su reinado mostró una aguda inteligencia para los asuntos de Estado y un gran sentido práctico. Al llegar al trono, había pensado en asegurarse definitivamente el apoyo imperial pidiendo la mano de la viuda de Alessandro I, Margarita de Austria, pero tras haber recibido una seca negativa le pidió al emperador Carlos V que le buscara otra esposa; este le propuso la hija del virrey de Nápoles, Leonor de Toledo, que era una joven bellísima de apenas diecisiete años y con una buena dote. El suyo fue un matrimonio feliz, pues Leonor se enamoró inmediatamente del gallardo marido, quien la correspondió en su amor, dando origen a una numerosa descendencia.

Para poder instalar a su numerosa familia, Cosimo compró por nueve mil florines el pequeño palacio Pitti, al otro lado del río Arno y muy cerca del palazzo Vecchio, sede del Gobierno. El palacio tenía entonces tan solo las siete ventanas que actualmente forman el centro de la fachada, de modo que se procedió a ampliarlo, convirtiéndolo en un edificio digno de albergar el hogar de los soberanos de la Toscana. Cosimo comenzó una gran colección de arte etrusco, que continuaron sus sucesores y proporcionaría a Florencia las piezas más valiosas de su museo arqueológico. Pero, por desgracia, no poseía el refinamiento de sus antepasados, pues su cultura no era innata, sino forzada; ingenuamente pensaba que podría repetir una edad de oro que no podía igualarse.

De manera que por mucho que se esforzase, no estuvo nunca a la altura de sus antepasados de la rama principal, a quienes trató de emular volviendo a comprar y reuniendo las obras de arte que habían sido sustraídas del palacio Medici en los saqueos de 1494 y de 1527. Aunque eso no quita que en su corte se escucharan las primeras obras de la historia de la música.[29] Cosimo también amplió considerablemente el territorio del Ducado de Florencia con la anexión de Siena en 1555, que le hizo alcanzar entonces casi las dimensiones de la actual Toscana.

En 1569, el papa Pío V le confirió por una bula el título de gran duque de Toscana, que tenía carácter hereditario; y en febrero del año siguiente recibió en Roma, directamente del papa, el cetro y la corona gran ducal, decorada con la flor de lis roja de Florencia. Había logrado su objetivo; pero cansado y precozmente envejecido, cuando hubo alcanzado su meta, decidió retirarse a su villa de Castello, tras haber delegado en su hijo Francesco el Gobierno. Falleció el 21 de abril de 1574 a la edad de cincuenta y cinco años, después de treinta y siete de reinado. Leonor había muerto muchos años antes, permitiendo así que Cosimo se casara en segundas nupcias con Camila Martelli.

Leone XI (Alessandro de' Medici, 1535-1605)

Del tercer papa mediceo hay bien poco que decir, pues su pontificado duró tan solo veintisiete días. Fue elegido sumo pontífice el 1 de abril de 1605, a la muerte del papa Clemente VIII, del cual había sido un hábil consejero, y en el momento de su elevación al trono pontificio escogió el nombre de Leone.

Nacido en 1535, Alessandro era hijo de Ottaviano de' Medici y de Francesca Salviati, hija de Lucrezia de' Medici, y, en consecuencia, como ya hemos visto, nieta de Lorenzo il Magnifico. Su padre, Ottaviano, había llegado a conocer a Lorenzo il Magnifico, ya que había nacido en 1482, mientras que Lorenzo falleció en 1492, y había contribuido a construir el mito y a transmitir su memoria. Este Ottaviano había ocupado varios cargos en Florencia en los años anteriores al advenimiento de Alessandro I como duque de Florencia, y había sido encarcelado durante el segundo exilio de los Medici.* También fue uno de los mayores defensores del nombramiento de su primo Cosimo I como sucesor de Alessandro, convirtiéndose después en uno de sus más fieles colaboradores. Además de ser su primo, se había casado con la tía de Cosimo I, Francesca Salviati de' Medici, que era hermana de su madre, Maria Salviati de' Medici. El otro hijo de Ottaviano, Bernadetto, fue el primer príncipe de Ottajano nom-

* De 1527 a 1530.

brado por el rey de España Felipe III, el 29 de agosto de 1609. Desde muy joven, Alessandro quería entrar en religión, pero sus familiares, y en concreto su madre, preferían que siguiera la carrera de las armas. Al final, venció su profunda fe y Alessandro se dedicó al sacerdocio, llegando en 1573 a ser elegido obispo de Pistoia, sede que no llegó nunca a pisar, pues prefería ocuparse de sus importantes obligaciones diplomáticas en Roma. Era muy apreciado por sus primos, los grandes duques Francesco I y Ferdinando I de Toscana, por su reconocida habilidad política, hasta el punto de que le nombraron embajador de la corte gran ducal en Roma. Sus contemporáneos lo describen como un hombre piadoso y de amor cristiano, culto, prudente y experto en las maniobras y en los asuntos políticos.

Nombrado a continuación cardenal por el papa Gregorio XIII, recibió el cargo de arzobispo de Florencia el 1 de enero de 1574. Pero no entró en la ciudad hasta el 18 de marzo de 1585, pues, dado que también era apreciado como diplomático por el pontífice Clemente VIII, este le envió a Francia, a la corte de Enrique IV,* para conseguir la reconciliación entre Francia y España y, consecuentemente, la paz, cosa que logró con la firma de los acuerdos entre los dos países en fecha 2 de mayo de 1597, en Vervins. Asimismo, durante su estancia en París, gracias a su afamada diplomacia logró convencer a la reina Margarita, hija de Caterina de' Medici y esposa de Enrique IV, para que esta le concediera el divorcio, ya que su esterilidad ponía en peligro el trono de Francia. Usó su influencia sobre el pontífice Clemente VIII para que este decretara la nulidad del matrimonio y, a petición del gran duque de Toscana, el apoyo del papa para Enrique IV; en consecuencia, para la ocupación definitiva del vacilante trono de Francia.

* Que se casaría en 1600 con su prima Maria, segunda Medici reina de Francia.

Ya fuera por meras razones dinásticas o por motivos de gusto, fue un gran mecenas, pues protegió a numerosos artistas, en concreto a Giovanni Antonio Desio y a Giovanni Balducci. En el clima extraordinariamente culto de los años setenta del siglo XVI, en Florencia y en Roma, Alessandro tuvo el privilegio de relacionarse con algunos de los protagonistas de aquella época artística. Confió y encargó mejoras y reformas en muchas de las iglesias de su diócesis, en concreto a los pintores Desio y Giovanni Balducci, y en palacios florentinos como el de Tornabuoni, que compró en 1574 y que fue vendido por los herederos en 1607. Suyas son las reformas más importantes del palacio arzobispal de Florencia, que restauró totalmente, al tiempo que se ocupó de reconstruir la fachada, dañada por un incendio. Fue especialmente pródigo con Florencia, donde consagró numerosas iglesias y conventos.

En 1602 fue elegido obispo de Sabina y en 1605 obispo de Albano. Finalmente, a la muerte de Clemente VIII, el 1 de abril de 1605, fue elegido papa, adoptando el nombre de Leone XI, en señal de continuidad dinástica con el anterior Leone X, Giovanni de' Medici. Pero lamentablemente su pontificado duró tan solo veintisiete días, acabando con las esperanzas de un papado pío y prudente, ya que murió el día 27 del mismo mes de abril.

Pío IV (Giovanni Angelo Medichino): el falso papa Medici (entre 1559 y 1565)

Comenzaré diciendo que el cuarto papa mediceo en realidad no era un papa de la familia. Este pontífice de origen humilde se llamaba Giovanni Angelo Medichino y era hijo de un pequeño comerciante de Milán. Pero cuando fue elegido sumo pontífice en 1559, se le antojó adoptar el blasón de la famosa familia Medici, presumiendo de un parentesco que no existía. Cuando esto sucedió, el entonces duque de Florencia, Cosimo I de' Medici, teniendo en cuenta la alta y prestigiosa posición de un papa, no puso objeciones a tales pretensiones, creyendo que podría sacar posteriormente ventajas para su propia familia. De hecho, ya en 1560, Cosimo I, complacido, había apreciado el nombramiento de cardenal, por parte de Pío IV, de uno de sus hijos, Giovanni, de diecisiete años. Y a la muerte de este último, en 1562, Cosimo obtuvo de nuevo, para su otro hijo, Ferdinando, de catorce, el capelo cardenalicio.

Giacomo Medichino, hermano de Giovanni Angelo, no era más que un vulgar pirata. Cuando Giovanni accedió al trono pontificio, le hizo marqués de Marignano, mientras los dos hermanos sustituían su apellido, Medichino, por el de' Medici. El marqués de Marignano pasó a servir a España y se convirtió en general de la alianza entre Carlos V y Clemente VII. Los complacientes genealogistas de la época insertaron para ello una nueva rama en el árbol de la familia de los Medici, haciéndolo descender de Giambuono, hijo de Chiarissimo, y justificar así los ascendientes del papa. Symonds, en sus *Burlas de Italia*, cuenta con gran jocosidad esta transacción.

Pío IV sufría hasta tal punto el ascendiente de Cosimo I que cuando este le hizo una visita a Roma, en 1560, considerándolo el más importante señor de Italia, quiso nombrarlo incluso rey. Pero Cosimo, aunque aspirara precisamente a este nombramiento, se dio cuenta de que no era oportuno en las circunstancias políticas del momento, pues el emperador Fernando I, hermano y sucesor de Carlos V, no lo miraba con especial simpatía y, además, debía también hacer frente a la hostilidad de su prima Caterina de' Medici, la orgullosa reina de Francia, quien lo odiaba. Renunció pues momentáneamente a la propuesta adulatoria del pontífice. Nueve años más tarde, otro papa, Pío V, el sucesor de Pío IV, con una bula, lo nombró definitivamente gran duque de la Toscana. Tras cerrar en diciembre de 1563 el famoso Concilio de Trento, que había durado dieciocho años, Pío IV falleció en 1565.

Los grandes duques de Toscana: de Francesco I a Ferdinando I

A Cosimo I le sucedió su hijo, Francesco I (1541-1587), que había sido preparado para este fin no solo con una conveniente educación por parte de su padre, sino también con un importante matrimonio celebrado en 1565 con Juana de Austria, hermana del emperador Maximiliano II. El emperador se había negado a reconocer el título gran ducal de Cosimo, porque consideraba que Toscana era un feudo imperial y no podía aceptar la intromisión papal. Acabó, sin embargo, por reconocer el título gran ducal a su cuñado, Francesco I, el 2 de noviembre de 1575.

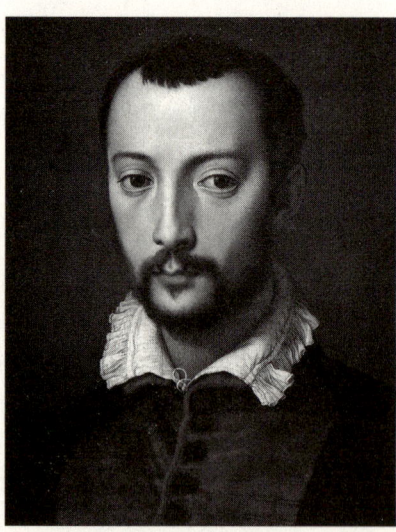

Fig. 21. *Retrato de Francesco I de' Medici.* Pintura de Bronzino.

De los seis hijos que tuvo con Juana de Austria, cinco mujeres y un varón, solo sobrevivieron dos chicas, Eleonora, casada con el duque de Mantua, Vincenzo Gonzaga, y Maria, futura reina de Francia. Al no tener herederos varones, a su muerte, acaecida en 1587, le sucedió su odiado hermano Ferdinando. Esquivo y taciturno, poco propenso a los asuntos del Gobierno, Francesco I se dedicó especialmente a las ciencias y a la alquimia, e instaló un laboratorio para poder realizar personalmente investigaciones farmacológicas, incluidas algunas sobre venenos, utilizando insectos y escorpiones. Eso no le impidió, cuando descubrió conjuras para asesinarlo, perseguir ferozmente a los conjurados, privándolos de sus propios bienes y provocando inconscientemente una lenta decadencia de las grandes familias florentinas, que no se lo perdonarían nunca.

Vivió un apasionado romance con Bianca Cappello, una noble veneciana con la que se casó tras la muerte de su esposa, en 1578; por una extraña broma del destino, ambos fallecieron el mismo día, con once horas de diferencia. Bianca Cappello, a quien Francesco I amó ininterrumpidamente durante veinticuatro años, era una veneciana de familia noble y de una gran belleza. Su turbadora historia de amor tuvo que soportar las peores calumnias, difundidas en su mayor parte por el hermano y sucesor de Francesco, Ferdinando I.

Para poder suceder a su hermano en el título de gran duque, Ferdinando I (1549-1609) había tenido que renunciar primero a la púrpura cardenalicia con la que había sido investido. A continuación, se casó con Cristina de Lorena, nieta de Caterina de' Medici, de la cual tuvo numerosos hijos, entre los cuales se encontraba Claudia, de quien hablaremos más adelante. A él se debe la famosa ley livornesa que convirtió en puerto franco la ciudad de Livorno, brindando hospitalidad y protegiendo a los perseguidos de todas las nacionalidades y, en concreto, a los hugonotes y a los judíos. Igualmente, se dedicó con ahínco a la Universidad de Pisa y ofreció a Galileo Galilei su cátedra de Matemáticas.

Maria de' Medici (1575-1642):
reina de Francia

El 9 de noviembre de 1600, una flota de veinte naves, escoltadas por una decena de galeras de guerra, entró en la rada de Marsella entre los cañonazos de bienvenida con que la recibía la ciudad. Llegaba la nueva reina de Francia, Maria de' Medici, la reina más rica que Francia ha tenido en toda su historia. Su embarcación, llamada «La galera real», superaba con mucho en fasto cuanto imaginar se pueda, pues entre otras cosas tenía los bordes completamente dorados y cubiertos por más de 250 piedras preciosas. Asimismo, los blasones de Francia y de Toscana, que adornaban la popa y que simbolizaban la nueva boda, estaban cuajados de diamantes y rubíes: diamantes para las flores de lis de Francia y rubíes para los roeles mediceos. En el interior, los camarotes, construidos con las maderas más valiosas, habían sido cubiertos de marfil y tapizados con seda de oro.

En las restantes naves que la acompañaban se habían embarcado las dos mil personas que formaban su séquito, además del valioso tesoro que Maria llevaba consigo, es decir, su desproporcionada dote: trescientos mil escudos de oro en dinero contante y sonante, además de los otros trescientos mil que se habían descontado, como parte de la dote, de la deuda que Francia había contraído con los Medici y que ascendía a 1.174.147 escudos de oro; las guerras de religión habían costado caras a Francia, y el país estaba espantosamente endeudado.

Al comienzo de las negociaciones matrimoniales, los enviados franceses habían pedido una dote de un millón de escudos de oro, una suma gigantesca que habría saneado de una sola vez la deuda francesa. Pero los plenipotenciarios toscanos no quisieron ni oír hablar de ello y las negociaciones estuvieron a punto de romperse. Finalmente, tras meses de ásperas discusiones, las dos partes habían acordado la fabulosa suma de seiscientos mil escudos de oro, la dote más alta que una princesa hubiera aportado jamás a un matrimonio. Si para Francia el interés por la princesa de' Medici era puramente económico, para Toscana tener otra reina de la Casa de' Medici en el trono de Francia, después de Caterina, podía significar la inclinación de la balanza en lo que a la influencia política del país se refiere, ya que Toscana estaba

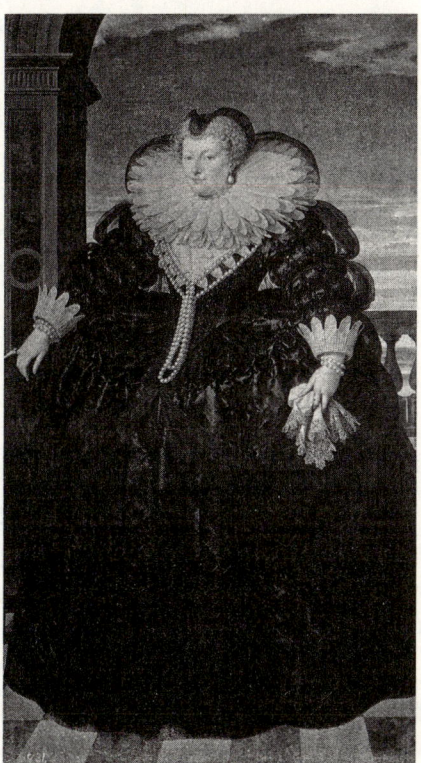

Fig. 22. *Maria de' Medici, reina de Francia.*
Pintura de Frans Pourbus el Joven.

estrechamente emparentada con la Casa Imperial de Austria; la propia madre de Maria era Juana de Austria, reina de Bohemia y de Hungría, y además era hija del emperador Ferdinando I y sobrina de Carlos V.

Contrariamente a su prima Caterina de' Medici, esposa del segundogénito de Francisco I, que había llegado a Francia como duquesa de Orleans y que solo después se había convertido en reina a raíz de la muerte prematura del heredero del trono, Maria desembarcó en Francia siendo ya reina, pues algunas semanas antes, el 5 de octubre de 1600, se había casado por poderes con el rey Enrique IV en la catedral de Florencia. En la ceremonia real sustituyó al esposo el propio gran duque de la Toscana, Ferdinando I, tío de la esposa, que llevaba en la mano derecha, siguiendo el ritual, el mandato real que le había entregado Enrique IV.

La esposa había llegado a la catedral seguida por ochenta carrozas, que ocupaban trescientas muchachas, todas ellas vestidas de blanco. Después del intercambio de anillos y tras recibir la comunión, debajo del baldaquino de oro, símbolo de su majestad, Maria había recibido la famosa rosa de oro, que el papa solo entregaba a las reinas católicas. Finalizada la ceremonia, se ofreció en palacio un fastuoso e impresionante banquete iluminado por millares de velas:

> Una enorme flor de lis perfilada de oro, cuajada de diamantes y de lapislázulis, ocupa el fondo de la sala. En las mesas, los manteles están doblados de manera que representen una escena de caza donde se persigue a toros, jabalíes y elefantes. Frente a la nueva reina de Francia se ha colocado una estatuilla de azúcar que representa a Enrique IV montado a caballo. Después de la cena, la mesa se abre para dejar sitio a un segundo postre que se abre a su vez delante de una tercera vidriera de espejos y espléndidos lapislázulis, de los que sale finalmente una cuarta mesa que representa el jardín de Alcino en un día de verano.[30]

Al día siguiente, Maria pudo asistir a un acontecimiento histórico, aunque en aquel momento no sabía que lo era: la primera representación de una ópera, *Orfeo y Eurídice*, compuesta por el maestro de la capilla gran ducal, Jacopo Peri, y escrita por el poeta Ottavio Rinuccini, que en aquella época se llamaba aún «tragedia para música». Lo cierto es que era la primera vez que una tragedia era enteramente cantada en público. La boda llegaba justo a tiempo para Maria, que estaba entrada en años para los cánones de la época, ya que había cumplido los veinticinco. Había rechazado desdeñosamente otras propuestas, pues una monja de Siena, Passatea, que decía poseer el don de la clarividencia, le había anunciado, leyéndole la mano: «Serás reina»; y ella, que siempre había sido propensa a las ciencias ocultas, lo había creído.

No era especialmente guapa. Abundante de formas, cabellos rubios y ojos negros, tenía unas manos bellísimas y una piel blanca y muy fina. Gozaba también de buen carácter y poseía un alto concepto de la moralidad, pero carecía totalmente de gracia y era de una inteligencia más bien mediocre. Lo demostraría con creces cuando, convertida en reina, no dudaba en permanecer malhumorada durante varios días si era contrariada. En eso era muy distinta de Caterina de' Medici, sublimemente inteligente, con capacidad de sacrificio y poco amante de la superficialidad de la corte.

Sin querer justificarla, al carácter de Maria se le puede tal vez encontrar una explicación en los años de su infancia, que fue a todas luces triste y solitaria. A los catorce años, cuando se quedó huérfana, vivió en la corte de su tío Ferdinando I, que sucedió a su hermano Francesco I, pues de los seis hijos de este, cinco mujeres y un varón, Maria fue la única superviviente junto a su hermana Eleonora, duquesa de Mantua y madre de la futura emperatriz Eleonora de Austria. De su madre, Juana de Austria, mujer pálida y pía, Maria había heredado el carácter altanero. Hija y hermana de emperadores, Juana despreciaba a la monarquía toscana y a su nuevo pueblo; para colmo, cuando siendo una joven esposa llegó a la corte florentina, supo desde el primer instante que su marido estaba locamente enamorado de otra mujer, su resplandeciente amante Bianca Cappello, algo de lo que no dejó de lamentarse a su hermano el emperador. Murió de parto en 1578, cuando Maria tenía solo tres años.

Maria se quedó sola en la corte de su tío, pues su hermana mayor se había casado con el duque de Mantua. Como única amiga tenía a una tal Leonora Galigai, hija de un carpintero y de una lavandera, con la que había compartido nodriza, convirtiéndola a raíz de ello en hermana de leche. Sea como fuere, la Galigai, una mujer muy fea y poco inteligente, que creía que todo el mundo le echaba mal de ojo hasta el punto de pasearse siempre con un velo por miedo a sufrir un sortilegio, supo introducirse con tiento en el alma de la solitaria Maria, convirtiéndose en su confidente y amiga, además de en su doncella, ejerciendo sobre el alma de la futura reina una influencia nefasta.

La boda de Maria fue la culminación de la política exterior de Ferdinando I. En 1589, a la muerte del rey de Francia Enrique III, hijo de Caterina de' Medici, le sucedió en el trono Enrique de Borbón, rey de Navarra, que tomó el nombre de Enrique IV, pariente lejano del rey anterior y casado con su hermana Margarita. Siguieron cuatro años de guerra, en los que el hugonote Enrique IV tenía el camino hacia el trono de todo menos expedito. Ferdinando de' Medici, que entre los contendientes consideraba que Enrique IV era el más adecuado para ocupar el trono de Francia, decidió apoyarlo, facilitándole las cosas. En primer lugar, convenció a su suegro, el duque de Lorena, uno de los aspirantes al trono de Francia, de que renunciara a él. Acto seguido, apoyó la candidatura del Borbón ante el papa Clemente VIII, prometiéndole que renunciaría a su fe protestante, algo que efectivamente hizo. Y después, y no es un detalle sin importancia, ya que el gran duque de la Toscana tenía ingresos equivalentes a los de toda Francia, prestó ingentes sumas de dinero al rey para que este pudiera ganar la guerra.

Reconocido finalmente rey de Francia, quedaba un asunto espinoso por resolver: la falta de un heredero directo, lo que amenazaba con abrir otra vez el disputado problema de la sucesión. La reina Margarita era estéril. Era indispensable, pues, anular su matrimonio para que Enrique IV pudiera casarse de nuevo. Con el apoyo del legado del papa en Francia, el cardenal Alessandro de' Medici, hijo de Ottaviano y futuro papa Leone XI, Enrique IV obtuvo, por consentimiento mutuo, la anulación del matrimonio del papa Clemente VIII. Al fin era libre para contraer un nuevo matrimonio. Pero el licencioso Enrique, mujeriego impenitente, cuando tuvo la posibilidad de volver a casarse no encontró nada mejor que hacer que firmar una promesa de matrimonio con su amante de aquel momento, la bella Henriette d'Entragues. A sus ministros les costó no pocos esfuerzos lograr que el rey pidiera la devolución de la promesa escrita. El camino estaba finalmente expedito para abrir nuevas páginas matrimoniales.

Al gran duque de la Toscana, amigo y financiero del rey francés, le resultó fácil presionar para que la novia elegida fuera precisamente su sobrina, la abundante en carnes Ma-

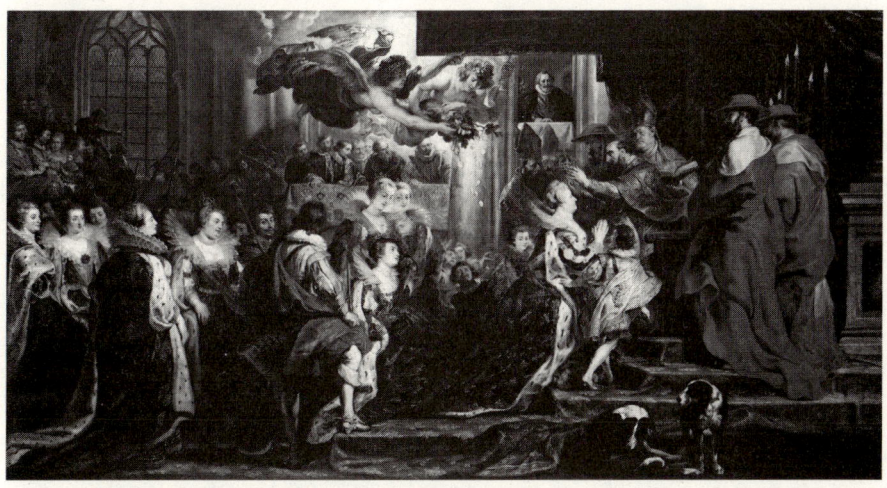

Fig. 23. *La coronación de la reina en la abadía de Saint-Denis el 13 de mayo de 1610.* Pintura de Rubens.

ria de' Medici. La majestuosa Maria llegó pues a Marsella, donde, primera sorpresa, se dio cuenta de que a la hora de recibirla faltaba solo el rey, pues Enrique IV estaba ocupado en Saboya intentando reconstruir su reino. La acogida que le tributó la ciudad fue, sin embargo, triunfal, y Maria, pasada la primera desilusión, emprendió el viaje hacia Lyon entre las aclamaciones de la multitud, asombrada por la solemnidad y la belleza de las joyas que lucía su nueva reina. Les parecía un poco rellenita, aunque en consonancia con los gustos de la época. Los malvados, que eran muchos, la apodaron inmediatamente «la gorda banquera».

Maria no entendía ni una palabra de francés, pero era una mujer intuitiva. Cuando los embajadores que le había enviado el rey le hacían un cumplido, se sonrojaba. La subida del valle del Ródano era muy fatigosa y soplaba un viento glacial. En Valence, recibió como regalo una cubertería de plata. Generosa y muy manirrota, la reina se la regaló inmediatamente a un caballero francés por el simple motivo de que era portador de una carta del rey. Finalmente, el domingo 3 de diciembre de 1600, el largo cortejo llegó a Lyon. Habían pasado tres semanas desde la salida de Marsella y, después de las formalidades de bienvenida, la reina fue alojada en el arzobispado. Seis días más tarde, bajo una lluvia implacable, llegó el rey. Enrique estaba impaciente por ver a su nueva esposa, pues naturalmente los dos cónyuges no se conocían, según la costumbre de la época, sino a través del intercambio, siempre más halagüeño que la realidad, de sus propios retratos. El encuentro tuvo lugar en las habitaciones de la reina. Maria se arrodilló delante del rey, que la alzó del suelo y la besó varias veces.

La reina se quedó un poco desilusionada ante el aspecto del marido, dado que Enrique, aunque tenía cuarenta y ocho años, aparentaba diez más al tener la barba completamente blanca. Maria, en cambio, tenía veintitrés años menos. Tras una cena ligera, en el transcurso de la cual el rey confió a un caballero que estaba a su lado: «Me han engañado, no es tan bella», Enrique hizo saber a la reina, a través de la duquesa de Nemours, «que al haber llegado sin cama, esperaba que ella lo acogiese en la suya». El matrimonio, por tanto, fue consumado aquella primera noche. Por otro lado, las idas y venidas del rey en cuestión de amores eran bien conocidas por todos. A la mañana siguiente, después de que Maria hubiera comentado a sus médicos que «todo había ido bien», el rey presumió «de haber ganado la batalla en tres embates». La reina intuyó lo que decía y se sonrojó. Después, Enrique confesó que, si la «primera impresión no había sido buena, la segunda había sido y con mucho mejor».

> Mi mujer y yo nos hemos sorprendido ambos —prosiguió el rey—: yo por haberla encontrado más bella y agraciada de lo que creía y ella por haberme encontrado más joven de cuanto hiciera suponer mi barba blanca.[31]

Para consagrar nuevamente el matrimonio se esperaba ansiosamente en Lyon la llegada del cardenal Aldobrandini, el mismo que lo había celebrado por poderes en Florencia. El prelado llegó finalmente el 17 de diciembre, una semana después de la noche de bodas, cuando probablemente había sido concebido el primer hijo del matrimonio, el futuro Luis XIII. En la ceremonia, junto a un Enrique vestido de blanco, Maria impresionó a todos por la magnificencia de sus joyas; casi se doblaba bajo el peso de su enorme diadema engarzada en una lluvia de diamantes, rubíes y perlas. Su traje de boda, de encaje de Flandes, estaba enteramente recubierto de diamantes y de flores de lis con bordados de oro. Encima, llevaba una capa color violeta, también engarzada en diamantes y doradas flores de lis. Era rica, enormemente rica, y los franceses empezaban a entender que tal vez, con esta boda, habían hecho un buen negocio.

Su porte era muy regio, hasta el punto de que a su lado el rey parecía un pobretón. No sería guapa, pero además de ser inmensamente rica poseía un gusto innegable para elegir las joyas más bellas, que sabía lucir con refinamiento. A decir verdad, el gusto por las joyas le venía de su padre, Francesco I, con el que escogía los diamantes y las piedras más valiosas con ojo atento. Ella las adoraba y las acariciaba. Le gustaban sobre todo las perlas, nadie las conocía mejor que ella. Durante toda su vida fue una gran entendida y su talento para descubrir las joyas más bellas seguiría siendo insuperable.

La mañana del 1 de enero de 1601, Rosny, el ministro de Finanzas, siguiendo la costumbre, entró en los aposentos de los cónyuges llevando consigo unos saquitos de monedas de oro para el rey y la reina y monedas de plata para las damas y los caballeros del servicio de honor. En esa ocasión, Maria ofreció al rey una cadena de diamantes valorada en 16.000 escudos. Finalizados los festejos, la comitiva debía reanudar su camino hacia París; pero Enrique IV tenía prisa. Ya se había cansado de su robusta mujer y estaba impaciente por volver a encontrarse con su amante, Henriette d'Entragues, a quien había nombrado marquesa de Verneuil, y a quien el embajador de la Toscana en Francia llamó «una de las putas más hábiles que han ejercido jamás el puterío».

DRAMAS CONYUGALES

Si Enrique IV se había dejado seducir fácilmente por las carnes blancas y abundantes de su mujer, no tardaría en advertir su poco cerebro. Maria, que no había sido educada para ser reina, había pasado demasiado rápido del papel de huérfana soltera al rango de soberana de uno de los países más poderosos de Europa. Así las cosas, su carácter pendenciero y quisquilloso chocó inmediatamente con el impulsivo Enrique, aunque este estaba bien dispuesto a honrar y respetar a la reina. Ella era irreflexiva, presa fácil de los aduladores. En su debilidad, se dejó convencer por su camarera Galigai y el amigo de esta, el aventurero Concino Concini, con quien se casaría y formaría una de las parejas más odiosas del entorno de la reina. La presencia de los Concini en la corte iba a ser uno de los motivos de discordia constante entre el rey y la reina: él quería que se volvieran a Italia; ella no pensaba separarse de su querida Leonora. Concini trataba de ser presentado al rey, pero no lo conseguía. Cada vez que lo veía, le hacía una profunda reverencia, pero Enrique fingía no verle. El aventurero, que había llegado a Francia en el séquito de la reina, había declarado que iba a buscar o la riqueza o la muerte; encontraría las dos.

El rey partió, pues, al galope, acompañado tan solo por una docena de caballeros, para reunirse con su amante, con la que pasó ocho días en «placeres de amor». Mientras tanto, Maria proseguía lentamente su viaje hacia París. Parece que estaba embarazada, y el nacimiento de un hijo era tan importante para la Corona de Francia que el viaje iba acompañado con mil precauciones. El 23 de enero, desde Fontainebleau, el rey escribía a la reina: «Esta morada llora porque la veréis en invierno, pero no hay más remedio. Mis trabajadores no han ido tan rápido como pensaban. A pesar de todo, es más bonito que Lyon. Voy enseguida a París».

En efecto, las futuras habitaciones de la reina estaban muy lejos de estar listas. Y Enrique quería que ella se sintiera cómoda en sus nuevos palacios franceses, pues pensaba que no estaban a la altura de las residencias florentinas a las que Maria estaba acostumbrada.

En esa época Enrique escribía a su esposa:

Dadme noticia del día en que llegaréis a Nemours, para que yo pueda recibiros. Aquí sigue nevando y hay más de un pie de nieve en el bosque, hasta el punto de impedirme ir a la caza del ciervo. Si la nieve se deshace, iré mañana. Y el lunes iré a ver a mis hijos.* Mi resfriado se ha atenuado y espero que cuando

* Enrique IV había tenido numerosos hijos de sus amantes y a todos los había reconocido.

vengáis se me haya pasado. Lo que me habéis escrito en francés está muy bien. Si añadís cada día una línea, dentro de ocho días toda la carta será en francés. No dudéis de mi amor, pues hacéis todo lo que quiero y esa es la manera de mandarme; de este modo, no quiero que nadie más me mande, sino vos, a quien beso cien mil veces.

En realidad, como se advierte leyendo entre líneas, el soberano trataba de retrasar lo más posible la llegada de la reina, pues no quería interrumpir su nido de amor con Henriette, que, vaya casualidad, estaba también embarazada.

Efectivamente, hacía un frío glacial y Maria se preguntaba por qué no se había casado con un príncipe italiano. Allí al menos el clima no era tan terrible. Al final, el 8 de febrero, Maria llegó a las cercanías de París, donde fue recibida por «fuertes disparos de artillería». El rey había cancelado todas las fiestas organizadas en París, pues decía: «Ya se ha gastado bastante para esta boda». La primera noche la pasaron en el palacio de Gondi, el antiguo primer mayordomo de Caterina de' Medici, que se había hecho construir el que se consideraba en la época el más bello palacio de París. Finalmente, al día siguiente, el rey acompañó a la reina al Louvre, la residencia parisina de los reyes de Francia. A su llegada, Maria pensaba que le estaban gastando una broma pesada. En efecto, no podía creer que aquel palacio, un caserón medieval triste y lúgubre por fuera, rodeado de fosos malolientes, oscuro e incómodo por dentro y lleno de «horribles muebles», fuera el palacio real. Incluso las baldosas del suelo le parecían espantosas. Estaba a todas luces indignada y añoraba amargamente las bonitas villas mediceas de la Toscana, donde reinaba el lujo y el refinamiento. Pero tendría que acostumbrarse.

El Louvre, que ya había sido reformado varias veces por los soberanos franceses, especialmente por Francisco I, nunca fue en realidad un palacio muy acogedor. Además, su posición en el centro de la capital lo hacía vulnerable en caso de revuelta. Por ello, medio siglo más tarde, Luis XIV se hizo construir el suntuoso palacio real de Versalles, a pocos kilómetros de la capital. Pocos días después de su llegada continuaron las sorpresas; lamentablemente, siempre desagradables. El rey ordenó a la duquesa de Nemours, superintendente de la casa de la reina y que hablaba muy bien el italiano, que presentara a su amante, Henriette d'Entragues, a la reina. La duquesa estaba escandalizada, la idea le parecía «repugnante». Pero, frente a las insistencias del rey, no podía hacer otra cosa que ceder.

Hizo entrar pues al rey en las habitaciones de la reina, seguido de la joven Henriette, sonriente y segura de sí misma. «Esta joven es mi amante —le anunció tranquilamente el rey—, y quiere desde hoy ser vuestra humilde servidora.» Maria, que había entendido muy bien por qué la duquesa de Nemours le traducía las palabras del rey, se levantó con toda la majestad de que se sabía capaz, furibunda por tanta insolencia, mientras Henriette le hacía una vaga reverencia, muy alejada de la protocolaria. Enrique se dio cuenta y, para que la amante se enterara bien de quién era la reina, puso bruscamente su mano en el hombro de Henriette, forzándola a arrodillarse y a besar el borde del vestido de la reina, como requería el protocolo. Maria respondió cortésmente, sin ni siquiera esbozar una sonrisa, mientras «reniega para sus adentros y los disgustos disimulados se le agolpan con fuerza».* Este fue para Maria solo uno de los primeros motivos que le serviría Enrique en bandeja para dar salida a su carácter quisquilloso, aunque, en realidad, como se ve, era ella, la reina, quien llevaba en este asunto la razón. Entre los muchos motivos que vinieron a continuación, estaba también la costumbre del rey de imponer que sus hijos ilegítimos fueran criados junto a los príncipes y a las princesas de la familia real, obligando a la reina a llamarlos «hijos míos». Había pasado la euforia de su llegada a Francia y, mirando a su al-

* Carta de Baccio Giovanini, representante del gran duque.

rededor, Maria se daba cuenta de que la corte francesa la toleraba, pero no la aceptaba de buena gana. Como había sucedido con Caterina de' Medici, su prima, setenta años antes, ella era solo «la italiana». Sabía que el rey se había casado con ella por su generosa dote, pero nunca hubiera imaginado que su marido viviría con ella en plena bigamia. Para colmo, las amantes del rey no eran precisamente discretas y manifestaban desprecio por «la gorda banquera», olvidándose de que era ella la reina de Francia.

Enrique era un infiel impenitente. Estaba también muy orgulloso de su prole ilegítima, hasta el punto, como he dicho, de imponérsela a la reina. Porque en su fuero interno Enrique alimentaba un secreto rencor contra la familia de su mujer, en recuerdo de su primera suegra, la reina Caterina de' Medici, que en tantos aprietos lo había puesto. Intentaba también olvidar que el trono se lo debía precisamente a la familia de su mujer, sin cuyo dinero nunca hubiera podido conquistar Francia. «Si París bien vale una misa», como había dicho en el momento de abjurar de la fe protestante para convertirse al catolicismo, condición *sine qua non*, sugerida por el gran duque de la Toscana, para poder convencer al papa de que le diera su apoyo, «el trono bien valía una Medici».

Los franceses, tan orgullosos de su *vert galant* ('galán verde'),* Enrique IV, y tan desdeñosos hacia sus dos reinas de la Casa de los Medici, Caterina y Maria, a las que llamaban *la marchande italienne* ('la comerciante italiana') a la primera y *la grosse banquière* ('la gorda banquera') a la segunda, olvidan que si no fuera por Caterina, Francia jamás habría alcanzado la extensión territorial que tiene hoy, y que sin la dote de la segunda tal vez Enrique IV nunca hubiera llegado a ser rey de Francia. Finalmente, el 27 de septiembre, Maria dio a luz un hijo, el delfín,** al cual se le dio el nombre de

---

* Apodo dado a Enrique IV por su vigor con sus amantes.
** Título del príncipe heredero de Francia.

Luis; sería el futuro rey Luis XIII. Dos meses después, la favorita, la marquesa de Verneuil, alumbró también otro hijo del rey, al cual se le dio el título de conde de Verneuil. Antes del parto, Enrique IV había dicho, riendo: «Están a punto de nacerme al mismo tiempo dos hijos: un amo y un criado».

La convivencia obligada en la corte de las dos mujeres, la reina y la favorita, hacía que Maria llamara al pequeño conde de Verneuil «el hijo de la puta», mientras la favorita decía del delfín: «Parece un ternero». Según esta, su hijo era el «verdadero heredero de la Corona», mientras el delfín era un bastardo. Y eso bastaba para avivar aquella corte tan frívola.

Al año siguiente, la reina tuvo una hija, la princesa Isabel, futura reina de España, ya que se casaría con Felipe IV. Dos meses más tarde, la favorita dio a luz también una hija, Gabrielle. La suya parecía una singular competición. A Maria le contaban que, en privado, la favorita se burlaba de ella imitando su acento italiano y mofándose de sus redondeces, sin que el rey interviniera para poner fin al infame trato al que estaba sometida. Sufría en silencio y su carácter se volvía cada vez más desagradable.

Las disputas entre los cónyuges reales eran frecuentes. Un día, Maria se sintió tan humillada por el rey que levantó la mano para darle una bofetada. Intervino rápidamente el ministro Sully, que detuvo a la reina diciéndole: «Pero ¿os habéis vuelto loca, *madame*? ¿No sabéis que el rey podría hacer que os cortaran la cabeza en menos de media hora?». La causa de las discusiones siempre era ella: Henriette d'Entragues, la marquesa de Verneuil. En 1602 se descubrió un complot dirigido por un tal Biron. Querían matar al rey, declarar nulo su matrimonio con Maria de' Medici y sustituir al delfín por el hijo de la favorita, sirviéndose de la famosa promesa de matrimonio que Enrique IV había hecho a la marquesa. Biron fue decapitado, mientras que la marquesa logró convencer al rey de su inocencia.

Al año siguiente se descubrió un nuevo complot que tenía el mismo objetivo. Esta vez estaban implicados el propio padre de la marquesa y un hermanastro suyo, el conde d'Auvergne. Ahora a la favorita le resultó difícil demostrar su inocencia, pero gracias al amor que el rey sentía por ella, salvó la vida y obtuvo el favor de poder alejarse de París con sus hijos, es decir, con los hijos del rey y... con una renta de veinte mil escudos. La debilidad por su amante perdía al rey. Mientras tanto, Maria se regocijaba. El alejamiento de la favorita era para ella un gran alivio. Además, Enrique IV la había admitido en el Gobierno, temeroso de que algo pudiera sucederle. La reina, al fin, ocupaba en la corte el lugar que le correspondía; entre los cónyuges volvía finalmente la paz.

Jaque y exilio

En 1605 Maria asistió al regreso a París de un personaje del pasado. Tras veinte años de exilio forzado en el castillo de Usson, regresaba la que fue la reina Margarita, la primera mujer de Enrique IV y prima suya. En efecto, hay que recordar que Margarita, de la que Enrique había obtenido el divorcio para poder casarse con Maria de' Medici, era hija de Caterina de' Medici. La que había sido reina, hija de rey y hermana de tres reyes, y ahora era simplemente duquesa de Valois, había sido condenada, tras el divorcio, a vivir recluida en el castillo de Usson, del cual le había sido prohibido alejarse. Pasado el tiempo, ahora se le permitía regresar a París. Al principio, la acogida de Maria fue bastante fría. Pero después, cuando vio que Margarita, perdida la antigua belleza por la que había sido tan célebre, reducida a una mujerona, más obesa que gorda, se inclinaba generosamente frente a quien la había sustituido en el trono, rindiéndole así homenaje, Maria se conmovió por su triste destino y la acogió con los brazos abiertos. Se harían muy amigas y, a su muerte, Margarita designó al delfín como su heredero universal.

Mientras, en la corte la vida cotidiana seguía su curso.

Maria soportaba mal el jardín de infancia que le imponía el rey, pues además de sus propios hijos —Luis, el delfín; Isabel, la futura reina de España; Cristina, la futura duquesa de Saboya; Nicolás, fallecido a los cuatro años; Gastón, duque de Orleans; y Enriqueta, futura reina de Inglaterra—, a su alrededor estaban también los tres hijos que Enrique IV había tenido con Gabrielle d'Estrées, más los dos hijos de Henriette d'Entragues, uno de Jacqueline de Bueil y otro de Charlotte des Essarts. Trece hijos en total de cinco madres distintas. Les siguieron otros, fruto de los amores ilegítimos del rey.

Ante tal panorama, no se podía negar que la pobre Maria tuvo que aguantar más de una ofensa. Pero el impenitente soberano, absolutamente indiferente, continuó con sus aventuras amorosas, sin importarle exhibirlas ante los propios ojos de su mujer. Surgían peleas sin fin que el ministro Sully trataba de calmar, escuchando por turnos las protestas del uno y de la otra. Como de costumbre, a consecuencia de ello Maria estaba de malhumor durante varios días. Mientras tanto, Enrique IV preparaba la guerra. Quería, en efecto, defender los principios protestantes en una oscura cuestión de sucesión al Ducado de Berg. ¿Él, el rey cristianísimo, salir en defensa de los protestantes? En realidad, el asunto quizá fuera todavía peor. Según André Castelot,[32] el rey se había enamorado de una muchacha a la que él mismo obligó a casarse con el príncipe de Condé. El marido, para librarla del acoso del viejo soberano libidinoso, se la había llevado a Bruselas. Y, para liberarla, Enrique IV no dudaría en declarar la guerra al emperador. Pero este es un asunto que no nos interesa.

La cuestión es que, ante la posible marcha del rey a la guerra, Maria de' Medici, que sería nombrada regente en su ausencia, exigió ser coronada reina para que su poder no fuera discutido por nadie. Su celo estaba justificado, pues habría numerosos candidatos al cargo, y no en último lugar el mismo príncipe de Condé, en su condición de príncipe de la sangre. Así fue como el jueves 13 de mayo de 1610, en la iglesia de Saint-Denis, panteón de los reyes de Francia, Maria de' Medici fue coronada reina con solemne pompa. Hubo un detalle que no escapó a la supersticiosa Maria. La lápida que cerraba el acceso a la cripta de los reyes se había desprendido ligeramente, dejando entrever la entrada. La reina, que lo vio como un infausto presagio, le pidió al rey que no saliera del Louvre.

Pero él, acompañado solo por cuatro caballeros, partió en carroza al día siguiente. Era el 14 de mayo de 1610. Le esperaba Jean-François Ravaillac, un fanático, contrariado con la nueva guerra que el rey preparaba. Al paso del rey, Ravaillac saltó sobre la carroza y lo apuñaló varias veces; Enrique murió al instante. Fue llevado inmediatamente al Louvre. La reina, que oyó que la carroza regresaba al patio, se informó sobre este cambio repentino. Pensaba que Enrique había regresado porque desde el día anterior el pequeño duque de Orleans estaba indispuesto. Pero las damas de honor le informaron de que el pequeño duque se encontraba bien, sin añadir más. Maria intuyó que le escondían algo y sospechaba que se trataba del rey. Corrió en dirección a las habitaciones de su marido; en los pasillos había numerosos oficiales, lo que confirmó sus sospechas: había sucedido algo grave. Gritó desesperada: «¿El rey está muerto? ¿El rey está muerto?». El canciller Sillery, que la había seguido, le respondió: «Que vuestra majestad me perdone, pero en Francia los reyes no mueren. Aquí está, y está vivo». Y le señaló al delfín, que también había acudido al lugar.

Maria era viuda y su hijo Luis, que tenía apenas nueve años, era el rey Luis XIII. A causa de su corta edad, ella sería la reina madre, así como la regente de Francia. Sin perder un momento, consciente de la gravedad de la situación y de la precariedad de su propia posición, Maria ordenó que el Parlamento se reuniera de inmediato para que le fuera confirmada la regencia, cosa que tendría lugar al día siguiente. Comenzaba así una etapa de siete años, hasta la mayoría de edad del joven rey, en la que Maria no demostró siempre estar a la altura de las circunstancias. Ciertamente, había conjurado el peligro de guerra, que la regente evitó porque era profundamente católica y no podía tolerar salir en ayuda de los príncipes protestantes.

Pero Maria era también una mujer vanidosa, que había tenido que sufrir las mil humillaciones que el rey le infligió durante los diez años que había durado su matrimonio. A pesar de todo, y muy extrañamente, recibió en la corte a la marquesa de Verneuil, Henriette d'Entragues, y las dos mujeres se hicieron bastante amigas. Aun así, quien dominó realmente a la reina fue Leonora Galigai. Haciendo uso de su influencia, la poderosísima guardarropa de la reina, casada con el aventurero Concino Concini, obtuvo para su marido, apenas tres meses después de la muerte del rey, el título de marqués d'Ancre. Dio comienzo la irresistible subida de aquel hombre, que dañó considerablemente la reputación y la imagen de la reina y cuyo nombramiento como marqués d'Ancre causaba la risa entre los parisinos, ya que Ancre, en francés, se pronuncia como *encre*, «tinta». Y como él decía descender de los condes Della Penna, el duque de Guisa decía irónicamente: «Con un condado de pluma y un marquesado de tinta, solo le faltaba un ducado de papel para tener todo el recado de escribir».

En el mismo año 1610, Concini entró a formar parte del Consejo de Estado y de las Finanzas. Además, junto a su mujer, se convirtió en miembro del Consejo Secreto, formado por los íntimos de la reina, que incluía al nuncio del papa, al embajador de España y a algún que otro ministro. La iniciativa de la reina de no continuar con los proyectos bélicos del anterior reinado reforzó la amistad entre España y Francia, y se reanudaron las conversaciones interrumpidas acerca de un doble matrimonio franco-español. El rey Luis XIII se casaría con Ana de Austria, hija de Felipe III e infanta de España, mientras la hermana de Luis, la princesa Isabel, se casaría con el heredero de la Corona española, el futuro Felipe IV.

En los primeros años de la regencia, Maria tuvo que enfrentarse a la ofensa de los príncipes, celosos del cargo que ocupaba, que opinaban que hubiera debido corresponder a uno de ellos, y celosos también del irresistible ascenso de Concini. Pero todo se resolvería con la dilapidación del Tesoro francés y la distribución de jugosas prebendas a los príncipes. Finalmente, cuatro años más tarde, el 2 de octubre de 1614, en un acto simbólico, Maria cedió el poder al rey, que pocos días antes había cumplido trece años: era el 27 de septiembre. Acto seguido, Luis XIII la abrazó y le dio las gracias, mas le rogó que siguiera en el cargo:

> Señora —declaró el joven rey—, os agradezco todas las penalidades que habéis sufrido por mí y os ruego que sigáis gobernando y rigiendo como habéis hecho hasta ahora. Entiendo y es mi voluntad que vos debéis ser obedecida en todo y para todo y que, después de mí, y en mi ausencia, estáis a la cabeza de mi Consejo.

Desde ese momento, Maria ya no era la regente, aunque de hecho nada cambió en la conducción de los asuntos del Estado. Pero en 1615, los grandes nobles, con el príncipe de Condé a la cabeza, retomaron la vía del chantaje. Maria, aconsejada por Concini, les concedió cuanto solicitaban, saqueando nuevamente el Tesoro. No sería la última vez.

El 25 de abril de 1617, por orden del rey, en quien influía mucho su favorito, Luynes, Concini fue asesinado. Se trataba de un auténtico golpe de Estado. De ese modo Luis XIII recuperaba el poder de manos de su madre; ella ni siquiera protestó. Al fin y al cabo, también estaba harta de las persistentes peticiones del marido de su mejor amiga. También Leonora Galigai acabó mal. Tras un proceso sumarísimo, en el que fue acusada de brujería, fue condenada a morir en la hoguera. Cuando se le preguntó cómo había conseguido tanta influencia sobre la reina madre, qué tipo de brujería había utilizado, la Galigai respondió:

«Gracias al poder que un alma fuerte ejerce sobre un alma débil».

Tras la ejecución de la sentencia, Maria se sintió extrañamente libre. Por primera vez desde su más tierna infancia ya no debía pedir consejo a la omnipresente amiga. A decir verdad, en los últimos años la reina se sentía abrumada por la cercanía de los Concini; pero era demasiado débil de carácter para resistirse a su amiga. Es cierto que hacía tiempo que le decía que debería regresar a Italia, llevándose a su marido; pero Leonora, que enviaba continuamente grandes sumas de dinero a Florencia, en previsión de días menos prósperos, se resistía a instancias de Concini a abandonar este maná. Eso les costó la vida a ambos.

Con la inesperada ascensión al poder de su hijo, Maria se percató de que difícilmente podría quedarse en el Louvre. Lo cierto es que, al cabo de unos pocos días, el obispo de Luçon, Armand de Richelieu, antiguo protegido de los Concini, fue comisionado para pedirle que abandonara palacio. Y no solo eso, sino que también debería, al menos temporalmente, abandonar París. Resignada, la reina madre aceptó y eligió trasladarse al castillo de Blois, con una pequeña corte y gran parte de sus bienes personales, aunque Blois sería solo una etapa en su viaje. Estaba esperando que finalizaran las obras en el castillo de Moulins, que estaba destinado a ser su futura residencia.

El 3 de mayo tuvo finalmente lugar el encuentro de la reina madre con su hijo el rey, pues hasta entonces Luis XIII se había negado a verla. En este encuentro el rey se mostró muy frío y distante, y la reina madre lloró por esa razón. Los dos leyeron sus respectivos discursos, que habían sido preparados anticipadamente; después, Luis se inclinó ligeramente ante ella y salió de la habitación, dejando a su madre petrificada. Dos días más tarde, Maria de' Medici, bajo una lluvia inclemente, escoltada por jinetes armados y por un cortejo de varios carruajes, dejó París. Nadie negaba que había caído en desgracia, pero era la reina madre y debía mantener el decoro. Aquel exilio que ella pensaba que sería breve, pues auguraba que su hijo el rey no tardaría en reclamar su presencia, iba a ser peor de lo que ella pudiera imaginar, y pasarían más de dos años antes de que Maria volviera a ver a su hijo.

Una vez en Blois, Maria se serenó. Como antes, vivía rodeada por sus damas de honor, sus caballeros, sus secretarios y una pequeña corte alborotadora. Sus ingresos seguían siendo considerables, de modo que no se privaba de nada y era la alegría de los joyeros locales con sus gastos. Junto a ella, estaba también Richelieu, que había considerado más conveniente seguir a la reina madre en un exilio voluntario que afrontar un incierto futuro en París. Maria, imprudente, inició una abundante correspondencia con Italia, España y algunos protegidos suyos que residían en el mismo París, cartas en las que se quejaba del trato que le había dado su hijo. Llegado este punto, Luis XIII, aconsejado por su favorito, Luynes, reforzó las medidas de seguridad en torno a la reina madre y el castillo de Blois se transformó en una verdadera prisión para ella. Maria estaba exasperada. Entonces Richelieu, de quien se sospechaba que aconsejaba demasiado bien a la reina, fue alejado de ella. En primer lugar se le destinó a la diócesis de Luçon, una de las más pobres de Francia, y después a Aviñón, posesión papal.

El favorito del rey, Luynes, temeroso de que un regreso de la reina madre a París le hiciera perder influencia sobre el rey, organizó una falsa correspondencia de la reina, donde todo parecía indicar que la madre del rey estaba conspirando contra su propio hijo. Convenció así a Luis XIII para que aumentara las medidas restrictivas en torno a la reina en Blois. Maria, cansada de su cautiverio y apoyada por la abundante correspondencia que mantenía secretamente con los grandes de Francia, en concreto con el duque de Épernon, decidió huir del castillo, donde había sido encarcelada en las habitaciones que antaño fueron de Caterina de' Medici.

Frente a la imposibilidad de salir por las puertas, que estaban constantemente custodiadas por los guardias, los cómplices de la reina que se encontraban en el interior del castillo, su fiel doncella Catherine Selvage, su primer escudero, el conde de Brenne, y un tal Cardillac, la informaron de que la única salida era huir por una ventana. Lamentablemente, las ventanas daban a una terraza desde la cual después la reina hubiera debido descender hasta el suelo, donde la esperaría una carroza. Para poder bajar de la ventana, que daba al exterior, le llevaron una delgada escalera de cuerda; pero la reina se negó a bajar. No solo porque era gorda y poco ágil, sino porque dijo que, al dar la ventana a la ciudad, hubiera sido poco digno que alguien la viera bajar desde allí. Pero como no había otra manera de escapar del castillo, tuvo que aceptar esta única posibilidad que se le ofrecía y, la noche del 21 de febrero de 1619, con un frío intensísimo, Maria, con el miedo en el cuerpo, emprendió la poco real huida desde la ventana.

Bajó con extrema dificultad la primera escalerilla de cuerda hasta la terraza, pero cuando vio el vacío que la separaba de la calle, se negó enérgicamente a ir más allá. Si el intento hubiera sido descubierto en aquel momento, los dos cómplices arriesgaban su cabeza, de modo que sin mayor empacho taparon a la reina con una gran capa muy pesada, y la bajaron rozando la pared, más como un fardo que como una reina. Una vez a salvo en la calle, Maria subió a la carroza y emprendió camino hacia Loches, una pequeña ciudad situada a pocos kilómetros, donde la esperaba el duque de Épernon y adonde llegó sana y salva.

Es evidente que la huida de Maria disgustó al rey, que preparó una expedición de castigo contra el duque de Épernon. El soberano, sin embargo, aceptó el consejo de enviar a Richelieu, que fue reclamado de su exilio, como mensajero a la reina. Y Richelieu convenció a la reina madre de que hiciera las paces con su hijo. Hicieron falta varios meses de negociaciones y, finalmente, el 5 de septiembre de 1619, en el castillo de Couzières, en Tours, la madre y el hijo volvieron a encontrarse. Maria estaba emocionada y no lograba pronunciar otras palabras que no fueran «Dios mío, cuánto has crecido». Por su parte, el rey estaba acompañado por su esposa, la reina Ana. Maria, que siempre había sido una mujer celosa y posesiva, miró con los ojos llenos de rabia a aquella que había ocupado su lugar en el corazón del hijo. De entonces en adelante sería una suegra dura, incluso malvada, con la reina Ana.

Para tener a su madre ocupada y sobre todo lejos de París, Luis XIII le ofreció el Gobierno de Anjou, con sede en la pequeña ciudad de Angers. Pero para ella, que fue reina de Francia y regente, este nombramiento era poca cosa. En realidad, ansiaba volver a París y formar parte del Consejo, a lo que el rey se resistía. Furibunda, Maria intrigó de nuevo contra el rey y en esta ocasión amotinó a las tropas. Por desgracia, Maria de' Medici era cada vez más impopular y cuando las tropas del rey, con Luis XIII a la cabeza, se acercaban a Angers, los soldados fieles a la reina madre escaparon. Luis XIII perdonó a su madre esta baladronada, pero dejó de confiar en ella. Y se lo dio a entender cuando nombró a su mujer, la reina Ana, regente de Francia en su ausencia, lo que para la reina madre era una afrenta insoportable que alimentó en ella el odio que sentía hacia su nuera.

NUEVAS VICISITUDES

Con la intención de hacer las paces, Luis XIII autorizó a su madre a regresar a París. Ella aceptó con la condición de hacer su entrada junto al rey, para borrar así la humillación de su marcha. Su objetivo seguía siendo volver a formar parte del Consejo. Para ayudarla, Richelieu escribió numerosos libelos recordando los servicios que había prestado a Francia la antigua regente. Finalmente, el rey cedió y permitió que su madre entrara en el Consejo, pero... por la puerta de servicio. Maria asistía efectivamente al Consejo, pero no era escuchada. Al cabo de un tiempo, no tuvo más remedio que darse cuenta de que aquel nombramiento había sido hecho solo para satisfacer su vanidad. En realidad, ella no contaba para nada, algo demasiado duro de aceptar por la orgullosa Maria.

Pero no se desanimó e insistió para que su protegido, Richelieu, recibiera el capelo, que era, al fin y al cabo, una manera de permanecer junto al poder. Finalmente, obtuvo dicha satisfacción. Orgullosísimo de su nombramiento, Richelieu confesó a la reina madre: «Esta púrpura que hay sobre mi cabeza me hará pensar siempre en que debo derramar mi sangre a vuestro servicio». Meras bufonadas de cortesano, pues en realidad Richelieu utilizó el poder que le quedaba a la reina madre solo en beneficio de su propia grandeza.

Aunque considerablemente disminuido, el poder de Maria de' Medici era sin embargo suficiente para que, con su insistencia para que Richelieu entrara en el Consejo, provocara la desesperación del rey, que finalmente no tuvo más remedio que acceder. Ella creía tener así un apoyo seguro, mas se equivocaba. Luis XIII no se fiaba del cardenal Richelieu, hasta el punto de comentarle a su madre: «Señora, he elegido a vuestro servidor solo para demostraros que nuestra reconciliación es real y completa». Mientras el superintendente de Hacienda, el marqués de La Vieuville, advertía a la reina madre en estos términos: «Espero que vuestra majestad no se arrepienta un día de haber apoyado a un hombre que no conoce bien». Parece ser, en efecto, que todos se daban cuenta de la desproporcionada ambición del cardenal Richelieu y de su doble juego. Porque la realidad era que a Richelieu no le importaba para nada la reina madre: para el cardenal, ella era solo un medio fácil para conquistar el poder.

En el ínterin, Maria se sentía incómoda en el palacio del Louvre; nunca le había gustado ese triste y lúgubre castillo.

De modo que decidió hacerse construir un nuevo palacio, en la otra orilla del Sena, que le recordara el palacio Pitti de su infancia, situado en medio de un grandísimo jardín. Fue el palacio Medici, y Rubens, el pintor de Amberes, pintó a petición suya las salas más fastuosas. En la actualidad, recibe el nombre de palacio de Luxemburgo y es la sede del Senado de la República Francesa. Resulta curioso que, en la Francia contemporánea, al igual que en Italia, los respectivos Senados hayan elegido palacios construidos por los Medici como sedes; deduzco, pues, que los señores senadores tienen buen gusto. Para su palacio, Maria no dudó en hacer traer de Italia los mármoles más lujosos y las maderas más apreciadas. Del mismo modo que para amueblarlo hizo construir muebles refinadísimos. Su palacio debía ser el más bonito, hasta el punto de hacer que el Louvre pareciera una casa de campo más que el palacio de los soberanos de Francia.

En 1625, Enriqueta, su última hija, se casó con el príncipe de Gales, futuro rey Carlos I de Inglaterra. Para Maria era un nuevo triunfo. Ahora era la suegra del rey de España, del rey de Inglaterra, del duque de Saboya y ni más ni menos que la madre del rey de Francia. Mientras tanto, su favorito, Richelieu, había logrado ganarse la amistad del rey, que lo nombró primer ministro con el título de principal ministro del Estado y comandante del Ejército. Cuanto menos, Luis XIII le estaría agradecido a su madre por haberle recomendado un consejero valioso. Pero con el paso del tiempo el poder de Richelieu se volvería tal que incluso asustaría al propio rey. Maria, en cambio, empezaba a sospechar de él y la política de Richelieu, no siempre conforme a los gustos y a las exigencias de la reina madre, haría de ella una de sus principales opositoras.

Lo cierto es que la política exterior de Richelieu en perjuicio de Italia provocó la rabia de Maria, y la ruptura con su exprotegido fue total. La situación alcanzó tales dimensiones que la reina madre planteó a su hijo, el rey, un dilema:

debía escoger entre ella y el cardenal; los dos no podían sentarse juntos en el Consejo. Luis XIII eligió apoyar a su ministro en perjuicio de su propia madre; es más, decidió para ella el alejamiento de la corte y el exilio al castillo de Moulins. Maria se negó. «En aquel castillo no hay ni siquiera una alcoba que me pueda recibir», declaró indignada. Y así es como escogió ella misma la pequeña ciudad fronteriza de La Cappelle, desde donde pensaba que, en caso de conflicto, siempre podría ponerse a buen recaudo en el Flandes español. Pero cuando llegó a La Cappelle, el cardenal de Richelieu hizo cerrar las puertas. No le quedaba otra opción que emigrar. Se dirigió entonces a Mons, donde pidió asilo a su prima, la infanta Isabel Clara Eugenia, gobernadora de los Países Bajos españoles e hija de Felipe II y de Isabel de Francia. Maria aún no lo sabía, pero no regresaría nunca más a Francia. La madre del rey de Francia, suegra del rey de España, del rey de Inglaterra y del duque de Saboya, ahora era solo una exiliada. Recibida con todos los honores de su rango, enteramente financiada por el Gobierno de su yerno, Felipe IV, Maria era momentáneamente feliz.

En la visita que realizó a Amberes para saludar a su pintor favorito y amigo, Rubens, recibió una acogida triunfal. Aprovechó la ocasión para visitar también el estudio del pintor Van Dyck. Soñaba con regresar a Francia con un ejército para «expulsar al tirano Richelieu». Para poder conseguirlo, vendió en Holanda gran parte de sus joyas. Su hijo Gastón se reunió con ella en Bruselas; sería él quien se pusiera a la cabeza del ejército.

Mientras tanto, Richelieu, acusando a la reina madre de «abierta rebelión», aprovechó para confiscar todos sus bienes personales en Francia, retirándole así gran parte de sus ingresos. Además, cuando Gastón entró en Francia con su pequeño ejército, fue aniquilado por los soldados de Richelieu; después, para obtener el perdón del rey, Gastón abandonó la causa de su madre y aceptó que fueran castigados todos aquellos que le habían dado su apoyo. Maria se había

Descendencia de Maria de' Medici

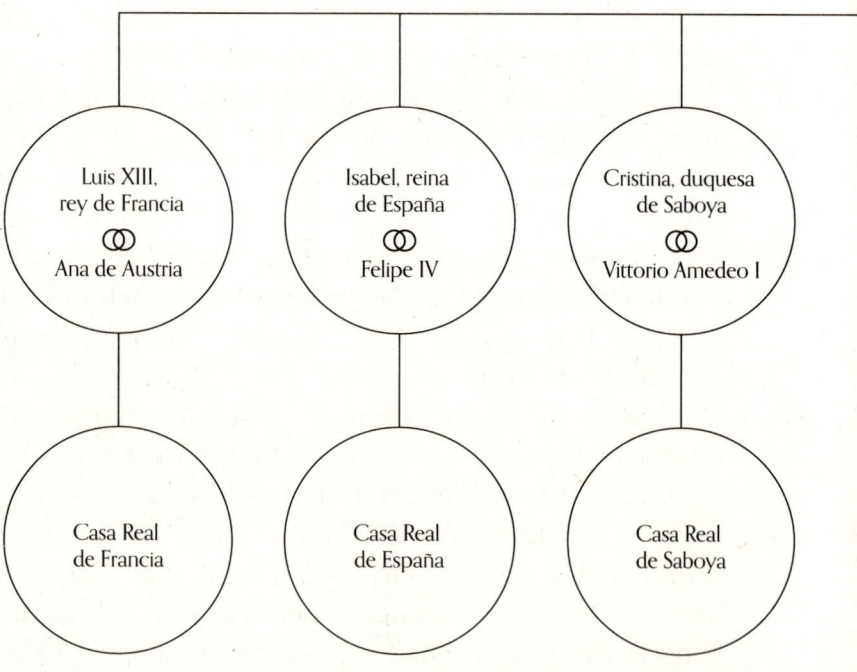

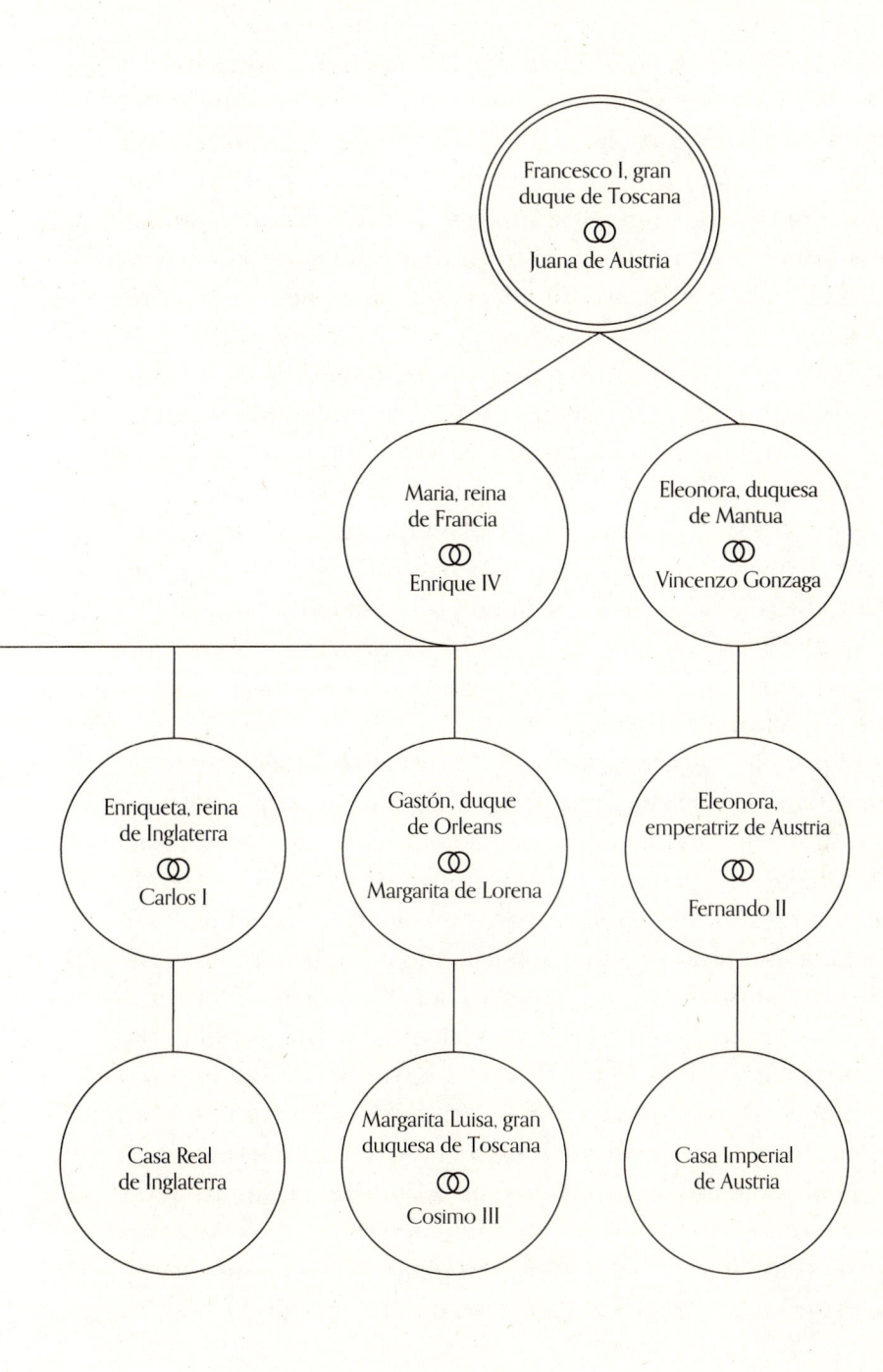

trasladado a Gante. Por desgracia, el 1 de diciembre de 1633 murió la infanta Isabel, y su sucesor, el cardenal infante Fernando de Austria, le hizo apretarse el cinturón.

En mayo de 1635, Francia declaró la guerra a España; lo que Maria había siempre combatido, se había cumplido. Abandonó pues Bruselas y marchó a Amberes. Pidió asilo en Holanda, Estado que entonces se llamaba «Provincias Unidas», donde el príncipe de Orange la recibió con grandísimos honores, abriéndole él mismo la puerta de la carroza que la llevaba a Ámsterdam. Maria tenía problemas de dinero. Confiscados sus bienes franceses, vendida gran parte de sus joyas, la pensión que le proporcionaba el rey de España llegaba cada vez con mayor retraso. Se endeudó. Siempre había sido una despilfarradora y, para colmo, su pequeña corte, enteramente mantenida a su costa, resultaba cada vez más cara. En un principio, el príncipe de Orange cubrió parte de los gastos. Pero la persecución de Richelieu era tenaz y el embajador de Francia en Holanda exigió que la reina madre fuera expulsada. Francia era un aliado demasiado poderoso para contradecirlo, por lo que a Maria se le rogó que abandonara el país.

El príncipe de Orange se quedó casi aliviado, pues el mantenimiento de la reina madre de Francia empezaba a costarle caro al erario holandés. Contra la voluntad de su yerno, Carlos I, llegó a Inglaterra en noviembre de 1638; fue acogida fríamente, aunque se reencontró con alegría con su hija Enriqueta, a quien no veía desde hacía años, y se instaló en el palacio de Saint James, en Londres. La presencia de la reina madre de Francia en Inglaterra no fue bien vista por el Parlamento protestante y Maria, católica ferviente, no escondía su devoción, provocando las iras de los ingleses. Carlos I escribió a su cuñado para que autorizara a la reina madre a regresar a Francia, o cuanto menos le enviara a Londres el dinero necesario para mantener su rango. Richelieu se negó a ello; sabía que la reina madre era demasiado peligrosa y que no aceptaría regresar a Francia sin sentarse en el Consejo. Se trataba nuevamente de elegir entre ella o él. De hecho, Luis XIII envió cien mil libras a su madre para cubrir sus nuevas deudas y parte del dinero no llegó nunca a su destino.

Mientras, en Londres comenzaban los tumultos que llevarían a la Revolución inglesa y al rey Carlos I al patíbulo. Maria fue obligada nuevamente a abandonar el país, por lo que Carlos I y Enriqueta suspiraron aliviados. En octubre de 1641, fue acompañada hasta Dordrecht, desde donde se embarcó en el Rin para llegar a Colonia, en Alemania, pues solo allí el elector, por recomendación del papa Urbano VIII, había aceptado acogerla. Maria de' Medici se había convertido en una reina errante. Como siempre, su economía era precaria. La que llegó a Francia casi cuarenta años antes como la reina más rica del mundo estaba en la miseria y no le quedaba otro remedio que empeñar las pocas joyas que conservaba. Su aspecto había cambiado y estaba desmejorada. Había perdido sus famosas redondeces y estaba muy delgada, casi esquelética. Tenía una terrible erisipela, y el 1 de julio de 1642 se le manifestó la gangrena. Los médicos querían cortarle una pierna, pero ella se negó.

Hizo testamento. A su fidelísima doncella Catherine Selvage, que la había seguido desde los tiempos de Florencia, le dejó 12.000 francos y un reloj. Dejó también algunas pequeñas joyas al papa, por su benévola intervención, y otro tanto al elector de Colonia por haberla acogido. El 2 de julio, le preguntó a su médico cuánto le quedaba para morir.

«No creo que vuestra majestad supere las veinticuatro horas», le respondió sinceramente el médico. A quienes la rodeaban, les recordó su infancia en la Toscana y los tiempos en que era la poderosa regente de Francia. ¿Acaso no había abolido cincuenta y cuatro impuestos y las impopulares comisiones extraordinarias para mejorar las condiciones del paupérrimo pueblo francés? Recordó asimismo que Francia se había recuperado gracias a su fortuna. Y ahora, la Francia ingrata la dejaba morir en la miseria. No perdonaba a Richelieu. Había apoyado a aquel pequeño intrigante hasta niveles que nunca hubiera podido soñar y, al final, el perro había mordido la mano del amo.

El 4 de julio de 1642, a mediodía, falleció Maria de' Medici. Tenía sesenta y nueve años. Cuando su hijo Luis XIII fue informado, escribió estas frías palabras al gran duque de Toscana: «Me han informado del *incidente*, que me ha afectado vivamente en los sentimientos que siempre he tenido por ella, *pues eran los que debía tener*». Ya había quedado demostrada su menos que mediocre inteligencia y su debilidad de carácter; ahora demostraba también su total carencia de amor filial. Ocho meses después de la muerte de Maria, el 9 de febrero de 1643, Luis XIII autorizó el regreso de su cadáver para ser sepultado en Saint-Denis. Tal vez para no indisponer a su poderosísimo ministro, esperó a que muriera, lo que sucedió el 4 de diciembre de 1642. Luis XIII no le sobrevivió demasiado; también él se apagó el 14 de mayo de 1643. Richelieu fue quizá un gran ministro para Francia, pero como hombre y como cardenal fue simplemente un miserable. Se sirvió de la persona de la reina para promocionarse como estadista, la usó como instrumento de su propia fortuna y de sus propios bajos intereses, sacrificando a Maria de' Medici como madre y como reina. Usó su temible influencia sobre el rey para hacerle sombra, azuzando aquel espíritu débil contra ella.

Ha quedado demostrado que, aunque Maria fue una mujer especialmente boba, ciertamente no a la altura de los demás miembros de su familia, en especial si se la compara con Caterina de' Medici, merecía de todos modos un lugar en este libro, tanto por su peripecia vital, que la llevó de ser la mujer más rica del mundo a acabar en la miseria, como por haber sido la última reina de la Casa de' Medici.

Lo curioso, genéticamente hablando, es que Maria de' Medici era descendiente directa de los Reyes Católicos, Isabel y Fernando. Su madre, Juana de Austria, era hija de

Fernando de Austria, emperador del Sacro Imperio Romano, hermano de Carlos V e hijo de los Reyes Católicos. Por otro lado, hoy en día, todas las monarquías europeas son descendientes de una manera u otra de ella misma, siendo Maria la abuela paterna de Luis XIV, de quien todos descienden.

Claudia de' Medici, archiduquesa de Austria
(1604-1648)

No habría ningún motivo especial para recordar a esta Claudia de' Medici si no fuera porque un día, mientras estaba invitado en un castillo del Alto Adigio, región que las gentes del lugar llaman aún, en alemán, «Tirol del Sur» en recuerdo de los tiempos en que pertenecía aún a Austria,* me encontré con una placa conmemorativa que recordaba su estancia en aquel castillo, trescientos cincuenta años antes de mi visita. Sentí tal curiosidad por este hecho que quise enterarme de las razones de su estancia. El motivo era muy sencillo: había sido la soberana de aquel territorio de los Habsburgo.

Claudia de' Medici era hija de Ferdinando I de' Medici, gran duque de la Toscana, y de Cristina de Lorena. Se casó en primeras nupcias, en 1620, con Ubaldo della Rovere, único hijo y heredero del duque de Urbino, del cual tuvo una hija, Vittoria della Rovere, destinada a ser gran duquesa de Toscana por su boda con su primo Ferdinando II de' Medici. Viuda, Claudia regresó en 1623 a la Toscana y, en 1625, se casó en segundas nupcias con Leopoldo de Austria, archiduque del Tirol.

Leopoldo de Austria era hermano del emperador Fernando II de Austria y de la cuñada de Claudia, María Magdalena de Austria, ya que se había casado con su hermano

* Hasta el final de la Primera Guerra Mundial, en 1918, cuando Austria fue dividida.

276

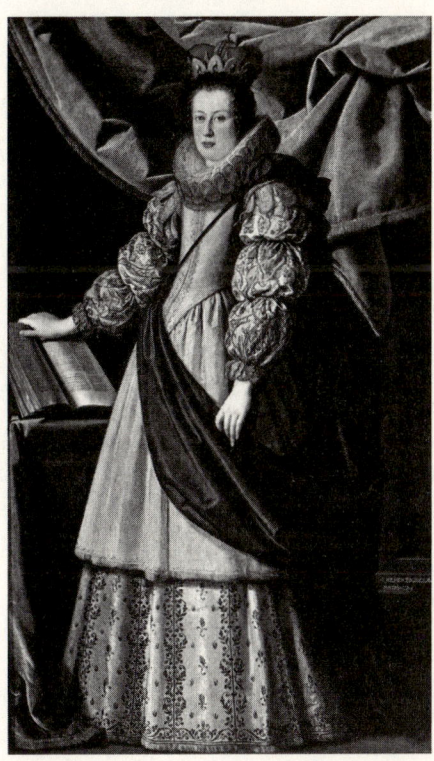

Fig. 24. *Retrato de Claudia de' Medici.* Pintura de Lorenzo Lippi.

Cosimo II, gran duque de Toscana. Además, el mismo emperador Fernando II era esposo de Eleonora Gonzaga, hija de Eleonora de' Medici, única hermana superviviente de Maria de' Medici, reina de Francia. Como se ve, un complicado enredo familiar. Cuando trasladó su residencia al castillo de Amras, residencia de los archiduques del Tirol, Claudia reunió a su alrededor muchísimos retratos de familia que aún hoy se conservan.

Nombrada regente a la muerte de su marido, en 1632, Claudia gobernó con solvencia el país durante la etapa más difícil de su historia, demostrando ser una mujer de gran habilidad. Fue regente de 1632 a 1646, consiguiendo mejorar la administración y las finanzas del Tirol e impidiendo que fuera arrastrado a la guerra de los Treinta Años que desgarraba el resto del imperio.

En un museo de Innsbruck se puede ver un gran cuadro que la representa sentada en el trono mientras preside el Landtag. Probablemente, Claudia debía de haber recorrido todo el país, pernoctando de castillo en castillo, y eso explica la placa conmemorativa en el castillo de Rodenegg que recordaba su visita, trescientos cincuenta años atrás.

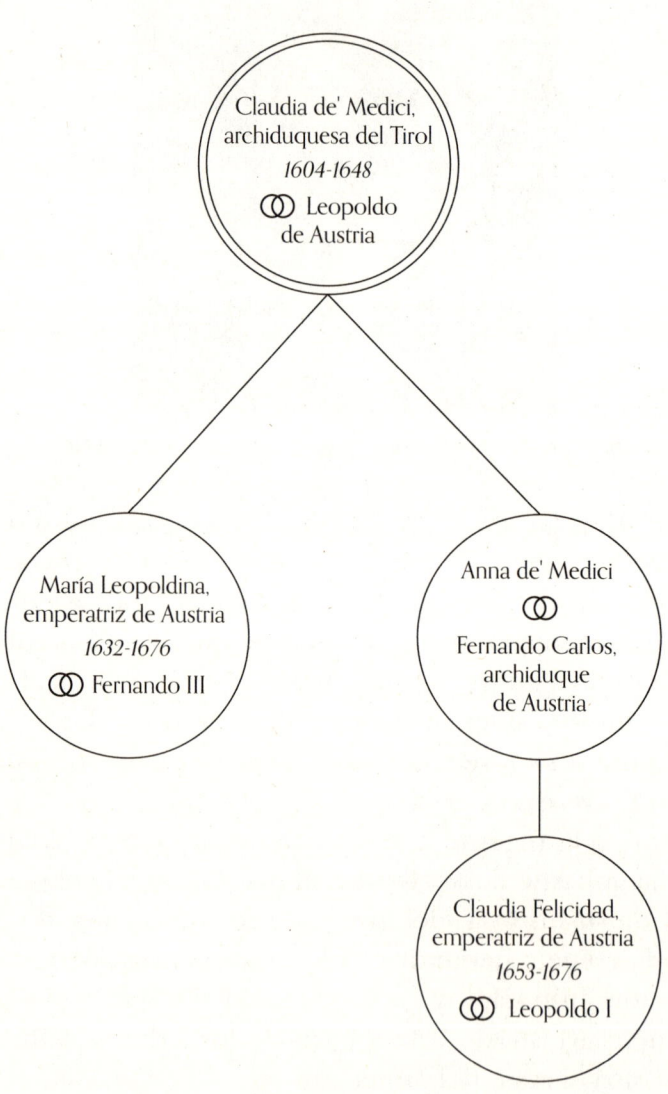

Los grandes duques de Toscana: Cosimo II y Cosimo III

Muerto Ferdinando I, le sucedió en el trono su hijo Cosimo II (1590-1621), que se casó con María Magdalena de Austria, hermana del emperador Fernando II. Muy religioso, derrochaba gran parte de su patrimonio haciendo donaciones y dádivas a órdenes religiosas, con el consecuente reforzamiento del poder absoluto y de la influencia teocrática. Cosimo II fue también el último banquero de la familia ya que, considerando que el comercio y la banca no eran actividades dignas de un soberano reinante, decidió acabar con todas las actividades privadas de la familia de' Medici, tanto en Toscana como en el extranjero, incluida la banca y sus numerosas filiales en las principales ciudades europeas. El resultado fue que provocó una ligera disminución en sus ingresos privados; pero la inmensidad del patrimonio de la familia era tal que ni siquiera se dio cuenta de ello.

Fue el protector de Galileo Galilei cuando fue acusado de herejía y precisamente en su honor el científico bautizó como «estrellas Mediceas» a los satélites de Júpiter que acababa de descubrir. A Galileo le ofreció una villa, en Arcetri, y le confió la cátedra de Matemáticas Superiores de la Universidad de Florencia.

Cosimo II falleció a los treinta años, el 28 de febrero de 1621, tras un reinado que duró once años. Dejó como disposición testamentaria que a su muerte asumieran la regencia, a la vez, las dos grandes duquesas Cristina de Lorena y María

Magdalena de Austria, respectivamente su madre y su mujer, mientras durara la minoría de edad de su joven heredero, Ferdinando.

Había dispuesto toda una serie de cláusulas en el testamento que hubieran debido preservar las riquezas y la fortuna de la familia, pues sabía que las dos mujeres eran en realidad dos grandes disipadoras. Las dos grandes duquesas eran maníacas de la ostentación y del lujo; además tenían también en común una gazmoñería que las inducía a suntuosísimas donaciones y dádivas a favor de los conventos y de los monasterios. En consecuencia, su regencia fue un verdadero desastre tanto para los recursos de la familia como para los del Estado, pues disiparon increíbles sumas de dinero. Por su parte Ferdinando II (1610-1670), hijo y sucesor de Cosimo II, a pesar de haber sido bautizado como «el más sabio de los príncipes, el príncipe de los sabios» por su actividad de estudioso y de científico, fue sin embargo también quien, aun pudiendo protegerlo, abandonó a Galileo Galilei a su suerte. Se casó con su prima Vittoria della Rovere, sobrina de Ferdinando I. Reinó durante unos cincuenta años y con su reinado comenzó la decadencia del poder de la Toscana, con la consiguiente pérdida de influencia de la familia. Aun así, sí hay que agradecerle haber creado la primera Oficina de Higiene, una asistencia económica y sanitaria para los pueblos castigados por la peste.

Cosimo III (1642-1723), hijo y sucesor de Ferdinando II, fue el sexto gran duque de la dinastía y el más encendido defensor del absolutismo teocrático. Se casó con Margarita Luisa de Orleans, de la cual tuvo tres hijos: el gran príncipe Ferdinando, que falleció sin herederos; Gian Gastone,* séptimo y último gran duque de la dinastía, y Anna Maria Luisa,** la última de la rama gran ducal. Políticamente medio-

* Véase el capítulo dedicado a Gian Gastone I.
** Véase el capítulo dedicado a Anna Maria Luisa.

cre, durante su larguísimo reinado, que duró cincuenta y tres años, redujo Toscana a una simple provincia de las potencias europeas.

Es singular que en un periodo donde los príncipes fallecían con cierta frecuencia, el siglo XVII, en Toscana hubo solo dos soberanos que ocuparon el trono gran ducal durante más de un siglo, ciento tres años para ser preciso: Ferdinando II (1621-1670) y Cosimo III (1670-1723). En Francia, por ejemplo, en el mismo periodo, bajo el largo reinado de Luis XIV (1643-1715), murieron su hijo, el gran delfín; su nieto, el delfín; para finalmente ser sucedido en el trono por un niño de cinco años, Luis XV, su bisnieto.

Cosimo III fue un soberano mediocre. Ha pasado a la historia por tres motivos: haber protagonizado el gran *tour*, un viaje de formación en Europa para conocer varias cortes, como las de España, Portugal, Inglaterra, Holanda y Alemania; sus problemas conyugales; y su reinado, que fue el más largo de la historia del gran ducado: cincuenta y tres años.

Por otro lado, fue un soberano absolutista, desinteresado de los problemas de su pueblo —aumentó considerablemente los impuestos— y un fanático religioso, llegando a participar en varias misas al día. Tampoco supo salvaguardar la posición de su Estado frente a las potencias europeas, permitiendo que, al fallecer su hijo y sucesor, el gran duque Gian Gastone, la Toscana fuera considerada una simple provincia que los soberanos europeos se intercambiaban como si fuera un premio en un juego de cartas.

Se casó con su prima Margarita Luisa de Orleans, un matrimonio desastroso por la total incompatibilidad de la pareja, hasta que su esposa decidió huir a Francia para no volver nunca más.

Consciente del ocaso de su dinastía, intentó prevenirlo hasta el final, obligando a su hermano, el cardenal Francesco Maria de' Medici, a abandonar la púrpura cardenalicia para casarse con la joven princesa Eleonora Gonzaga; un fiasco total, ya que la joven rechazó compartir cama con su anciano marido, veintiséis años mayor.

UNA SEÑORA QUE PARECÍA MIRARME

De pequeño solía pasar los veranos en la casa de campo de mis abuelos, en los alrededores de Mantova. Eran veranos más bien solitarios, ya que mi hermano, tres años y medio más mayor, era enviado a campamentos de verano. Allí estaba el abuelo, al que adoraba, y la abuela, a la que apreciaba un poco menos porque me aterrorizaba con una sola mirada, como si yo hubiese cometido pecados sin redención. Era severa pero justa.

Una mañana, mientras estábamos desayunando los tres juntos, mi abuelo anunció con solemnidad que ese día íbamos a conocer a algunos familiares. Me puse muy contento. Por fin iba a poder jugar con niños de mi edad, mis primos, que apenas conocía, ya que no nos frecuentábamos habitualmente. El motivo era que nosotros vivíamos lejos, en Suiza, mientras ellos residían en Milán. También debía tener su peso el hecho de que mi tía Carlota, la madre de mis primos, mantenía una guerra personal con mi madre, su hermana, por no sé qué motivo.

Mi abuelo me cogió de la mano, y estábamos a punto de dirigirnos hacia la puerta de casa cuando giró a la derecha y se dirigió hacia la galería que daba acceso a los grandes salones.

—Te presento a tu familia —me dijo enseñándome toda una fila de retratos a cada lado de la galería, tan grandes que me doblaban en altura. Debo admitir que pasaba cada día por esta galería, pero nunca me había detenido a mirar esos viejos lienzos gigantes.

Yo estaba furioso. Adiós paseo para ir a jugar con los primos.

—Tienes que conocer a cada uno de ellos y su historia, porque son tu pasado, tu familia.

282

Los lienzos estaban situados en orden cronológico; las mujeres a un lado y sus maridos de frente, en la otra pared. El abuelo empezó a contarme la historia de cada uno, y debo admitir que no tardé mucho en aburrirme y perderme en sus explicaciones. Confundía nombres y fechas, y cuando me habló de la princesa electora, Anna Maria Luisa de' Medici, no entendí bien qué tenía que ver esa señora con la electricidad.

Era obvio que la señora de la electricidad era su favorita porque habló con todo detalle de ella y se percibía una profunda admiración y respeto en su voz.

Un poco más allá había un retrato de una señora que parecía mirarme y que era, en mi opinión, extremadamente fea.

—Ah, la encuentras fea —me dijo el abuelo, un poco ofendido de que una pariente suya pudiese merecer tal comentario—. Pues entonces te lo voy a regalar y me tienes que prometer que este cuadro te seguirá de por vida, vayas donde vayas.

Y así fue.

Con el tiempo, he entendido que era su forma de educarme. Teniendo siempre cerca el lienzo de mi parienta fea, me recordaba quién era yo y mis deberes hacia mi familia. Desde entonces, el retrato de Vittoria della Rovere me siguió a todas partes y a todos los países donde he vivido. Hoy en día sigue mirándome desde la pared de mi salón. A modo de apunte, Vittoria della Rovere era hija de Claudia de' Medici. Se casó con su primo Ferdinando de' Medici, gran duque de Toscana, y fue madre de su sucesor, Cosimo III. Siendo la última de su familia, los Della Rovere, con su boda aportó en dote una de las más estupendas colecciones de arte de la Italia de la época, siendo su padre el último duque de Urbino.

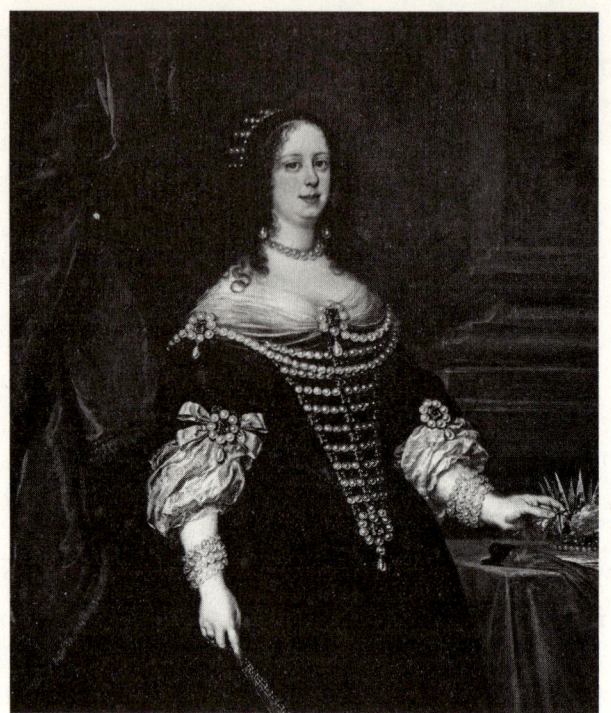

Fig. 25. *Retrato de Vittoria della Rovere como gran duquesa de Toscana.* Pintura de Justus Sustermans.

Vittoria della Rovere,
gran duquesa de Toscana (1622-1694)

Vittoria della Rovere no tiene una importancia especial en la historia de la dinastía, si no es por sus notables vínculos familiares. Debo confesar que también la quiero recordar porque veo a diario su retrato cuando entro en casa; de hecho, ocupa una pared entera de mi recibidor.

Hija del duque de Urbino, Ubaldo della Rovere, y de Claudia de' Medici, nació en 1622. Cuando su madre, joven viuda de diecinueve años, regresó a su Florencia natal en 1623, Vittoria, a pesar de tener tan solo dos años, fue inmediatamente prometida con su primo Ferdinando, heredero del trono de Toscana, que apenas tenía trece. El motivo de este rápido compromiso se debe a que, como expresamente especifica el documento de promesa de casamiento, Vittoria llevaba como dote el Ducado de Urbino, que sería incorporado a Toscana. Más tarde la historia decidiría en otro sentido; aunque, más que la historia, fue el papa Urbano VIII quien cambió este proyecto.

Este papa tenía mucho interés en la promoción de su propia familia, los Barberini. De manera que en cuanto subió al solio pontificio dejó claras sus aspiraciones, en nombre de la Iglesia, por lo que respectaba al ducado. La pretensión era doblemente ultrajante, ya que el ducado no solo pertenecía a la pequeña princesa Vittoria, por ser esta la única heredera, sino porque correspondía por derecho a la familia Medici también por otra rama. Cuando Cristina de Lorena se había casado con Ferdinando I de' Medici, abuelos comunes de los dos prometidos, Vittoria y Ferdinando, llevaba como dote más de seiscientas mil coronas y los derechos sobre el Ducado de Urbino, recibidos en herencia por su abuela, Caterina de' Medici, reina de Francia, que los había a su vez heredado de su padre, Lorenzo II de' Medici, duque de Urbino. El ducado era pues, tanto por derecho masculino como femenino, mediceo. A pesar de todo, el papa hizo que sus tropas entraran en el pequeño ducado para tomar posesión de él.[33]

El matrimonio de Vittoria con Ferdinando II de Toscana creaba un complicado enredo familiar, donde todos eran parientes de todos. Precisamente en aquella etapa de la historia, una Medici estaba sentada en el trono de cada uno de los cuatro principales países de Europa, además de ocupar el del Gran Ducado de Toscana. En Francia se encontraba Maria de' Medici, esposa de Enrique IV; en España, Isabel, hija de Maria de' Medici y esposa de Felipe IV; en Inglaterra, Enriqueta María, también hija de Maria de' Medici y esposa de Carlos I; y en Austria, la propia Eleonora Gonzaga Medici. La maraña familiar se complicaría aún más con la boda posterior del hijo de Claudia y del archiduque Leopoldo, el archiduque Fernando Carlos de Austria, que era por tanto hermanastro de Vittoria della Rovere a través de su madre, con su prima Anna de' Medici, hermana de Ferdinando II de' Medici.

En la práctica, los dos hermanos, Vittoria della Rovere y Fernando Carlos de Austria, se casaban con dos hermanos, Ferdinando II de Toscana y Anna de' Medici. La hija de Fernando Carlos de Austria y de Anna de' Medici, Claudia Felicidad, se casaría con otro de sus primos, el emperador Leopoldo I de Austria. Otra hermana de Ferdinando II, Margherita de' Medici, se casó a su vez con Eduardo Farnesio, duque de Parma. Fueron los antepasados de la futura reina de España, Isabel Farnesio, y el origen de las pretensiones de esta última a la sucesión del gran ducado.

El matrimonio del heredero del trono con Vittoria della Rovere resultó ser un verdadero desastre. Además de no llevarle en herencia el prometido Ducado de Urbino, cuya posesión había sido la única razón de la boda, Vittoria demostró ser una mujer boba, ignorante y frívola. Muy beata, estaba totalmente dominada por los curas, por lo que favorecía su dominio y sus manipulaciones, lo que llevó al país a la ruina.[34] Tenía un carácter colérico y las disputas que provocó hicieron de aquel matrimonio un auténtico infierno para el pobre Ferdinando. Acabaron haciendo vidas separadas; vivían en dos alas opuestas del palacio ducal y se veían solo para presenciar alguna que otra ceremonia oficial.

Aunque el daño mayor lo hizo educando a su hijo Cosimo, futuro Cosimo III, más como un monje que como un futuro soberano. Reinó durante medio siglo junto a su marido e influyó negativamente durante otros veintitrés años, casi la mitad del siguiente reinado, en el de su hijo.

Gian Gastone de' Medici (1671-1737), el último gran duque

Soy de la opinión de que el último miembro de la Casa de' Medici que rigió los destinos del gran ducado merece algo más de consideración de la que los historiadores le han concedido.

Es probable que no fuera una personalidad excepcional, pues simplemente era un hombre que el destino colocó en una posición que de haber podido elegir no hubiera deseado ocupar y que tampoco era adecuada para él. Su triste infancia, que tal vez solo superó con creces su triste vida, coincidió con un periodo de grandes dificultades en Europa, por aquel entonces azotada por las guerras de sucesión y la consolidación del absolutismo más frenético. Gian Gastone no tenía ni los medios ni la inteligencia suficientes para hacerles frente, y menos aún ganas de luchar contra acontecimientos que estaban, sin duda alguna, por encima de sus capacidades.

Su vida fue un continuo enmascaramiento de su desdicha y timidez bajo un aparente sarcasmo que solo refleja un espíritu sencillo y divertido. En cuanto a su muerte, significó para Toscana el fin del predominio mediceo que se había mantenido contra viento y marea durante seis siglos, y la consiguiente instauración de una nueva dinastía. De ese modo, por primera vez, pasó a reinar en Toscana una dinastía extranjera mantenida con la ayuda de las tropas imperiales.

Una ocupación que duraría poco más de un siglo, hasta que en 1859 el gran ducado votó a favor de su anexión a Italia, a costa de la pérdida de su propia independencia.

Gian Gastone falleció el 9 de julio de 1737 y su muerte fue anunciada por el lúgubre sonido de las campanas de la catedral, seguidas de las de San Lorenzo y, después, por las de todas las iglesias de la ciudad, sin olvidar la campana del palazzo Vecchio; a las que siguieron las campanas de las restantes ciudades de Toscana. Estas campanas no solo anunciaban la muerte del gran duque, sino el final de la dinastía, decidida hacía tiempo en otros lugares: en los centros de decisión de las grandes potencias europeas.

Los preparativos para el grandioso funeral se habían puesto en marcha días antes, cuando su quebrantada salud había empeorado y se anunciaba su inminente final. De hecho, pocas horas antes del deceso, una carroza negra tirada por ocho caballos negros, con el blasón de la Casa Real en las portezuelas, había salido del monasterio delle Quiete en dirección al palacio Pitti, escoltada por la guardia montada. En su interior iba su alteza electora, la hermana del soberano, a quien los funcionarios del palacio habían avisado de la inminencia del final. Anna Maria Luisa, que desde hacía tiempo vivía retirada de la corte por desaprobar la conducta y las amistades del gran duque, había decidido a pesar de todo ayudar a su hermano a morir cristianamente.

Por las calles, la gente se inclinaba al paso de la augusta princesa. Aunque no podían verla, oculta como estaba en el interior de la carroza con las cortinas echadas, todos sabían que se trataba de ella, pues el número de los caballos que tiraban de la carroza señalaba su alta condición. Lo cierto es que ella adoraba los caballos y poseía unos sesenta. Mientras Anna Maria Luisa llegaba a la residencia de su hermano, en el palacio se producía una huida general. Los Ruspanti, aquella pandilla de parásitos que habían rodeado al gran duque en los últimos años impidiendo que se le acercara nadie, salieron corriendo por temor a la venganza de la princesa, llevándose todo lo que podían robar, mientras el gran duque agonizaba solo en su habitación del primer piso. Cubertería de plata, objetos decorativos, pequeñas joyas, valiosas porcelanas...: cosas que malvenderían para poder salir adelante, ahora que Gian Gastone ya no estaría para otorgarles prebendas a manos llenas.

En sus últimos tiempos el soberano vivía en un estado tal de suciedad que los cortesanos entraban a duras penas en su habitación y, por su parte, lacayos y pajes no osaban tomar la mínima iniciativa, pues hubiera podido costarles el puesto. Al fin y al cabo, muerto un soberano, llegaría otro; aunque, en este caso, eso estaba por ver. Los cortesanos, los comerciantes y los hombres de toda condición que durante años se habían enriquecido aprovechando sus debilidades, habían desaparecido como por ensalmo, de modo que no había ni rastro de ningún amigo.

En una sala contigua a la alcoba gran ducal donde se estaba apagando el gran duque, el doctor Niccolò Gualtieri, su médico personal, con sus cinco ayudantes, esperaba instrucciones. Hablaba en voz baja con el maestro de ceremonias de la corte. ¿Cómo se vestirá el cadáver del gran duque para ser expuesto en la Sala de las Audiencias, bajo el baldaquino del trono?, preguntaba; dos criados del guardarropa fueron enviados a elegir entre los trajes de civil, uno de los cuales estaba destinado después a ser cubierto por la capa de gran maestre de la Orden de San Esteban.

De repente, las grandes puertas de la antecámara se abrieron y apareció ella, la princesa Anna Maria Luisa, más altiva que nunca, seguida de algunos dignatarios. Como siempre, iba vestida de negro, aunque llevaba unas joyas magníficas que provocaron la admiración incondicional de los presentes; siempre le habían gustado las joyas, y no perdía ocasión de mostrarlas. Ante la presencia de su alteza electora, todos se inclinaron profundamente. Aparecieron de pronto, como por arte de magia, salidos no se sabe de dónde, varios miembros de la corte, ministros y altos funcionarios escoltados por pajes y lacayos. Es evidente que, en aquel instante, todos sabían que ella representaba la suprema autoridad.

Sin decir una palabra, la princesa se dirigió directamente a las habitaciones de su hermano y, con un gesto casi imperceptible, dio a entender que quería que la dejaran sola con el moribundo. Entró a pasos lentos, lanzando una mirada distraída a aquel cuerpo hinchado y febril que adivinaba en la penumbra de la habitación. Atrajo su atención la suciedad que reinaba por doquier. Instintivamente, se tapó la nariz con su hermosa y nívea mano, evitando la mirada de los dignatarios que la habían acompañado hasta el umbral de las habitaciones ducales. Se recompuso de inmediato y recuperó su aspecto arrogante. No podía, delante de los sirvientes, en una corte que observaba sus mínimos gestos, mostrar su disgusto por lo que veía en aquella habitación.

Era mucho peor de lo que le habían contado y también de cuanto pudiera imaginar. Se volvió, muy lentamente, y ordenó que su hermano fuera lavado, arreglado y trasladado a otra habitación. Era absolutamente necesario que Gian Gastone pudiera morir con toda la dignidad que correspondía al último gran duque de la dinastía. Después, la princesa dio la orden de reunir un consejo. Había que preparar el orden del cortejo fúnebre, así como las exequias del gran duque. Hablaba en voz baja, casi resignada, con instrucciones precisas, pero con un tono que nadie hubiera soñado discutir:

El cuerpo de su alteza real deberá ser expuesto en una sala de la planta baja, en una grande. No en la real Sala de las Audiencias. Podría servir la que llevaba a las habitaciones de la gran duquesa Vittoria. Deberá estar completamente ataviada de luto. En el centro, se dispondrá un gran catafalco cubierto por la mortaja de terciopelo negro con los escudos mediceos bordados en oro, como las calaveras y las tibias y todos los símbolos mortuorios.

Y proseguía haciendo la lista de los tristes preparativos, como si todo estuviera ya dispuesto de antemano en su cabeza.

En el catafalco, el cadáver del soberano, vestido con el traje gran ducal, con la corona real en la cabeza y en el pecho, el cetro y la espada, sería expuesto para todos los súbditos que quisieran rendirle homenaje. Habría siete altares, ya que Gian Gastone era el séptimo gran duque de Toscana.[35] Asimismo, su alteza ya había dado orden al gran limosnero de la corte de otorgar a manos llenas limosnas a todos los pobres y necesitados de la ciudad; una costumbre seguida más por la voluntad de mantener el decoro de la dinastía reinante que no por la piedad, pues los Medici habían sido siempre generosos con sus súbditos.

Mientras daba instrucciones, una extraña melancolía se apoderó de ella; la melancolía que le había perseguido durante toda su vida y que ella siempre se había visto obligada a ocultar bajo un caparazón de dignidad. Pasó revista por unos instantes a su juventud, que transcurrió junto a sus hermanos. Qué lejos estaban aquellos días de su infancia: todo era tan distinto, todo había cambiado tanto... Pobre Gian Gastone, condenado a ser infeliz desde su más tierna infancia. Ella lo había querido, tal vez había sido una de las pocas personas que habían tenido hacia él sentimientos que no fueran de compasión. Pero sobre él planeaba una especie de maldición que le negaba cualquier atisbo de felicidad.

Inclemencias del destino

A causa de su nacimiento, de su posición, de la educación recibida, nunca pudo ser lo que habría querido. Evidentemente no estaba destinado a reinar, pues el heredero al trono era su hermano mayor, el soberbio Ferdinando, el gran príncipe.* Aquel hermano mayor a quien también ella

* El heredero al trono de la Toscana llevaba el título de gran príncipe.

había querido, sin sentirse jamás correspondida. Ferdinando había sido siempre un hombre frío, desapegado de la familia, incapaz de amar o de mostrar sentimiento alguno. Una vida disoluta, llena de correrías, amantes y relaciones extravagantes, había minado su salud hasta el punto de precipitar su final. Así fue como Gian Gastone, el jovencito dulce y romántico, se había encontrado con el peso de la herencia. Gian Gastone no estaba hecho para ese peso. En realidad, lo que le gustaba era refugiarse en el palacete del Caballero, construido en los jardines del palacio Pitti, yendo hacia la cumbre de la colina de Boboli, junto a la fortaleza del Belvedere. La había hecho construir su tío, el cardenal Leopoldo, para celebrar sus reuniones artísticas. Con posterioridad, su padre, Cosimo III, lo había hecho ampliar y transformar en un elegante palacete destinado a él. Allí Gian Gastone se sentía a gusto, él, el eterno romántico y soñador. Allí había empezado a cultivar sus primeras pasiones, que fueron la botánica y la ornitología, así que había llenado el palacete de tratados de botánica y de libros de zoología repletos de dibujos de animales raros. Plantaba también plantas raras y exóticas y adornaba el espacio con pájaros exóticos disecados. En ese entorno se sentía casi feliz.

Ni que decir tiene que era un solitario y que entre aquellas paredes se alejaba voluntariamente de la vida de palacio que odiaba: demasiada gente, demasiadas intrigas. Tantos ojos dirigidos hacia él, observando sus mínimos gestos... No estaba permitido que nadie se acercara al palacete del Caballero. Solamente de vez en cuando subía hasta allí su dulce cuñada, la infeliz princesa Violante Beatriz de Baviera. Violante había llegado con la ilusión de sus quince años a la corte de Florencia, como esposa del gran príncipe. Culta, a pesar de su juventud hablaba ocho lenguas, le gustaba la música y la poesía. En el primer encuentro con su esposo se había enamorado perdidamente de aquel hombre diez años mayor que ella, Ferdinando, alto, guapo y simpático, deseado por todas las damas de la corte, con una vida galante ya más que consumada a sus espaldas. Mientras él apenas miró a aquella muchachita pálida, tímida y vergonzosa que no había despertado en él ninguna clase de sentimiento.

Gian Gastone y Violante se sentaban juntos a la sombra de algún ciprés y conversaban largamente. Con ella, Gian Gastone podía desahogarse, poniéndole al corriente de su infelicidad y de la imposición de tomar esposa que pesaba sobre él y que lo llevaría a unirse en matrimonio con una mujer elegida por su hermana y por su marido, el elector palatino, de acuerdo con su cuñado el emperador. Y le hablaba también de las presiones de su padre, que ansiaba tener descendencia.

Anna Maria Luisa, recordando nuevamente aquel episodio, se dijo que tal vez se equivocó: la mujer que eligieron no estaba hecha para un hombre como Gian Gastone; en realidad, aquella mujer no estaba hecha para nadie. En su fuero interno, Anna Maria Luisa se reprochaba su decisión, aunque no hubiera hablado nunca de ello con nadie. Era demasiado orgullosa para admitir un error tan garrafal, que había envenenado la existencia de su hermano. Tal vez, si ella no le hubiera elegido una mujer tan poco adecuada, las cosas hubieran sido de un modo muy distinto. Tal vez hubiera tenido sobrinitos que malcriar y la sucesión hubiera estado asegurada. La sucesión, la gran desazón de la dinastía.

Anna Maria Luisa comenzó de nuevo a dar instrucciones. Ella no asistiría a los funerales, pero, desde lejos, se ocuparía de que todo se hiciera como había indicado; que la tradición fuera respetada y que cada uno estuviera en su lugar en función de su rango. Cuando el funeral diera comienzo, ella, damas y su corte saldrían en carroza por la parte trasera del palacio, cruzando el jardín de Boboli, y esperarían el cuerpo de su difunto hermano a la puerta de la basílica de San Lorenzo. Después, tendrían lugar las interminables ceremonias fúnebres. Y solo cuando todo se hubiera acabado de verdad ella podría regresar a su vida de oración y de meditación; acaso pensando en su propio funeral.

Gian Gastone había nacido el 24 de mayo de 1671, el mismo día en que se celebraba el primer aniversario de la muerte de su abuelo, Ferdinando II, quinto gran duque de Toscana. Era el último de los tres hijos de Cosimo III y de Margarita Luisa de Orleans, la orgullosa y altiva sobrina del Rey Sol. Precisamente de su abuelo materno, Gastón de Orleans, hermano de Luis XIV, había heredado aquel nombre tan inusual en la Casa de' Medici. Pocos años después, en 1675, cuando Gian Gastone había cumplido apenas los cuatro años, su madre los había abandonado para regresar a París; la corte de Florencia le parecía demasiado poca cosa para su dignidad de princesa francesa.

Gian Gastone no había sido considerado por su padre como un posible heredero. De esto debía ocuparse el hijo primogénito, el gran príncipe Ferdinando, mientras Gian Gastone estaba destinado, como los príncipes no primogénitos, al honor de la púrpura cardenalicia. Para él se pensaba en la sucesión de su tío, el cardenal Francesco Maria. Había recibido una educación excelente, pues Cosimo III le había dado como maestros en ciencias a Vincenzo Viviani, el mejor discípulo de Galileo Galilei; a Antonio Mariano Salvini en literatura; a Antonio Magliabechi en bibliografía, y a Giuseppe Averani en jurisprudencia. Como preceptor suyo fue designado el padre Noris, posteriormente nombrado cardenal, así como director de la Biblioteca Vaticana. Además de las ciencias, entre las que prefería, como hemos visto, la botánica y la arqueología, al joven le gustaban la música y el arte; hablaba griego, latín y las lenguas de la diplomacia, como el francés, el español y el inglés. En aquel tiempo, era un joven tímido e introvertido: «Físicamente agradable y de trato amable, inclinado a los estudios», como escribía un contemporáneo. Por lo que respecta a su hermano Ferdinando, Cosimo III era constantemente informado de la vida disipada del gran príncipe, que no parecía dispuesto a dar herederos a la Corona. En Venecia, de cuyo carnaval Ferdinando era el rey, se decía que había contraído «el mal francés» a través de una prostituta que él no quiso ceder al duque de Mantua, al que consideraba inferior en rango. También se sabía que, de regreso del carnaval, Ferdinando se había marchado en compañía de un cantante cuya feminidad era conocida por todos. Preocupadísimo pues por la sucesión, Cosimo III comenzó una serie de consultas para que Gian Gastone hiciera un buen matrimonio.

NI BUEN VIENTO NI BUEN CASAMIENTO

Aunque con los ojos siempre velados por cierta melancolía, Gian Gastone tenía todas las cualidades para gustar a las damas: era alto, esbelto, con el cabello azabache y rasgos armoniosos. Dotado de una inteligencia viva y aguda, cuando quería sabía ser también muy divertido. Se comenzó entonces la búsqueda y, considerando que los matrimonios franceses no habían dado muchos beneficios a la Casa de' Medici, se pensó en una princesa alemana. Austria se volvía cada vez más poderosa y el Gran Ducado de Toscana necesitaba un aliado fuerte; además, los ya numerosos vínculos familiares con la Casa Imperial favorecían esta decisión. Esta fue precisamente la desgracia de Gian Gastone.

La electora, su hermana, en la abundante correspondencia con su padre, se comprometió a encontrar una esposa adecuada para su joven hermano, a quien sabía muy solo en Florencia, dedicado a sus estudios pero también víctima de profundas crisis depresivas. Anna Maria Luisa se equivocó totalmente, atrapada como estaba en los juegos de la diplomacia y acaso influida por el deseo de tener cerca a su hermano. Su elección recayó en Ana María Francisca, hija del último duque de Sajonia-Lauenburgo; una pariente lejana, ya que era viuda del príncipe Felipe de Neoburgo, de la familia de su marido. La suya no podía haber sido una elección peor. Aun así, el único que entendió que se estaban equivocando fue el libertino gran príncipe Ferdinando. Cuando

Gian Gastone se despidió de él, Ferdinando, que estaba al corriente de todo, le preguntó irónicamente: «¿Dónde va vuestra alteza?». «A buscar esposa a Alemania, para intentar tener descendencia», respondió Gian Gastone. «Podría demostraros que Alemania es estéril para nuestra casa —dijo Ferdinando—. Id, id, casaos, tened un buen viaje, pero no puedo aseguraros que vayáis a encontrar la felicidad.»

Los acontecimientos demostrarían que, al menos en esta ocasión, Ferdinando había tenido más sentido común que el resto de la familia. Gian Gastone, por su carácter tímido, siempre había sentido admiración por su joven cuñada, la dulce hija del elector de Baviera, que le correspondía con simpatía. Aislados en la corte florentina, ya que Violante había sido vergonzosamente descuidada por su marido, los dos jóvenes, como es natural, se habían acercado por la compasión recíproca. Lamentablemente, la princesa de Sajonia-Lauenburgo era de otra pasta muy distinta. En primer lugar, Ana María Francisca no tenía ninguna intención de trasladarse a Florencia. Ella era feliz en sus tierras de Bohemia, en sus bosques y en sus caballerizas. La sola idea de tener relaciones con aquella corte medicea, demasiado refinada e intelectual para ella, la enfurecía. Solo la testarudez de Anna Maria Luisa y una discreta pero siempre decisiva presión del emperador la hicieron aceptar aquella boda de la que habría de arrepentirse.

Era una mujer dura, teutónica, que no quería ni caricias ni ternura. Le gustaba cabalgar por el bosque, mandar y aterrorizar a todos aquellos que se le acercaban. De su primer marido, el príncipe de Neoburgo, se decía que se emborrachaba todas las noches para olvidarla; y para colmo, ella se lo reprochaba siempre y se pasaba el día discutiendo con él. Tampoco su aspecto era muy agradable. Era alta, corpulenta, generosa de pecho, caderas, manos y pies; tenía ojos fríos y gélidos y hablaba con dureza.

La boda se celebró en la corte de Düsseldorf, donde se encontraba su hermana, que era quien lo había organizado todo. Cuando Gian Gastone vio a su esposa por primera vez, un escalofrío recorrió su cuerpo y entendió cuánta razón había tenido su hermano. El viaje de regreso a Bohemia, a la tierra de ella, fue gélido. Gian Gastone escribió a su padre:

> Durante el viaje a Bohemia todo han sido malas caras, llantos y rabietas eternas; no aprobaba nada de lo que se hacía, y eso que todo el viaje se hacía a mi cargo. De este talante ha seguido hasta ahora por lo que respecta a su humor, aunque yo haya hecho por ella y contra mis intereses y mi dignidad lo que no he hecho por vuestra alteza, y sufrido por su culpa los mayores disgustos, molestias y perjuicios.

La visión de aquellos que Gian Gastone llamaba aún con agudeza «nuestros felicísimos Estados» había sido para él una preocupación terrible: extensiones infinitas de tierras no cultivadas, casi desoladas, pobres y sin vida, frías, cubiertas enteramente de nieve que parecía que fuera a ser eterna. En definitiva, una visión desoladora. Y él estaba acostumbrado a la vista de la campiña toscana, con sus hermosas villas señoriales, los cipreses y las magníficas extensiones de campos coloreados y variados, con el mar detrás de las colinas. Aquel paisaje pasó a angustiarlo, y aún más la cercanía de aquella mujer rígida, ceñuda, irritada por haber tenido que aceptar aquella boda con aquel príncipe a quien ya odiaba.

La llegada a Reichstadt fue aún más desoladora. El viejo castillo se «aguantaba con puntales», sin ninguna clase de nobleza y de comodidad. A pesar de esto, Ana María Francisca, imperiosa y soberbia, quería organizarlo todo y «creía ser la más grande señora del mundo por tener estas cuatro glebas en Bohemia».[36] Gian Gastone escribía: «Estos alemanes se imaginan que la incomodidad causada por la nieve es recompensada por el gusto de ir en trineo, pero yo creo que hay mucho que decir al respecto».

¡Cómo añoraba el fasto de las villas mediceas!

La otra pasión de su esposa era la caza, aunque tal afición servía de poco en semejantes parajes. Como escribe Gian Gastone: «Hemos estado dos días de caza, pero estos pueblos están despoblados de hombres y de animales, y a Ginori [un caballero florentino de su séquito], desesperado, se le ha ocurrido enviar su arcabuz a Florencia, pues aquí no hay ni siquiera un pájaro».

Tampoco tiene mucho que contar: «Nada os puedo decir, pues en este país las nuevas tienen que venir de fuera, ya que aquí nacen pocas». En cuanto a las relaciones con su mujer, ni las menciona. Y de nuevo a su padre, que espera de él ansioso un nieto, le cuenta: «Dentro de dos días, iré al campo a hacer entrar en razón a mi mujer, que va arriba y abajo por estas haciendas rurales corriendo detrás de las liebres».

Gian Gastone se quedaba siempre solo en aquel frío castillo; pasaba los días mirando por la ventana por si aparecía alguien; su vida consistía en comer, beber y dormir. Tal vez se remontara a aquella época la relación que Gian Gastone inició con un tal Giuliano Dami, una persona de servicio que tenía en su séquito, de muy buen aspecto y con facilidad de palabra. Gian Gastone, tal vez buscando consuelo a su desventurado aislamiento, entabló con él una relación íntima que alimentó habladurías durante los siguientes decenios. Antes de declararse vencido por la frigidez y la rigidez de su mujer, con su padre empujándolo siempre a tener relaciones íntimas con ella en la desesperada búsqueda de un heredero, escribía:

Me sacrifico en mi matrimonio, tratando de servir a los deseos de vuestra alteza serenísima. He tratado y trato siempre de contribuir en cuanto está en mi mano a los deseos de vuestra alteza serenísima y a mi obligación por lo que respecta a la sucesión. Pero no puede convertirse en oro un durísimo metal que no quiere dejarse tratar a ningún precio. Tras la fatigosa escuela de diez meses con mi princesa, y esto quiere decir algo, creo que merezco algunas semanas de vacaciones.

En la primavera de 1698, Gian Gastone abandonó la odiosa Reichstadt para trasladarse a Aquisgrán, donde su hermana tomaba las aguas, con la esperanza de lograr un heredero que no llegaba. Después continuó el viaje hacia París, donde llegó de incógnito bajo el nombre de marqués de Siena. Quería visitar a su madre, la gran duquesa Margarita Luisa. Al final lo consiguió, pero no sin verse obligado a esperar cinco días antes de ser recibido por ella a la hora de la comida. Asimismo, su madre le negó los caballos que precisaba para ir a visitar a Versalles al Rey Sol, «porque estaban cansados». Lo había abandonado cuando tenía solo cuatro años. Ahora Gian Gastone tenía veintisiete y, aunque en su residencia de Bohemia había engordado, seguía siendo un príncipe bien parecido. En cuanto a Luis XIV, su primo, lo recibió con gusto y le regaló una espada. Perseguido por las cartas de su padre, que temía el contacto con la odiada Margarita Luisa y le ordenaba regresar con su mujer, Gian Gastone siguió camino hacia Holanda y se dirigió finalmente a Praga, donde llegó en pleno carnaval; allí frecuentó las «casas de tolerancia» y se dedicó a los «juegos de azar».

De ahora en adelante, alternaría temporadas de cautiverio en Reichstadt, donde se dejaba ganar por la apatía, con largas estancias de evasión en Praga, Düsseldorf y Hamburgo, donde frecuentaba asiduamente todos los bailes y fiestas. Durante sus estancias en Reichstadt no abría ni siquiera el correo para no tener que responder a los reproches de su padre, quien no dudó en enviarle al marqués Rinuccini y al conde Martelli para controlar la situación. Así fue cómo su carácter alegre empezó a cambiar y se volvió paulatinamente más cerrado y apático. Sus cartas, que habían sido siempre muy espirituales, se volvieron sarcásticas. Cambió también en el aspecto físico, pues engordó considerablemente y se volvió fofo; también tenía problemas para andar y para bajar de la carroza. Los excesos de comida y de bebida, a los que parecía que había dedicado todo su tiempo, empezaban a hacerse palpables.

Cosimo III pensó que una estancia en Florencia acercaría a la pareja. De hecho, Ana María Francisca no había estado nunca en Toscana. Pero la princesa se negó a abandonar sus «prósperos Estados», pues temía que aquellos Medici que odiaba la envenenaran. En consecuencia, en 1705 Gian Gastone regresó solo a Florencia. Tenía treinta y cuatro años y hacía ocho que estaba fuera. Ya no era el mismo hombre y también sus intereses habían cambiado, aunque es arriesgado afirmar que en aquellos momentos tuviera alguno. Lo que sí es cierto es que no regresó nunca más al pabellón del jardín de Boboli, el palacete del Caballero, que tanto le había gustado en su juventud; tampoco se dejaba ver casi nunca en la corte: prefería amistades extravagantes con las que salía de noche y no regresaba hasta el amanecer.

En 1707, tal vez a causa de las presiones de su padre, Gian Gastone regresó a Reichstadt. Tampoco allí las cosas habían cambiado y Gian Gastone pasaba los días en soledad, comiendo y bebiendo «cerveza alemana». En 1708 regresó de nuevo a Florencia para asistir a la boda y tragedia de su tío cardenal, pues a estas alturas Cosimo III, perdidas las esperanzas de tener un heredero de alguno de sus tres hijos, forzó a su pobre hermano, el alegre cardenal Francesco Maria, a renunciar a la púrpura cardenalicia para casarse con la joven Eleonora Gonzaga. En la Casa de' Medici ya se había visto, casi ciento cincuenta años antes, que el cardenal Ferdinando había sido obligado a renunciar a la púrpura para suceder a su hermano Francesco I, fallecido repentinamente.

El cardenal Francesco Maria, desde que tenía treinta años, era un hombre francamente obeso, glotón y amante de los placeres de la buena mesa. Esto no le impedía ser altamente considerado en el Sacro Colegio, hasta el punto de que de él se decía: «Fue papa siempre que quiso». Se resistió a los deseos de su hermano el gran duque todo lo que pudo, pues despojarse de la púrpura cardenalicia no solo significaba renunciar a conspicuas rentas, sino también a aquella buena vida que tanto le gustaba. Temía que «habiendo sido el primero con anterioridad, ahora se convirtiera en el último».

Compartía con su sobrino Ferdinando, el gran príncipe, la afición por el teatro y las comedias musicales, así como por las comilonas. Y le gustaba sobre todo residir en su bonita villa de Lappeggi, que había ampliado y embellecido. Así las cosas, el matrimonio fue un auténtico desastre, a lo que hay que sumar que cuando Eleonora vio a aquel marido gordo y «reluciente como un cerdo» que le habían destinado, se negó categóricamente a la unión sexual, argumentando razones de fe religiosa. Pero el destino depara a veces desagradables sorpresas y, pasado el tiempo, esta princesa de la que se decía que «tiene un cuerpo bellísimo, ojos vivaces, una hermosa boca con labios más bien prominentes, el pecho bien torneado», acabaría como el marido que los maliciosos juegos de la política le habían destinado: gorda y grasienta. El pobre Francesco Maria falleció dos años después, en 1710. En los últimos tiempos había perdido su humor afable y divertido y se había encerrado en una profunda melancolía, que ni siquiera le permitía comer. Volviendo a Gian Gastone, cuando en 1714 murió su hermano, el gran príncipe Ferdinando, de aquel «mal francés» contraído unos años antes en el Carnaval de Venecia, pagando así los excesos de una vida disoluta y excéntrica, pasó a ser el heredero del gran ducado, con el título de gran príncipe. Él, que no había sido destinado a aquel papel, que solo pensar en él le resultaba odioso, se encontraba a pesar suyo teniendo que sostener las riendas del gran ducado tras la muerte de su padre, que vivió aún hasta 1723.

Tras subir al trono, Gian Gastone pareció por un momento querer salir de su entumecimiento y de su apatía. Aunque este hombre amargado, de cuya boca no salían más que expresiones sarcásticas, se había quedado casi ciego a causa de las excesivas libaciones. Al regreso de su último viaje a Bohemia había dado orden de que no deshicieran sus maletas. Cuando finalmente mandó abrirlas, descubrió que todo su guardarropa había sido devorado por las polillas; pero eso poco le importaba, pues solucionó el asunto imponiendo en la corte la moda francesa.

En cuanto a su gestión, eligió ministros ilustrados, como Felipe Buonarroti y Giulio Rucellai, ministros que permitieron la introducción en Toscana de la masonería y abrieron el paso a los judíos. Asimismo, Gian Gastone, sin abolir la pena de muerte, dejó de aplicarla, suspendiendo las ejecuciones. También hizo suprimir la colecta, un impuesto que afectaba sobre todo a los pobres y a los que no poseían bienes. Y como si quisiera vengarse de haber tenido que ocupar aquel trono que no deseaba, redujo considerablemente los gastos de la corte, recortando todos aquellos que reportaba el mantenimiento de los fastos mediceos.

Llamó a su lado a su cuñada Violante de Baviera, la dulce Violante, tal vez la única persona por la que sentía simpatía, tan distinta de su horrible mujer alemana y de su hermana. Violante había sido nombrada por su padre gobernadora de Siena para que no hiciera sombra a la autoritaria hermana de Gian Gastone, Anna Maria Luisa. Gian Gastone, que odiaba el ejercicio del poder, dejaba a Violante las audiencias públicas; y ella fue una consejera hábil y prudente. Incluso el papa Benedicto XIII le había enviado la rosa de oro, distinción destinada solo a las reinas; aunque no faltó el sarcástico comentario de Gian Gastone cuando le pidieron instrucciones acerca de cómo tenía que desarrollarse la ceremonia de la entrega: «Preguntádselo al jardinero de Boboli. Yo no entiendo de rosas». Parece ser que su lema pasó a ser «*Laissez faire*», en español: «Dejen hacer».

Por entonces su mente iba a la deriva. Ya no salía de su habitación. Permanecía siempre allí, encerrado, echado en la cama, perezoso y somnoliento. Había perdido todo interés por la vida. Giuliano Dami, que había alegrado sus tristes estancias en Bohemia, era ahora una especie de maestro de la diversión, e introducía en la alcoba gran ducal a personajes de baja condición, cantantes vulgares, mujeres indecentes y prostitutas, con las que el gran duque se divertía haciendo juegos eróticos. Reducido a la sombra de lo que fue, Gian Gastone no volvió a salir de su habitación y no se vistió decentemente durante los últimos trece años de su vida, salvo en dos ocasiones: en 1729, cuando en las fiestas de San Juan salió en carroza; y en 1735, cuando salió de palacio en silla de manos.

Perdida toda dignidad, con la mente ofuscada, el cuerpo consumido, hacía tiempo que no permitía que lo lavaran. Vivía en una suciedad inmunda y su habitación no parecía precisamente la de un gran duque. Hay que decir que, por una extraña coincidencia, en la misma época, en el alcázar de Madrid, Felipe V de España vivía en las mismas condiciones. Y también el Rey Sol, en los últimos años de su vida (falleció en 1715), se había abandonado, descuidando hasta extremos inimaginables la higiene, llevando pelucas sucias y llenas de pulgas.

Tenazmente rencoroso con su hermana, Gian Gastone se negaba a recibirla, pues sabía que ella lo regañaría con severidad. Solo llegó a verla cuando, próximo el fin y cuando el gran duque ya no era responsable de sus actos, Anna Maria Luisa forzó la puerta de sus habitaciones para asistirlo moribundo. Fue su último contacto. Como se ha visto, la electora hizo que lo lavaran, lo vistieran y lo trasladaran a otra habitación, para que pudiera morir dignamente.

En 1731 llegó procedente de España Carlos de Borbón, hijo de Felipe V y de Isabel Farnesio, que las potencias habían acordado que fuera heredero del trono. También en aquella ocasión Gian Gastone se mostró sarcástico: «Ya veréis, ya veréis como a los sesenta años engendrará un bonito niño que vendrá con un pan bajo el brazo». Después se entregó a Carlos el Reino de Nápoles, aunque a Gian Gastone poco le importaba que las potencias le hubieran elegido otro sucesor, aquel Francisco de Lorena que entonces se encontraba luchando contra los turcos y que no llegó nunca a conocer. Marc de Beauvau, futuro príncipe de Craon, que

Francisco de Lorena había enviado a Florencia para tomar posesión de sus Estados en cuanto muriera el gran duque, comentó en estos términos su encuentro con el moribundo: «Es cuando estaba en condiciones que daban lástima. No era capaz de levantarse de la cama; tenía la barba crecida, las sábanas sucias, la ropa en desorden [...]. Con la vista enturbiada y debilitada, la voz baja y fatigada, hacía pensar que no le quedaba ni un mes de vida».

Cuando Gian Gastone vio en su habitación al prior de Santa Felicità, don Ippolito Rosselli, cuya presencia Anna Maria Luisa había reclamado con urgencia, entendió que había llegado el final. Y él, que siempre había tenido verdadero terror a la muerte, le dijo tranquilamente: «Todos tenemos que morir».

Se confesó y recibió el viático con tanta piedad que todos los presentes quedaron conmovidos. Y después, tras la extremaunción, con el crucifijo de oro y diamantes en las manos finalmente limpias y cuidadas, pronunció débil pero claramente: «*Sic transit gloria mundi*». Eran las dos y veinte de la tarde del 9 de julio de 1737. Gian Gastone I de' Medici, séptimo gran duque de Toscana, había reinado durante trece años, ocho meses y nueve días.

LAS TUMBAS MEDICEAS

Los Medici tenían una particularidad: no reparaban en gastos ni siquiera para sus coronas. Lo cierto es que ninguno de ellos quería ponerse en la cabeza una corona que hubiera llevado otro, y ni siquiera querían utilizar las mismas joyas, de modo que todos los grandes duques mediceos eran enterrados con su auténtica corona en la cabeza y con el cetro alhajado junto a ellos, mientras el sucesor encargaba una nueva corona y un nuevo cetro. Por esta razón, cuando la cripta fue visitada por los ladrones a principios del siglo XIX, estos buscaron sobre todo las tumbas de los grandes duques y de las grandes duquesas.

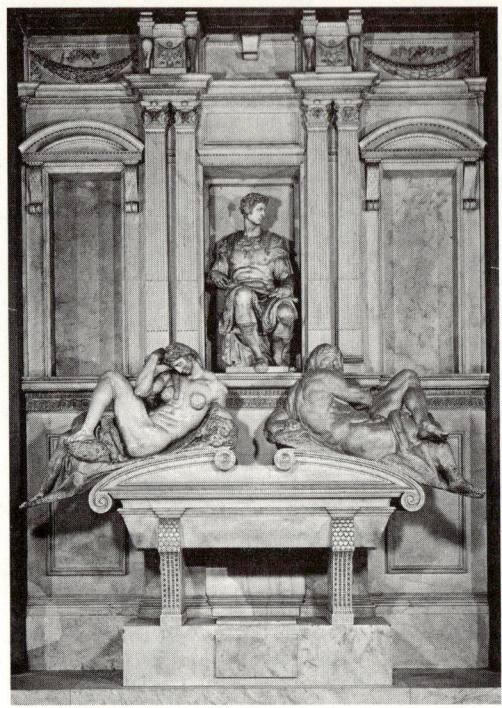

Fig. 26. Tumbas mediceas.

Para ser fieles a la verdad, tan solo quedaron a salvo las tumbas de Cosimo III y de Gian Gastone, que no tenían ningún signo distintivo en el exterior. De este modo, fueron las únicas tumbas que se hallaron intactas, con corona y cetro, cuando fueron abiertas por una comisión creada especialmente para ello en 1857. Se supone que el robo tuvo lugar entre 1791 y la ocupación napoleónica de Toscana, que tocó a su fin en 1814. Ya en 1791, el gran duque Fernando III de Lorena había hecho trasladar las tumbas de los grandes duques Medici con el fin de hacer una cripta especial para los grandes duques de su propia familia. Así, hizo llevar los ataúdes de los Medici a un sótano, situado debajo de la propia cripta de los Lorena, que quedó sin vigilancia y donde los ladrones pudieron actuar tranquilamente; aunque es probable que no se supiera entonces que los Medici se habían hecho enterrar con todas sus joyas, ya que este detalle fue descubierto por la comisión en 1857.

Tal era el valor de las alhajas, que para evitar que fueran robadas cada operario era escoltado por dos guardias. Del minucioso inventario hecho por la comisión, Young hizo esta descripción de la tumba de Cosimo III:

Debido a la oscuridad y la confusión general que reinaba en la cripta inferior, y al hecho de que el ataúd no poseyera en el exterior ningún signo especial, los ladrones no lo encontraron y, cuando fue abierto en 1857, se vio que contenía aún la corona alhajada y el cetro, que habían sido enterrados con él. El cuerpo estaba revestido con la capa de gran maestro de la Orden de San Esteban y tenía a su lado el cetro. En la cabeza llevaba la corona real, colocada sobre un gorro de terciopelo. Debajo de la capa, el cuerpo estaba envuelto en una sábana de seda negra y tenía cerca de la cabeza una gran medalla de oro, así como una medalla semejante en el pecho. Estas medallas, que pesaban muchísimo, lucían por un lado su efigie y su nombre y en el reverso una figura femenina que representaba la Toscana sentada frente a un templo con la inscripción «Paz», con el gran duque con la armadura, en pie frente a ella, haciéndole el gesto de que permanecía cerrado, con la frase «*Sic stabis*».

Anna Maria Luisa de' Medici, electora palatina (1667-1743)

Siempre me ha gustado Anna Maria Luisa, la última de la rama gran ducal de la familia. Su imagen solitaria tiene algo de grandiosamente patético y muy fascinante. Pero lo es sobre todo su voluntad, pues fue su decisión de dejar casi la totalidad de sus inmensos bienes a Florencia lo que ha per-

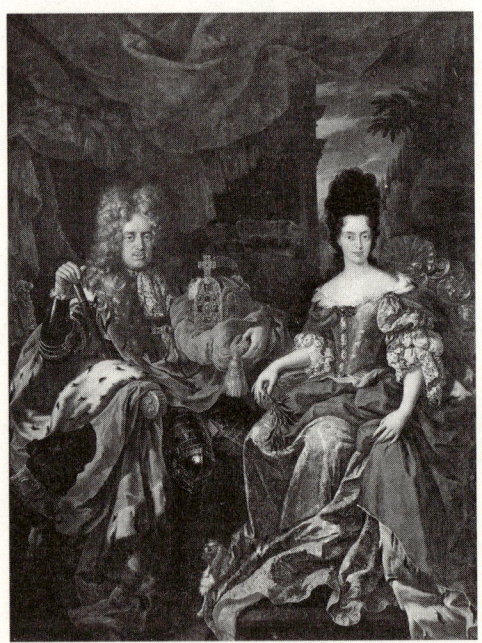

Fig. 27. *Retrato de Johann Wilhelm von Pfalz-Neuburg, elector palatino del Rin, y su esposa, Anna Maria Luisa. Pintura de Jan Frans van Douven.*

mitido a esta ciudad, como ya he dicho, ser la capital mundial de la cultura dos siglos y medio antes que cualquier otra ciudad del mundo.

A Anna Maria Luisa se la considera en los libros de historia, por lo general equivocadamente y al tiempo con razón, como la última de los Medici. Equivocadamente porque, como se explica en otro capítulo de este libro, Anna Maria Luisa no fue la última de los Medici. Y con razón, porque sí fue la última de su rama. Sobre sus donaciones y la importancia de estas, me extenderé ampliamente a continuación. Dedicando un capítulo a Anna Maria Luisa, uno de mis personajes favoritos de la familia, quiero no solo rendirle un homenaje personal, sino puntualizar que si no hubiera sido por ella, por su clarividencia y su gran generosidad, todo lo que en siglos anteriores había dado aquel toque de *glamour* a los Medici estaría hoy disperso y probablemente habría desaparecido. Por esta voluntad suya de donar a los venideros sus colecciones privadas, un gesto sin precedentes en la época considerando la increíble importancia de la donación, Anna Maria Luisa aplicó la filosofía de los Medici: poner el arte a disposición de todos. El arte en todas sus expresiones: cuadros, estatuas, joyas, muebles, objetos raros y valiosos, todo cuanto había sido acumulado por los Medici en los siglos anteriores, entregado y puesto a disposición de todos. Un arte sin fronteras, sin distinciones de nacionalidad, de raza y de época.

Por desgracia, el agradecimiento no parece ser una cualidad propia de los pueblos, y Florencia, beneficiaria de la donación, muy pronto se olvidó de ella. Florencia, que ha sentado las bases de su propia fortuna sobre esta donación, no ha tenido con ella la misma generosidad; pues a Anna Maria Luisa no se le ha dedicado ninguna calle o plaza, y ninguna estatua recuerda al paseante cuánto debe la ciudad a esta mujer. Pero hay que decir bien alto que, si no fuera por Anna Maria Luisa, Florencia no sería Florencia: sería una ciudad italiana de provincias cualquiera, como hay muchas. Sin esos millones de turistas que la visitan cada año, turistas dispuestos a realizar largas colas frente a los museos para poder contemplar las preciosidades famosas en el mundo entero, sin ni siquiera saber que fueron regalo de esta ilustrada princesa. Solo en los últimos años, gracias a la iniciativa de unos cuantos, la figura de Anna Maria Luisa empieza a emerger del profundo olvido al que se la había injustamente condenado. Por eso es más que merecido mi agradecimiento a mi amigo Alberto Bruschi, editor florentino que tomó la iniciativa de erigirle una modesta estatua, colocada hoy junto al mausoleo mediceo, la capilla de los Príncipes, obra monumental que iniciaron sus antepasados y que ella continuó tenazmente, aunque solo fue terminada después de su muerte. Anna Maria Luisa había dispuesto un fondo en su testamento para cubrir los ingentes gastos, sospechando que los sucesores de los grandes duques mediceos, los Habsburgo-Lorena, «aquella gente codiciosa», como ella los llamaba, no le dedicarían ni un céntimo.

Anna Maria Luisa, última de su rama, había heredado las inmensas riquezas acumuladas por la familia durante los siglos anteriores: palacios y villas, con todo su contenido, terrenos y joyas, metales preciosos, muebles, antigüedades y la mayor colección de arte del mundo. Un patrimonio incalculable, para el cual era necesario preparar un futuro, a fin de evitar que todo quedara disperso y fuera destruido a su muerte. Detestaba a la nueva dinastía, a estos Lorena que se hacían llamar Habsburgo-Lorena. Y consideraba que su familia había sido tratada de una manera abominable cuando se le había negado el derecho a elegir ellos mismos a un sucesor.[37]

Mientras recorría las largas Galerías de los Uffizi y de su residencia, el repleto palacio Pitti, rodeada por todos aquellos cuadros, estatuas, bronces, gemas raras, tantas otras obras de arte, sabía que no podía permitir que toda esa riqueza fuera destruida por la avidez de los hombres y se dispersara para siempre. Tomó pues una decisión: hacer brillar para siempre el sol de la gloria y del esplendor de los Medici, dejando todo a un único legatario universal, un heredero profundamente vinculado a su familia y que lo estaría para siempre en los siglos venideros: el Estado toscano.

El acuerdo entre las grandes potencias europeas, que asignaba arbitrariamente el trono a un príncipe extranjero,* no tocaba el riquísimo patrimonio de la familia, es decir, todo lo que llenaba la Galería de los Uffizi, los palacios y las villas que había heredado. Stefano Casciu, en su libro dedicado a Anna Maria Luisa, hace una lista completa de sus bienes y de sus donaciones. A ellas dedico todo un capítulo. En el acta de donación a Toscana, llamada «Pacto de Familia», entre Anna Maria Luisa y el nuevo gran duque, Francisco de Lorena, marido de María Teresa de Austria, la princesa:

> Cedía a los siguientes grandes duques de Toscana la totalidad de las inmensas riquezas, a condición de que el nuevo gran duque se comprometiera a conservarlas, condición necesaria para lo que desde este momento pasa a ser considerado propiedad del Estado de Toscana, para la utilidad del público y para atraer la curiosidad de los forasteros; y que nada fuera transportado o sacado de la capital y del Estado de Toscana.

Como podemos ver, con increíble clarividencia, Anna Maria Luisa ya pensaba en el turismo que generarían para Florencia todas aquellas donaciones. Es inútil decir que el nuevo gran duque se apresuró a no respetar aquel Pacto de Familia firmado en Viena el 31 de octubre 1737, tres meses después de la muerte de Gian Gastone, confirmado en su testamento del 5 de abril de 1739. En cuanto entró en posesión de este, con Anna Maria Luisa todavía viva, comenzó a vender partes importantes del patrimonio, ni siquiera muy secretamente.

* Véase el capítulo «Sucesión al trono de Toscana».

Cuando María Teresa se convirtió en emperatriz de Austria, se trasladó a Viena gran parte de la donación, entre la que se encontraba El Florentino, el famoso diamante de los Medici, considerado entonces el más grande del mundo. A continuación, este diamante desapareció misteriosamente y no se supo nunca más nada de él. Muchas de las joyas del Estado y personales de Anna Maria Luisa fueron dispersadas, contraviniendo así el Pacto de Familia; en parte fueron desmontadas y vendidas a Constantinopla. Tras la Primera Guerra Mundial, en 1918, con el Tratado de Saint-Germain, el Pacto de Familia firmado dos siglos antes fue considerado plenamente válido y Austria devolvió a Florencia las pocas joyas de Anna Maria Luisa que quedaron.[38]

Hacía tiempo que Anna Maria Luisa sabía, gracias a las informaciones recogidas por la diplomacia toscana, que los Lorena necesitaban urgentemente pagar enormes deudas y que confiaban en la venta de las joyas del Estado toscano y de las obras maestras de las colecciones de arte para obtener ingentes sumas de dinero líquido.[39] De ahí probablemente su desprecio hacia los nuevos gobernantes: «Hay que esperar pocas cortesías y atenciones de esta gente codiciosa».* Los Lorena vendieron incluso la vajilla de cobre, los bronces y las baterías de las cocinas mediceas, así como los muebles, la ropa blanca, las armas de colección, la plata, los valiosos tapices y los cuadros.

Desde las ventanas de sus habitaciones en el palacio Pitti que le había asignado el nuevo gran duque, Anna Maria Luisa veía cómo numerosas y misteriosas cajas eran sacadas de noche del palacio. Sabía qué estaba sucediendo, del mismo modo que sabía que de nada servirían sus airadas protestas.

¿Quién iba a escucharla? Le llegaban informaciones de fieles servidores de que también del palazzo Vecchio salían de noche carruajes que se dirigían a Viena, repletos de cajas

* Carta de Anna Maria Luisa al marqués Rinuccini, secretario de Estado.

que contenían los tesoros mediceos que allí se guardaban. Aun así, se las arregló para que el representante francés en la corte de Florencia fuera avisado de cuanto estaba sucediendo. Solo gracias a la intervención de la diplomacia francesa fue bloqueado el transporte a Viena de las estatuas antiguas.

Pero ¿quién era Anna Maria Luisa? Había nacido en Florencia, en el palacio Pitti, el 11 de agosto de 1667, segunda y única hija del gran duque Cosimo III y de Margarita Luisa de Borbón-Orleans, prima de Luis XIV. Fue bautizada por su tío abuelo, el cardenal Leopoldo, y por su tía materna, Anna Maria Luisa de Orleans, de la cual tomó el nombre. Era una niña muy morena, inteligentísima y también muy vivaracha. Había sido abandonada siendo muy niña por la frívola madre, que regresó a París en 1675, a la corte de su tío, el rey de Francia, lejos de aquel marido al que despreciaba y de aquella Florencia que siempre había odiado.

Porque Margarita Luisa de Orleans creía que había nacido para un destino mucho más alto que el de ser gran duquesa de Toscana y la corte florentina siempre le pareció demasiado cerrada para sus altas ambiciones. Así fue como Anna Maria Luisa fue confiada al cuidado de su abuela paterna, la gran duquesa Vittoria, que la quiso tiernamente. El abandono de la madre, tras las discusiones y las escenas violentas entre los cónyuges, que se odiaban el uno al otro, y de las cuales fue testigo involuntaria, moldearon su carácter, fuerte y equilibrado, al contrario que el de sus hermanos. Aunque el amor incondicional de su padre fue sin duda para ella de gran ayuda.

Siempre estuvo segura de sí misma y sabía muy bien lo que quería. Fue sin duda la más Medici de los Medici y la que estuvo más orgullosa de haber nacido en aquella familia. Aprendió fácilmente las lenguas modernas, así como el latín, que conocía a la perfección. Pintaba y le gustaba la música, como a sus hermanos. Precisamente su hermano Ferdinando fue el impulsor del nuevo melodrama que desde Florencia llegó a extenderse por el mundo.[40] En cuanto al arte, habiendo crecido en medio de los tesoros que su familia había ido acumulando durante siglos, Anna Maria Luisa tuvo siempre un gusto muy propio. ¿Acaso no había sido su abuelo quien había protegido, además de a los artistas, al gran Galileo Galilei, que precisamente había dedicado a su familia aquellas estrellas Mediceas, los cuatro satélites de Júpiter que había descubierto en el Observatorio de Arcetri, puesto a su disposición por el gran duque Ferdinando II?

Foucher, el embajador francés en la corte de Florencia, en una extensa descripción de ella, decía que «se reía ruidosamente». Pero también: «La princesa Anna Maria Luisa es de esas bellezas que se hacen con los años. Cuanto más envejece, más bella se vuelve. *«C'est une vrai romaine, d'une grande taille fine et droite»*, que en español significa: «Es una auténtica romana, de figura alta, delgada y recta». Anna Maria Luisa era ciertamente una joven mujer alta y sana, que practicaba con pasión los deportes de la época: la caza, la pesca, la equitación... También bailaba muy bien y montaba a caballo como un hombre. Su altanería, heredada probablemente de su madre, la volvió a veces soberbia y desdeñosa, aunque cuando se convirtió en electora a raíz de su matrimonio, era cuñada del emperador y de dos reinas.

Anna Maria Luisa quería sobre todo a sus familiares. Menos a su hermano Ferdinando, que ella consideraba un hombre insulso. Estaba muy unida a su tío, el cardenal Francesco Maria, un hombre gordo y vividor que solo era feliz en su fastuosa villa de Lappeggi, que ella siempre prefirió y con la que incluso soñaba en su larga residencia en Alemania. A su tío le escribía largas cartas desde Düsseldorf, con su bonita caligrafía, elegante y firme, llamándolo jocosamente «querido padre». En 1691, escribía: «He estado en Colonia, pero para que estas ciudades me parecieran bonitas no debería haber nacido en Florencia».

Foucher, en otra carta, la describe así:

Esta princesa, que es la delicia de su padre y la debilidad de su hermano menor, es impenetrable. Aparenta una indiferencia tan grande por todo que no hemos logrado descubrir su inclinación por nadie. Esto hace creer que será una hábil princesa. Tiene personalidad, le gusta la lectura y sabe mucho de música. Conoce a fondo varias lenguas, pero habla tan poco que no parece saber todo lo que sabe.

Además de su padre, que para desposarla apuntó muy alto, ella misma descartó numerosos pretendientes por no considerarlos dignos de su rango. Dice de ella Galluzzi: «Estaba decidida a quedarse en el hogar de los Medici mientras no se encontrara al otro lado de las montañas una ocasión más luminosa para colocarse».

Al principio, estaba destinada a casarse con Vittorio Amedeo II de Saboya; pero tal vez por la escasa dote ofrecida por el esposo, la boda se anuló. Posteriormente, se intentó unir su destino a Pedro II, rey de Portugal. Pero las negociaciones fracasaron porque desde el lado del portugués se temía el carácter decidido de ella; prefirieron a una princesa alemana más dócil, que por ironías del destino sería su futura cuñada. Las proposiciones de matrimonio de Francesco II, duque de Módena, o del duque de Parma eran demasiado poca cosa para ella. «Mejor solterona medicea que unida en matrimonio con Este o Farnesio», decía. Se pensó también en Carlos II, rey de España, y finalmente en el propio delfín de Francia. A Luis XIV le hubiera gustado casarla con su hijo, aquel gran delfín que falleció prematuramente en 1711; pero lo más increíble del caso fue que esta boda, a punto de llevarse a término, fue estropeada por la propia madre de Anna Maria Luisa, Margarita Luisa de Orleans, celosa del posible poder de su hija.

Después, cuando en 1669 el gran delfín se quedó viudo de María Teresa de Austria, se reanudaron las negociaciones para una posible boda. Pero una vez más, la increíble oposición de Margarita Luisa de Orleans, que no soportaba la

315

idea de que su hija pudiera ser reina de Francia, superándola en rango, hizo que el proyecto se malograra. Y Luis XIV, cansado de las intrigas de su sobrina, renunció definitivamente al proyecto. Se buscaron otros caminos. Pero los vetos cruzados de las dinastías europeas en el siempre frágil equilibrio de las potencias dificultaron cada vez más estas negociaciones. Al cabo de un tiempo, fue el emperador de Austria Leopoldo I, viudo de Claudia Felicidad, la hija de Anna de' Medici, quien propuso como esposo al príncipe alemán Juan Guillermo del Palatinado-Neoburgo, elector palatino (1658-1716).

Este príncipe, de la Casa de Wittelsbach, estaba muy próximo a la Casa Imperial austríaca, y la suya iba a ser una boda que, aunque no parecía de primerísimo plano, era digna de todo el respeto. Su hermana era la actual emperatriz de Austria, tercera esposa de Leopoldo I, mientras las otras dos hermanas eran, respectivamente, reina de España y reina de Portugal; Mariana estaba casada con Carlos II de España y María Sofía con Pedro II de Portugal, los dos pretendientes anteriores de Anna Maria Luisa. Lo cierto es que el elector palatino tenía sin duda una posición política y social de alto nivel, así como prerrogativas reales; pertenecía a una de las familias más ricas de Europa y vivía en una corte extremadamente brillante.

Quien conoce a fondo el organigrama del imperio sabe cuáles eran los poderes de los electores alemanes. Juan Guillermo, nacido en 1658 en Düsseldorf, era heredero de vastos territorios en el bajo Rin, que comprendían los ducados de Jülich, Berg y Cléveris, así como los condados de Mark y Ravensburg. A la muerte del duque de Cléveris, el territorio fue dividido en dos partes. La septentrional pasó al elector del Ducado de Brandeburgo, que después formaría la parte esencial del Reino de Prusia. En cambio, la meridional, con Düsseldorf como capital, fue asignada a los príncipes del Palatinado-Neoburgo, que reinaban en Baviera. Juan Guillermo formaba parte de estos príncipes y, para hacer posible su primer matrimonio con Mariana de Austria, hija del emperador Fernando III, su padre, Felipe Guillermo, le regaló los ducados de Jülich y de Berg. Además, a la muerte de su padre, acaecida en 1690, Juan Guillermo heredó todas las posesiones, con el título de elector del Palatinado, que constituía el más alto grado después del emperador. De este modo él no era solo cuñado de dos reyes, el de España y el de Portugal, sino también cuñado y yerno de dos emperadores; más que suficiente para satisfacer el orgullo de Cosimo III y la ambición de Anna Maria Luisa.[41]

El elector hizo su petición oficial de matrimonio el 15 de noviembre de 1690; envió valiosísimas joyas a la futura esposa, a quien no solo le gustaban muchísimo, sino que ya tenía una colección increíble, comparable solo a la de una reina, formada por joyas que le había regalado su padre o había heredado. El marido, aunque era nueve años mayor que ella, supo hacerla feliz y el matrimonio duró veinticinco años. Por desgracia, a causa de sus dramáticas consecuencias, fue un matrimonio estéril y la pareja no tuvo descendencia. Se habló de dos supuestos abortos de Anna Maria Luisa, muy probablemente por sus inútiles curas en Aquisgrán para vencer la esterilidad; pero ella, como ya he dicho, no mencionó jamás nada sobre el tema. Su proverbial discreción estaba destinada a no suscitar el mínimo escándalo, pero su reserva, como sucede a menudo, en lugar de impedir la maledicencia, la provocó.

Anna Maria Luisa se casó por poderes y con increíble fasto en la catedral de Florencia el 21 de abril de 1691. El marido fue representado por el hermano mayor, el gran príncipe Ferdinando. Después, con un séquito de ochenta personas, Anna Maria Luisa abandonó su amadísima Florencia para viajar hasta Düsseldorf, sede del Palatinado, donde comenzaba su nueva vida; la acompañó hasta Verona su hermano menor, Gian Gastone. Fue recibida en Innsbruck por la reina viuda de Polonia, Eleonora Maria. Hubiera debido reunirse con su esposo en Düsseldorf, delante de toda la corte, pero Juan Guillermo, impaciente por conocer a su nueva esposa, de quien poseía una miniatura en su habitación, le dio la sorpresa de trasladarse a Innsbruck, donde la recogió de manos de la reina de Polonia. Era el 25 de mayo de 1691.

Juntos, los recién casados emprendieron el viaje que llevaría a Anna Maria Luisa a su nuevo país, con parada en Múnich, Augsburgo y Neoburgo, antes de llegar finalmente a Düsseldorf, el 19 de julio. El entendimiento entre los cónyuges fue perfecto, no solo desde el punto de vista sentimental, sino también intelectual. En ella, Juan Guillermo halló una defensora y una colaboradora valiosísima. Aconsejó a su marido que apoyara el arte del tejido y, en efecto, gracias a ella nació la primera fábrica textil de Düsseldorf. Los dos reunieron una de las más valiosas colecciones de arte, con pintores holandeses y, especialmente, con muchas obras de Rubens, que después acabaron en Múnich. En Düsseldorf, Anna Maria Luisa introdujo los conciertos y las obras líricas, llamando a la corte a los músicos Agostino Steffani y Arcangelo Corelli.

En la corte de Düsseldorf, Anna Maria Luisa reunió a su alrededor a artistas italianos y alemanes, pintores, escultores, músicos, ebanistas, orfebres y plateros. Los gastos de la corte electoral crecieron enormemente a causa de las continuas peticiones de joyas, porcelanas y muebles de la princesa para sus habitaciones de los palacios de Düsseldorf, Bensberg, Benrath y Juliers, así como para las iglesias del Palatinado. En aquellos años la ciudad renana vivió su momento de mayor esplendor y el aspecto de la ciudad fue renovado completamente por arquitectos italianos y franceses.[42]

Sería injusto otorgar a esta princesa todo el mérito de este cambio. Porque el elector palatino era un hombre culto, amante del arte y de la música. Poseía una bellísima colección formada por cuarenta y seis cuadros de Rubens, diecisiete de Van Dyck y numerosas telas de Rembrandt y otros pintores holandeses y flamencos del siglo XVII. Esta colección fue enriquecida por las constantes donaciones que llegaban de Florencia: entre otros, de Rafael, Andrea del Sarto, Carlo Dolci y Domenichino. Parte de estos cuadros pueden verse actualmente en los museos de Múnich y Schleissheim.

Desde su corte de Düsseldorf, Anna Maria Luisa mantenía una estrecha correspondencia con su familia. Como ya he referido, fue, junto a su marido, la instigadora de la boda de su joven hermano, Gian Gastone, con Ana María Francisca de Sajonia-Lauenburgo, de consecuencias funestas para el futuro de la dinastía. Como para reparar el yerro, cuando Gian Gastone escapaba de su triste residencia de Reichstadt y de su espantosa mujer, a Anna Maria Luisa le gustaba poder albergarlo en su corte. Pero Gian Gastone culpó siempre a su hermana de aquella boda y, siendo ya gran duque, se negó a recibirla.

Desde Düsseldorf, este escribía a su padre dándole noticias sobre la nueva vida de su hermana: «No se ha germanizado. Ha adelgazado un poco, pero está de mejor humor que antes». No se había pues «germanizado», pero no ejercía tampoco de italiana a ultranza o, peor aún, de florentina insaciable.[43] Es más, en una de sus numerosas cartas a su tío cardenal, Francesco Maria de' Medici, a quien quería tiernamente, escribía: «Estoy bien y estoy contenta. Me he portado muy bien; he jugado un poco a la pala sin fallar, pero antes me esforzaba más». Es decir, en Florencia, cuando no era observada por súbditos extranjeros.

De su posición de soberana, de su fuerte carácter y del increíble sentido de su propia posición, Anna Maria Luisa dio muestra cuando, la tarde del 3 de febrero de 1710, mientras se arreglaba para ir al teatro, le fue entregada una carta urgente procedente de Italia. Le anunciaban la muerte repentina de su queridísimo tío cardenal. Anna Maria Luisa leyó la carta sin dar señales de turbación y, para no preocupar a su marido, acudió al teatro en su compañía, mostrando frente a la corte y los súbditos la alegría y el buen humor de costumbre. Escribió un escritor de la época:

Se cuenta que al llegar una tarde de invierno el correo de Italia casi en el momento en que debía ir al teatro para escuchar una nueva y magnífica obra musical, cuando estaba ya lista y abrió el pliego de la Toscana que se hizo traer inmediatamente para tener con prontitud noticias frescas de su familia y de su país, halló la funesta e inesperada noticia de la muerte del príncipe Francesco Maria, su tío, que ella amaba tiernamente como a ningún otro de su casa, y, a pesar de ello, sin decirle nada a nadie para no privar al elector y a la corte de la preparada diversión, sin abrir las restantes cartas, acudió al teatro y presenció el concierto con la habitual hilaridad y desenvoltura, y esperó hasta su regreso al palacio para mostrar alguna señal de dolor.

Tanta era su fortaleza de ánimo y su sentido del deber. En 1713, tuvo lugar la llegada de la noticia de la muerte de su hermano mayor, el gran príncipe Ferdinando, el heredero del trono. Ferdinando había sido siempre un hombre bastante cínico, un soso y un vicioso que no demostró ninguna clase de afecto por sus familiares. Sin embargo, lo lloró amargamente, pensando tal vez en lo que significaba para la dinastía la pérdida de su hermano, siempre desesperada en busca del heredero que Ferdinando no había sabido darle. En 1711, los electores se habían trasladado a Fráncfort para la coronación del emperador. Ese mismo año, Juan Guillermo sufrió una grave crisis cardíaca de la cual tardó casi dos años en recuperarse. Una nueva crisis, que tuvo lugar en 1716, lo llevó a la muerte el 8 de junio, dejándola viuda. Tenía por aquel entonces cincuenta y ocho años. En los últimos meses, Anna Maria Luisa lo había cuidado amorosamente, permaneciendo en todo momento junto a su lecho.

La pérdida de su marido, tras veinticinco años de matrimonio, dejó en ella un gran vacío. Se quedó obstinadamente a la cabecera del cadáver de su marido embalsamado, que se expuso en la capilla del palacio durante más de un mes. Para ella fue el adiós a las fiestas, a la mundanidad, a las joyas y a los vestidos lujosos. Entonces entendió que su presencia en Alemania ya no tenía sentido y se hizo cada vez más clara en su mente la idea de que ahora su sitio estaba en Florencia, junto a su viejo padre. Tomó pues la decisión de regresar a su amadísima Toscana, que hacía veinticinco años que no veía.

Los preparativos para su regreso fueron largos y fastidiosos. Duraron más de un año, mientras ella escogía y hacía enviar a Florencia todo aquello que era de su estricta propiedad, como obras de arte de pintores flamencos, como Johann Frans van Douven y Pedro Pablo Rubens, que acto seguido enriquecerían las galerías mediceas. Según los acuerdos matrimoniales, la electora podía llevarse solo con ella las obras de arte y los objetos de su propiedad, que no eran pocos, así como los regalos que había recibido de Cosimo III, su padre.

Se encaminó hacia su Florencia adorada la mañana del 10 de septiembre de 1717, con un séquito casi igual al que la había visto llegar recién casada veinticinco años antes: ochenta personas. Abandonó para siempre Düsseldorf afectuosamente llorada por el pueblo, mientras los cañones disparaban salvas en su honor, como aquel día tantos años antes, cuando llegó. Regresaba feliz, pues no en vano las muchas cartas de los largos años pasados en Alemania reflejaban siempre cierta nostalgia y melancolía por su ciudad natal. Su regreso fue triunfal. En Trento la recibió una magnífica escolta que había enviado su padre, algo que su hermano Gian Gastone, desde el hondo rencor que había acumulado contra ella por aquel matrimonio desgraciado que no le perdonaría nunca, no dudó en reprocharle. A medida que se acercaba a su destino, los nobles florentinos iban saliéndole al encuentro; y en Bolonia la recibió el cardenal Origo.

El 21 de octubre de 1717, Anna Maria Luisa cruzó la frontera de Toscana. En Scarperia se encontró con su hermano Gian Gastone, a quien no veía desde hacía veinte años y que le reservó un recibimiento frío y desapegado. Gian Gastone no perdonaba a su hermana que fuera la causante de su infelicidad; del mismo modo que no le perdonaba que regresara a ocupar un lugar especial en el corazón del padre que tanto quería y del que no supo nunca hacerse querer o respetar. Débil y vengativo, la perseguiría con su rencor durante todos los años que le quedaron de vida. Y una vez que sucedió a su padre no le ahorró insultos y humillaciones.

Salieron a su encuentro Violante de Baviera, viuda de su hermano Ferdinando, y Eleonora Gonzaga de Guastalla, viuda de su tío preferido, Francesco Maria, aquel tío cardenal al que tanto quería y que Cosimo III, en un intento desesperado por tener herederos, había obligado, ya anciano, a renunciar a la púrpura para casarse con la joven Eleonora Gonzaga, aunque en vano, pues Eleonora, escudándose en su piedad, se negó siempre a mantener relaciones con su marido.

Llegada a Florencia, la recibieron las salvas de cañón de la fortaleza da Basso, mientras sonaban todas las campanas. En la Santissima Annunziata, a los pies de la patrona de Florencia, la esperaba su padre, Cosimo III. Emocionado por volver a ver a su hija preferida, le impidió arrodillarse a sus pies y la estrechó afectuosamente entre sus brazos. Mientras la acogida del padre y de la nobleza florentina había sido de sincera emoción y de profundo afecto, menos entusiasmo le mostraron otros miembros de la familia, como las viudas de su hermano mayor, el gran príncipe Ferdinando, o de su tío Francesco Maria, a causa de pequeñas cuestiones de etiqueta y de prioridad en el ceremonial de la corte, pues el gran duque Cosimo III devolvió inmediatamente a su adorada hija el rango de gran princesa de Toscana, con todas sus prerrogativas.

Además del afecto paterno, Cosimo III estaba también en deuda con Anna Maria Luisa. En efecto, gracias a ella y, en concreto, a su marido había gozado del favor imperial, recibiendo del emperador el tan ambicionado título de alteza real, que le fue concedido en 1691. Este título, al que Cosimo III aspiraba desde hacía años, había sido un regalo de bodas de su yerno, Juan Guillermo, que había intercedido ante su cuñado emperador. De la concesión de este título deriva el cambio de la corona de Toscana a la corona real cerrada, diferente de la que llevaban los primeros grandes duques.

La princesa Violante de Baviera, viuda del gran príncipe Ferdinando, había propuesto regresar a Múnich para dejar el sitio a Anna Maria Luisa, a quien nunca había apreciado. Cosimo III, hábilmente, se negó, prefiriendo enviarla a Siena como gobernadora. Anna Maria Luisa era ahora la primera dama de la corte, aunque en apariencia vivía una vida casi totalmente retirada. El gran duque le había asignado las Habitaciones del Volterrano, en el palacio Pitti, que habían sido las de su abuela y donde ella había tenido una juventud muy feliz. Mientras la princesa Eleonora, la joven viuda de su tío Francesco Maria, engordaba como su difunto marido, de tanto beber y comer, Gian Gastone, siempre cínico, aludiendo a las tres mujeres de la casa, dijo que Florencia contaba ahora con tres *madonnas*: «la de los dolores», la princesa Violante; «la de la leche», la gorda princesa Eleonora; y «la de las gracias», su hermana la electora, llamada así por las ayudas y los favores que los florentinos obtenían de ella.

Tras su regreso a Florencia, los primeros meses no fueron fáciles. Cuestiones de etiqueta, pequeños celos de familia..., así como la aversión del hermano menor, que prefería estar lejos de la corte para no verla. En los años pasados en Alemania había idealizado un poco su ciudad natal, pero con el paso de los años las cosas habían cambiado. Además, la viudedad la había vuelto más austera. A pesar de todo, provista abundantemente de medios, organizó a su alrededor una espléndida corte. Promovía espectáculos públicos y daba magníficas fiestas privadas en el transcurso de las cuales hacía siempre suntuosísimos regalos.[44]

Mientras Gian Gastone, para no tener ocasión de encontrarse con ella, residía por lo general en Pescia, casi en un exilio voluntario de la corte, Anna Maria Luisa, en los seis últimos años de vida de Cosimo III, le ayudaba a gobernar la incierta suerte del gran ducado, resistiendo a las presiones de las potencias extranjeras, e intervenía en el Consejo para tratar los asuntos de Estado. Cosimo III, que sentía debilidad por su hija, se dejaba influir por ella, hasta el punto de que, como escribe Galluzzi: «Con el favor de su padre, dirigía enteramente las resoluciones». Además, arbitraba los favores, ganándose así las simpatías de los ciudadanos a los que otorgaba generosamente beneficencias;[45] esta actitud de soberana enfurecía a Gian Gastone.

Precisamente en aquellos años Cosimo III, intuyendo su propio fin, hizo su último y desesperado intento por nombrar a su adorada hija heredera de su hermano Gian Gastone, de quien no preveía un largo reinado a causa de su mala salud y de su vida disipada.* El 22 de septiembre de 1723, mientras estaba sentado a su escritorio, Cosimo III fue víctima de un terrible temblor que duró casi dos horas. Se recuperó, pero se entendió que aquella era una señal premonitoria de su cercano final.[46] Efectivamente, el 31 de octubre, víspera de Todos los Santos, Cosimo III murió tras haber recibido la bendición papal. Anna Maria Luisa se quedaba sola.

Subía al trono Gian Gastone, y el nuevo gran duque, aunque vivía con ella en palacio, no la veía nunca y se negaba a recibirla. Es más, le prohibió el uso de su amada villa de Lappeggi, que fue de su difunto tío cardenal, e hizo venir de Siena a la princesa Violante, a la que recibió con todos los honores. La electora se retiró a una vida cada vez más privada y religiosa, y a partir de entonces pasó los días en la tranquila serenidad del monasterio delle Quiete, al pie de las colinas florentinas, que hacía honor a su nombre.

Ni siquiera la muerte de la princesa Violante acercaría a los dos hermanos, pues Gian Gastone siguió encerrado en su obstinación y en el odio hacia su hermana. Su vida disipa-

* Véase el capítulo «Sucesión al trono de Toscana».

da, tan distinta de la de Anna Maria Luisa, alejó cada vez más la armonía fraterna que habían tenido en su juventud. Pero de la extraña conducta de Gian Gastone no se salvó ni siquiera la princesa Violante. De hecho, cuando esta enfermó y pidió a su cuñado que la visitara, Gian Gastone, embrutecido y cada vez más encerrado en sí mismo, sin poder superar su miedo a la muerte, algo que lo aterrorizaba, no quiso hacerlo. Más aún, cuando Violante falleció, el gran duque se encerró en su habitación durante los funerales y se negó a participar en ellos.

Fallecido Gian Gastone en 1737, Anna Maria Luisa se quedó aún más sola. Última de su rama, hacía ya tiempo que se consagraba más a las obras pías que a revivir los fastos de la corte medicea. En nombre del nuevo gran duque, Francisco III de Lorena, un administrador suyo llamado Marc de Beauvau, que posteriormente ostentó el título de príncipe de Craon, tomó posesión del Gobierno. Toscana tenía que ser gobernada como si fuera una simple provincia austríaca, hasta 1765, cuando el tercer hijo de la emperatriz María Teresa, el archiduque Pedro Leopoldo, fue nombrado gran duque. Cuando Beauvau se presentó en el palacio Pitti, Anna Maria Luisa lo recibió en la Sala del Trono, con toda la corte reunida a su alrededor, en pie bajo un baldaquino negro, decorado vistosamente con el escudo de oro de los Medici. Miraba con aire displicente a aquel hombre que venía oficialmente a tomar posesión del trono de sus antepasados en nombre de las potencias europeas. Tuvo para él tan solo unas palabras de cortesía, pronunciadas en voz tan baja que solo aquellos cortesanos que estaban muy cerca de ella pudieron oírlas. Beauvau y su esposa, que eran gente de muy baja condición, quedaron muy impresionados e incluso molestos ante la altanería de la electora, que por despecho no les hizo un gesto para que se alzaran después de que ellos se hubieran inclinado profundamente ante ella.

Nació así una inmediata y profunda antipatía entre ambos, alimentada por las acciones de Beauvau, que sustituyó inmediatamente todos los cargos en la nueva Administración por loreneses, dando a entender claramente a los toscanos que estaban bajo dominación extranjera. Mientras la electora era relegada a sus habitaciones, el posterior príncipe de Craon se estableció en el palacio real y adoptó aires de virrey, manteniendo una especie de corte que más que otra cosa se hacía notar por su vulgaridad.[47]

Francisco III estuvo brevemente en Florencia en 1739, en compañía de su esposa, María Teresa de Austria, para tomar formalmente posesión del gran ducado. Se quedaron unas semanas antes de regresar a Viena, donde al año siguiente iban a ser coronados emperadores por la muerte de Carlos VI.

Era inevitable que en aquella ocasión coincidieran con la electora. El encuentro entre Anna Maria Luisa y los nuevos soberanos de Toscana tuvo lugar en el palacio Pitti, el 20 de enero de 1739, dos años después de la muerte de Gian Gastone. Fue un acto formalmente cordial, deferente y amigable.[48]

Los dos jóvenes esposos experimentaron un gran respeto hacia esa anciana señora, que aceptó hacer de madrina de su pequeña hija María Ana. La electora incluso permitió que María Teresa se pusiera sus famosas joyas mediceas. Le rogaron que siguiera viviendo en el palacio Pitti y que se ocupara de los asuntos de Estado durante su ausencia. Pero Anna Maria Luisa estaba cansada y vieja, y hacía poco que había descubierto el mal que mantenía en secreto y que iba a llevarla a la tumba: un tumor en el pecho. Además, ¿cómo hubiera podido ella, una Medici, ser regente, en nombre de un Lorena, en sus propios Estados?

Así pues, se abstuvo de mantener relación con los nuevos señores y permaneció apartada en las habitaciones del palacio Pitti que le había asignado el nuevo gran duque. Vivía en un retiro lleno de esplendor y rodeada de todo aquello que el arte y la habilidad humana habían creado a su alrededor.[49] Los últimos años de su vida los pasó intentando salvar los tesoros de su familia de la ávida mano de los Lorena. Por despecho hacia los Lorena, que a la firma del Pacto de Familia se habían opuesto a la redacción de un inventario sobre los bienes mediceos, hizo registrar con regularidad en los Libros del Guardarropa, ya desde 1737, las entradas en la galería de sus bienes personales, que incluían cuadros holandeses y flamencos, miniaturas, bordados de seda, cajitas decoradas con bajorrelieves de marfil, muchísimas piedras grabadas y camafeos, joyas, esmaltes y medallas.

Francisco de Lorena trató en 1741 de persuadir a la electora, a través del marqués Carlo Ginori, para que le entregara las joyas de la Corona ducal con objeto de empeñarlas con el pretexto de una inminente guerra. Pero Anna Maria Luisa permaneció firme en su decisión de no exponerlas a un ulterior peligro de venta, recordándole que dichas joyas estaban incluidas en el Pacto de Familia y que, en consecuencia, no podían ser trasladadas al extranjero para ser empeñadas. En su carta al nuevo gran duque, del 19 de febrero de 1741, la electora escribía:

> Las joyas de mi familia fueron también especialmente incluidas con esta condición y por esta razón vuestra alteza se contentó con que se destinaran para uso y ornamento de las grandes duquesas, siempre y cuando residieran en Toscana, y así, según mi satisfacción, las he hecho ajustar y engastar, lo que me ha acarreado algunos gastos, y también las he aumentado con algunas otras mías propias de cierto valor.

Aconsejada por el marqués Rinuccini, secretario de Estado, por su secretario Guiducci, por el anticuario Antonio Cocchi y por el guarda de la galería, Francesco Bianchi, Anna Maria Luisa decidió, además del Pacto de Familia, redactar un testamento propio. Dejaría algunos bienes a amigos y fieles servidores, además de una ingente suma para que se llevaran a cabo las obras del mausoleo mediceo.

Destinó también un importante legado a un pariente cercano, Piero Paolo de' Medici, que no tenía muchos medios. Este Piero Paolo pertenecía a la misma rama de aquellos Medici creados príncipes de Ottajano por el rey de España, llamados «los primos de Nápoles», ciudad donde residían. Cuando el marqués Rinuccini mencionó a los primos de Nápoles, aquellos Medici que habían hecho valer su derecho a la sucesión al trono, la princesa se quedó pálida: «Estos son más que ricos. Poseen la mitad de aquel reino y se encuentran entre los más ricos de toda Italia. No sería conveniente aumentar aún más su poder; ya tienen bastantes palacios en la ciudad».

Para ella se acercaba el final. Había disfrutado en los últimos años de una salud excelente, una mente lucidísima y un cuidado perfecto de su cuerpo. En realidad, pocos días antes de su muerte aún escribía cartas de su propio puño con una letra clara y firme. Por su parte, Beauvau informaba puntualmente al gran duque del estado de salud de la electora; informaciones que recibía con minuciosos detalles de servidores como Gualtieri, que, aun estando al servicio de ella, contaba al administrador todo lo que sucedía en las habitaciones de la electora.

Las relaciones con el príncipe Marc de Beauvau habían mejorado. Como muestra de su estima, la princesa le había regalado una serie de «vistas con fiestas florentinas» que había encargado al pintor Niccolò Furini. También él hablaba bien de ella en sus misivas diarias a Viena: «*Cette princesse aime le pays. Elle est juste, aime l'ordre et les honnêtes gens*», es decir: «La princesa ama el país. Es justa, le gusta el orden y las gentes honestas». En febrero de 1743, hubo en Florencia una epidemia de gripe. Probablemente, Anna Maria Luisa se contagió. Además, el tumor que tenía en el pecho izquierdo avanzaba con rapidez. La tarde del 17 de febrero, empeoró notablemente. Al confesor que la exhortaba a hacer sus últimas confesiones, previendo su inminente fin, Anna Maria Luisa le dijo: «Muy bien, muy bien. Entonces hagamos lo que hay que hacer, y deprisa».

Se apagó serenamente el 18 de febrero, mientras en el exterior arreciaba una terrible tormenta. Había vivido exactamente setenta y cinco años, seis meses y siete días. Sir Horace Mann escribió: «Toda nuestra alegría se ha acabado y el carnaval se ha echado a perder. Hay que renunciar a todos los bailes de disfraces: hace una hora que ha muerto la electora».

DONACIONES DE ANNA MARIA LUISA

Realizadas a perpetuidad al Estado de Toscana a condición de que ningún objeto pudiera ser sacado de Florencia y que la colección sirviera para beneficio del público de todas las naciones.

El monto de las donaciones es aún incalculable. Incluía, entre otras muchas cosas:

Todos los cuadros y todas las estatuas que se encuentran en la Galería de los Uffizi, en el palacio Pitti, en la villa Medici de Roma, en las villas Medici de Poggio Imperiale, Castello, La Petraia, Cafaggiolo y Poggio a Caiano. La rarísima colección de gemas y otros objetos de arte ahora en el Gabinete de las Gemas, Galería de los Uffizi.

Una gran colección de camafeos, gemas esculpidas y otros objetos similares, que incluyen también la célebre colección de monedas y de medallas de Lorenzo il Magnifico, la más antigua de Europa.

Las estatuas y los bustos de Donatello, Verrocchio, Mino da Fiesole y otros célebres escultores.

Una gran colección de bronces.

La sacristía Nueva con las obras maestras de Miguel Ángel.

Todo el contenido de la Biblioteca Palatina y de la Biblioteca Medicea en San Lorenzo.

Una gran e importantísima colección de antigüedades etruscas y egipcias.

Una valiosa colección de mayólicas de Urbino y de Faenza, de armaduras raras y de armas curiosas y valiosas.

Una gran colección de ricos tapices.

Los valiosos sobres de mosaico, los bargueños y otros muebles.

Las mesas taraceadas, los cofres valiosos, los tapices y piezas similares de las habitaciones reales del palacio Pitti.

El servicio de postres de oro, los adornos de oro y plata, las porcelanas, la cubertería de plata, los báculos pastorales y los crucifijos de marfil y de ámbar, la mitra del papa Clemente VII, cálices y valiosas vasijas de Benvenuto Cellini y muchos otros objetos similares.

Los relicarios y otros adornos de la capilla gran ducal del palacio Pitti.

El inmenso guardarropa medíceo, lleno de lujosos trajes para las grandes ceremonias.

Este guardarropa no se libró de la avidez de los grandes duques austríacos, y fue completamente vendido y dispersado para siempre. Para dar una idea de su inmensidad, baste pensar que la venta continuó mensualmente durante diez años.

Casi todas las habitaciones de los Medici, en toda la Toscana, tenían su guardarropa especial, independiente del gran almacén de Florencia, y todos fueron expuestos a la venta pública. Terciopelos, damascos, bordados de oro, asientos, marcos y espejos de plata maciza, brocados de oro, encajes finísimos... La propia cama de Gian Gastone, toda ella bordada con una profusión de bellísimas perlas y otras gemas, fue hecha pedazos, así como muchos otros objetos de trabajo exquisito en joyería y metales preciosos, símbolo del buen gusto y de la magnificencia de los Medici, fueron desmontados y vendidos.[50]

Además de las donaciones, el testamento de Anna Maria Luisa mencionaba los siguientes codicilos, brevemente enumerados por el embajador inglés sir Horace Mann:[51]

Todos sus cortesanos y sus servidores debían tener su sueldo mientras vivieran.

Pensiones para sus cuatro ejecutores testamentarios.

Para pagar estos sueldos y estas pensiones fue depositada en el Banco de Santa Maria Nuova una gran suma de dinero.

Al marqués Rinuccini, ejecutor principal, sus tierras en el Ducado de Urbino y un considerable legado de todos los riquísimos muebles de su Sala de las Audiencias.

La mitad de sus porcelanas para el joven Rinuccini y la otra mitad para Covoni.

Al marqués Guadagni, a Serristori y a Bardi, los otros tres ejecutores, además de las pensiones, ricos regalos en plata.

A madame Uguccioni, su guardarropa, todo el contenido de la habitación, incluidos los terciopelos, los brocados, las telas, etc., valorado en diez mil coronas, así como un servicio de tocador de oro.

A todas sus damas de honor, regalos y la dote de costumbre en caso de matrimonio.

Al gran duque austríaco, todas sus joyas personales, añadiéndoles las del Estado de la Toscana, las cuales deben formar parte y que se entregarán paulatinamente. El monto de sus pensiones deberá recaer en él, hasta alcanzar las cien mil coronas. A ello hay que sumar joyas y cubertería de plata por un valor de otras 150.000 coronas.

Regalos en forma de joyas a María Teresa de Austria, al príncipe Carlos de Lorena y a varios príncipes de Alemania.

Además, un grandísimo legado al príncipe de Salzbach, elector palatino.

Finalmente, los intereses del capital invertido debían ser utilizados para acabar el mausoleo mediceo «con la misma perfección y preciosidad empleadas hasta este momento y sobre los diseños de los modelos existentes».*

* Según Young, esto no se cumplió.

Sucesión al trono de Toscana

Para entender mejor qué sucedió con la sucesión al trono de Toscana es necesario ofrecer una pequeña panorámica de la complicadísima situación del momento.

A principios del siglo XVIII, el Gran Ducado de Toscana, donde todavía reinaba la declinante Casa de' Medici, tuvo, a pesar suyo, un papel muy importante en el complicado panorama político que se dibujaba en el horizonte por culpa de las guerras de sucesión que desgarraban los diversos reinos. Primero por la guerra de sucesión al trono de España, reivindicado tanto por los Borbones, apoyados por Francia, como por los Habsburgo, apoyados por Austria; posteriormente, por la guerra de sucesión de Polonia, donde Toscana tendrá un papel pasivo como pieza de intercambio; y, finalmente, en la cuestión concerniente a la sucesión austríaca. El emperador Carlos VI, que se había quedado sin herederos varones, promulgó la Pragmática Sanción, que abría la sucesión a su hija María Teresa.

Reinaba en Toscana Cosimo III de' Medici. Tras subir al trono en 1670, su reinado fue uno de los más largos del gran ducado, pues duró cincuenta y tres años, hasta su muerte, acaecida en 1723. Se casó en 1661 con Margarita Luisa de Borbón-Orleans, hija de Gastón, duque de Orleans, hermano de Luis XIII y, en consecuencia, prima de Luis XIV. Cosimo III era un hombre angustiado por su sucesión y veía cómo su propia dinastía se extinguía sin poder hacer nada por evitarlo, pues en 1713 había visto morir sin descendencia a su primogénito, el gran príncipe Ferdinando.

Respecto a su segundo hijo, Gian Gastone, que le sucedió en el trono, Cosimo III no alimentaba muchas esperanzas, pues ni siquiera había tenido herederos de su odiada mujer, Ana María Francisca de Sajonia-Lauenburgo. Esta arrogante princesa prefería vivir en sus tierras de Bohemia, lejos de su marido, antes que en Florencia, situación un tanto especial para una princesa heredera.

Cosimo III depositó todas sus esperanzas en su hija predilecta, Anna Maria Luisa, aunque ni siquiera ella había tenido hijos de su marido, el elector palatino. Con este fin, Cosimo III había hecho que el Senado aprobara por unanimidad, el 23 de noviembre de 1713, el siguiente decreto que abría la sucesión a su hija:

> Considerando nosotros desde hace muchos años la fatalidad y la desgracia con la cual la sacra divina majestad, a causa de nuestros pecados, ha querido castigarnos, privándonos de las esperanzas de la futura sucesión, aumentada por la dolorosa pérdida del que fue el gran príncipe Ferdinando, nuestro hijo amadísimo, y con la falta de salud del gran príncipe Gian Gastone, que vive, también nuestro querido y amado hijo, y reflexionando ante las universales calamidades en las que, por similares desgracias, se encuentra envuelta Europa, en virtud de la suprema autoridad que a nosotros compete, llegamos a la determinación, que tendrá efecto solo tras nuestra muerte y de la del serenísimo gran príncipe Gian Gastone, sin hijos y sucesores y no antes, de conferir la sucesión en todos los Estados de su dominio, en su dignidad de gran duquesa, a Anna Maria Luisa, princesa de Toscana, duquesa de Neoburgo, condesa palatina del Rin y princesa electora del Sacro Imperio Romano [...].

Aunque lamentablemente, como se ha visto, esto no cambiaría mucho la precaria sucesión, considerando la falta de descendencia de Anna Maria Luisa.

Si Luis XIV aceptó de buena gana la propuesta de la sucesión femenina, lo que provocaba la sospecha de que pretendía abrir el camino para reivindicar parentescos antiguos y recientes con los Medici y presentar así la candidatura de un príncipe francés —él mismo era nieto de Maria de' Medici—, la reacción fue del todo contraria en la corte de Viena. En cuanto tuvo conocimiento del decreto de sucesión promulgado por Cosimo III, la reacción de Carlos VI no se hizo esperar. Hizo buscar en Viena y en Milán documentos que pudieran confirmar su tesis según la cual Toscana era un feudo imperial y que, por tanto, correspondía a Austria decidir quién sería el legítimo sucesor en caso de falta de sucesión directa en línea masculina de un miembro de la Casa de' Medici, invalidando así la decisión del Senado toscano.

Para valorar su tesis, solicitó incluso la colaboración de su tío, el elector palatino Juan Guillermo, marido de Anna Maria Luisa. Muy curioso, si se tiene en cuenta que el propio Carlos VI tuvo que recurrir a los mismos métodos para poder garantizar su sucesión a su hija María Teresa, cuando se hizo evidente que tampoco él tendría herederos varones, contraviniendo de este modo las rígidas leyes de sucesión imperiales, que no permitían la sucesión en línea femenina. Incluso la nueva reina de España, Isabel Farnesio, segunda esposa de Felipe V, reivindicó sus derechos, aprovechando la decisión de Cosimo III, en caso de que la Corona gran ducal pudiera transmitirse por línea femenina, por ser descendiente de Margherita de' Medici, tía del gran duque Cosimo III.

En cuanto a las restantes cancillerías europeas, se guardaron muy mucho de ratificar este desesperado intento, que los habría alejado de la posibilidad de adueñarse del gran ducado a la muerte de Gian Gastone. Además, una sucesión femenina podía ser motivo de nuevas guerras, al estar todas las familias reinantes emparentadas con los Medici. Pues si las mujeres podían reivindicar derechos, abundaban las candidatas en todas las cortes europeas. Ello produjo una situación bastante anómala, si se tiene en cuenta que en la sucesión al trono en las monarquías donde estaba vigente la ley sálica tenía preferencia la línea masculina.

En Francia, por ejemplo, la Casa de Valois se extinguió con Enrique III, hijo de Caterina de' Medici. A este le sucedió al trono su primo Enrique IV, que era también su cuñado, pues se había casado en primeras nupcias con la propia hermana de Enrique III, Margarita de Valois. Pero su derecho al trono no procedía de lo anterior, sino de que tanto él como Enrique III eran descendientes de un mismo tronco, y aunque debemos remontarnos trescientos años atrás y diez generaciones para encontrar un parentesco entre los dos primos, esta fue la única razón por la que Enrique IV se convirtió en el legítimo heredero. Como es evidente, prevalecía la descendencia directa en línea masculina.

Además, como se ha visto, por una ironía de la historia, estos dos soberanos franceses tenían estrechos vínculos con los Medici, no solo porque Enrique III era hijo de Caterina de' Medici y Enrique IV era su yerno, sino porque este último, tras el divorcio con Margarita de Valois, se casó en segundas nupcias con Maria de' Medici, prima de Caterina. Así que de su matrimonio descienden todos los Borbones actuales.* Otro ejemplo es el del Reino de Cerdeña, donde, cuando murió el rey Carlos Félix en 1831, fue llamado a sucederle Carlos Alberto de Saboya-Carignano, un primo suyo en séptimo grado.

El nombramiento de duque de Florencia, precedente al gran ducado, de Alessandro de' Medici, había sido iniciativa del emperador Carlos V, quien así lo había hecho constar en un rescripto imperial fechado el 28 de octubre de 1530, confirmado en 1536, cuando Carlos V concedió a Alessandro por esposa a su hija Margarita de Austria. Así, el acta ofi-

* Véase el capítulo «Las relaciones consanguíneas de los Medici con las demás casas reales europeas».

cial de sumisión de los representantes populares de Florencia del 27 de abril de 1532 promete

> que en el futuro no se cree ni crear se deba la figura del magistrado de la Señoría ni del gonfaloniero de Justicia. Y que en lugar del gonfaloniero de Justicia, con la autoridad que tanto en la ciudad como en el campo era costumbre que estuviera en manos de este, se entienda que ocupará su cargo el duque de la República Florentina, como se llama al dux de Venecia, cosa que hará durante toda su vida; y que, faltando este, se disponga a sucederlo y lo suceda inmediatamente, sin otra deliberación, su hijo o descendiente varón de mayor edad; y, en ausencia de hijos o fallecidos los susodichos, lo suceda el más cercano a él en sangre, de mayor edad, de la familia de los Medici [...].

Cuando el duque Alessandro fue asesinado, el 6 de enero de 1537, sin llegar a tener hijos varones legítimos, la sucesión pasó a otra rama de la Casa de' Medici, a la de los llamados Popolani, en la figura de Cosimo I. Este fue pues duque de Florencia desde 1537 hasta 1569, cuando, como remate de una vasta y costosa gestión diplomática, recibió el título de gran duque de manos del papa Pío V, con derecho de sucesión en línea primogénita masculina. Cosimo era gran duque de Florencia y de Siena, anexionada con la guerra de 1554-1555, y el título le fue inmediatamente reconocido por el rey de Francia y por el rey de Inglaterra, pero no por el rey de España y por el emperador del Sacro Imperio Romano. Habría que esperar a la sucesión de su hijo Francesco I, que en 1565 se había casado con Juana de Austria, hermana del emperador Maximiliano II de Habsburgo, para que este reconociera el título gran ducal a su cuñado, concretamente el 2 de noviembre de 1575, seguido a continuación por el rey de España Felipe II en enero de 1576. A lo que hay que añadir que Felipe II había exigido en su momento dos millones de escudos para consentir la anexión de Siena al gran ducado.

Ni que decir tiene que las pretensiones de Carlos VI de considerar Toscana como un feudo imperial eran del todo incorrectas. Y a pesar de la presencia de primos varones en otras ramas de la dinastía, parecía inevitable que la sucesión al trono estuviera destinada a decidirse en otro lugar, es decir, en las poderosas cancillerías de Europa, donde los Medici ya no tenían el peso de antaño. Lo cierto es que si Toscana hubiera mantenido un mínimo peso político, tal vez la sucesión se hubiera podido resolver de una manera más legítima, haciendo recaer los derechos sucesorios en el siguiente miembro varón de la misma dinastía, como sucedió en otros lugares.

La muerte sin herederos en 1700 de Carlos II, rey de España, último miembro de la Casa de Austria, había provocado la guerra de sucesión española. El soberano, en su lecho de muerte, había nombrado sucesor a Felipe de Borbón, sobrino de Luis XIV, que reinaría con el nombre de Felipe V.* De modo que si en España la sucesión de Carlos II había desencadenado una guerra sangrienta, es fácil imaginar qué hubiera podido suceder en una Toscana que contaba bien poco en el panorama europeo. Toscana era un Estado débil, casi moribundo, y nadie en Europa hacía caso de sus decisiones.[52] Con todo, las interminables discusiones del Tratado de Cambray (1721-1723) la hacían muy apetecible, aunque no solo se aspiraba al trono del pequeño Estado, sino sobre todo a los ingentes bienes de la familia Medici, que caerían en manos del vencedor. De ahí los numerosos candidatos con derechos más o menos válidos y más o menos discutibles.

Uno de estos pretendientes era un príncipe de la Casa de' Medici. Giuseppe de' Medici, príncipe de Ottajano, duque de Sarno y grande de España, que pertenecía a una rama colateral, unida en línea masculina, a la gran ducal. Este Me-

---

* Véase el capítulo «Las relaciones consanguíneas de los Medici con las demás casas reales europeas».

dici no era precisamente un desconocido, pues Carlos II, rey de España, pocos meses antes de su propia muerte, le había concedido la grandeza de España, concretamente el 6 de octubre de 1700. En esa misma acta, el príncipe de' Medici era definido así:

La casa del príncipe, siendo de las primeras de aquel reyno [el de Nápoles, entonces posesión española], y de las más compiquas de Italia, pues demás de tratarlo el gran duque de la Toscana como pariente suyo y de la propria sangre, el principe es cabeza de la casa del pontefice Leone XI, antes cardenal Alessandro de' Medici, como bisnieto de don Bernadetto de' Medici, hermano del mismo pontefice.

Además, esta rama había reforzado sus propias relaciones consanguíneas con la rama gran ducal gracias a varios matrimonios cruzados entre primos. Como ya hemos visto en un capítulo anterior, en primer lugar con la boda de una nieta de Lorenzo il Magnifico, Francesca, casada con Ottaviano de' Medici, antepasado de Giuseppe; y después, con la boda de otro antepasado de Giuseppe, Bernadetto, que se había casado con su prima Giulia, hija de Alessandro I de' Medici, duque de Florencia. Gracias a estas relaciones consanguíneas, que unían las tres ramas de la Casa de' Medici en una sola, Giuseppe tendría posibilidades de aspirar a la sucesión. Aun considerando que las relaciones con la casa gran ducal no eran especialmente estrechas, Giuseppe tenía de su parte el hecho irrefutable de ser miembro de la misma dinastía reinante y, sin duda alguna, en línea directa masculina. Pero el cargo en juego era demasiado importante y todas las potencias europeas tenían su propio candidato. De modo que las pretensiones de Giuseppe fueron indignamente rechazadas.

Otro posible pretendiente, que en realidad jamás hizo valer sus derechos, era Piero Paolo de' Medici, cuyo mérito principal residía en haber sido nombrado en el testamento de Anna Maria Luisa como su pariente más cercano y que pertenecía a la misma rama de los príncipes de Ottajano. En 1717 también se había propuesto la sucesión al trono de la Toscana de Rinaldo I, duque de Módena, por su estrecho parentesco tanto con la Casa de' Medici como con la Casa Imperial, pues se había casado con Carlota de Brunswick, hermana de la emperatriz Amalia, viuda del anterior emperador José I. Pero esta sucesión habría creado un gran Estado en Italia central, resultado de la unión de Módena y Toscana, una idea que disgustaba a Austria.

Al tratado de Londres de 1718, suscrito por Inglaterra, Francia y Holanda, de clave antiespañola, se adhirió también Austria, transformando la Triple Alianza en una Cuádruple Alianza. Se había decidido, en una cláusula secreta y sin ni siquiera consultar al gran duque de la Toscana, que a la muerte del hijo de este, Gian Gastone, el gran ducado sería asignado a don Carlos, hijo de Felipe V y de Isabel Farnesio. Carlos VI aceptaba la sucesión de don Carlos, que habría heredado tanto Parma como Toscana, contra un reconocimiento de la Pragmática Sanción, que ratificaba el derecho sucesorio de su hija María Teresa en el trono de Austria. Además, pedía que las recientes conquistas españolas, como Sicilia, fueran asignadas a su aliado Vittorio Amedeo II de Saboya, a quien finalmente le correspondería a cambio Cerdeña.

En realidad, la elección de don Carlos fue fruto de la ambiciosa política de Isabel Farnesio, con quien Felipe V de España se había casado en segundas nupcias. Por su parte, la reina, viendo que los hijos del primer matrimonio de su marido heredarían el trono de España, dejando fuera a su propia descendencia, intentó asegurarles un trono en otros países. Puso sus miras en Italia, su país de origen, ya que había nacido princesa de Parma, un pequeño ducado fronterizo con Toscana. Lo cierto es que también en Parma la dinastía de los Farnesio agonizaba, lo que reforzaba sus pretensiones. Si la sucesión femenina era reconocida en Toscana, Isabel se vería favorecida notoriamente.

Isabel tenía, en efecto, una consanguinidad con los Medici, aunque no estrechísima. Su bisabuela Margherita de' Medici, hija de Cosimo II y tía de Cosimo III, en el lejano 1628, un siglo antes, se había casado con Eduardo Farnesio, duque de Parma. Isabel basó sus pretensiones en este lejano parentesco en línea femenina, pues a ella en realidad le importaba muy poco que estuviera o no vigente la ley sálica en el gran ducado. En un primer momento, pareció que iba a vencer la partida, en concreto cuando su primogénito don Carlos fue declarado sucesor de Gian Gastone; pero el destino cambiaría las cartas de la baraja: Gian Gastone se mantuvo otros catorce años en el trono. La sucesión, que parecía inminente, se hizo esperar.

Don Carlos, que ya se había presentado en la corte florentina en calidad de heredero, tuvo que aguardar. Entonces se alzó una guerrilla en el Reino de Nápoles. Don Carlos, a la cabeza de un ejército español, fue enviado a combatirla y ya no regresó. Permaneció en Nápoles, donde fue coronado rey en 1734, renunciando a la sucesión del gran ducado. En otro intercambio de cartas entre las potencias europeas, don Carlos recibió Sicilia, que inicialmente le había tocado en suerte a Vittorio Amedeo II de Saboya, quien recibió Cerdeña, que se hallaba mucho más cerca de sus posesiones del Piamonte. De este modo, Vittorio Amedeo pudo finalmente recibir la codiciada corona real, creando el Reino de Cerdeña.

En Nápoles, mientras tanto, don Carlos daba inicio a la nueva dinastía de los Borbones de Nápoles, llamados posteriormente Borbón-Dos Sicilias cuando estos reinos se unificaron. En esas fechas falleció en Madrid sin herederos Fernando VI, su hermanastro, ya que era hijo del primer matrimonio de Felipe V. De modo que don Carlos se vio obligado a abandonar otra vez su nuevo reino para hacerse cargo de la sucesión española, convirtiéndose en rey de España con el nombre de Carlos III. Al tiempo que a otro hijo de la ambiciosa Isabel Farnesio, Felipe, le tocó en sucesión el pequeño Ducado de Parma; sería el fundador de la dinastía de los Borbón-Parma.

Pero ¿qué sucedía en esos años en Toscana? Utilizada como pieza de intercambio, su suerte fue decidida en la Paz de Viena, en 1736, que puso fin a la guerra de sucesión de Polonia. El consiguiente tratado asignaba el Ducado de Lorena al antiguo rey de Polonia, Estanislao Leszczynski, suegro de Luis XV, rey de Francia. Para compensarlo por la pérdida de su pequeño ducado, a Francisco de Lorena, su legítimo propietario, le fue asignada Toscana; una compensación a todas luces desproporcionada, si no fuera porque Francisco de Lorena, al haberse casado con María Teresa de Austria, hija e inminente sucesora del emperador Carlos VI, contaba con el apoyo de su poderoso suegro para obtener Toscana. Además, Francisco de Lorena había justificado también sus pretensiones a la sucesión de los Medici como descendiente de Claudia de Francia, hija de Caterina de' Medici. Una demostración fehaciente de que la aplicación de la ley sálica, tan defendida por Carlos VI para impedir la sucesión de Anna Maria Luisa de' Medici a su hermano Gian Gastone, fue alegremente dejada de lado para uso propio, primero en la Toscana y posteriormente en Austria.

Con Francisco de Lorena se instauró en Toscana una dinastía extranjera con la fuerza de las armas. Como curiosidad, es extraño el destino de este Francisco de Lorena, cuyo número de reinante, es decir, el que acompañaba a su nombre, iba decreciendo a medida que aumentaba su poder. De modo que fue sucesivamente Francisco III duque de Lorena, después Francisco II gran duque de Toscana y, finalmente, Francisco I, emperador del Sacro Imperio Romano.

Pasado a mejor vida Gian Gastone, las tropas austríacas invadieron el gran ducado y el general Braitwitz asumió el poder en nombre del nuevo gran duque. Tres días después, el emperador Carlos VI publicaba el decreto, preparado meses antes, como puede comprobarse por la fecha, en el cual nombraba a su yerno gran duque de Toscana. Florencia volvía al poder de aquellos emperadores de los cuales se había liberado cinco siglos antes.[53] Incluyo a continuación un extracto del diploma del 24 de enero de 1737 con el que los Lorena fueron «investidos» del Gran Ducado de Toscana:

Nosotros, Carlos VI, por la gracia de Dios elegido emperador de los romanos siempre augusto y rey de Alemania [...].

En virtud de la presente, hacemos constar y atestiguamos que, para acabar la guerra luctuosísima en todo el mundo cristiano entre nosotros y el serenísimo y poderosísimo príncipe Luis XV, rey de Francia, fue convenido el día 3 de octubre del año 1735 por algunos artículos preliminares, que contienen las condiciones de la paz, de las cuales ambos contrayentes se declararon contentos; y entre otras cosas en ellos fue dispuesto que el Ducado de Bar y de Lorena, aun cuando entonces eran posesión de la serenísima casa de este nombre, pertenecen una parte enseguida y otra parte «tras la extinción de la estirpe masculina de la Casa de' Medici», al serenísimo rey de Polonia y gran duque de Lituania Estanislao I, para ser incorporados a perpetuidad a la Corona de Francia tras la muerte del propio rey. Después recíprocamente, que para indemnizar la aludida serenísima Casa de Lorena de los ducados antaño poseídos, pertenezca a la misma, tras la muerte del presente poseedor, el Gran Ducado de Toscana. Además de que todas las potencias que participarán en la paz, se harán cargo del mantenimiento y de la garantía de esta eventual sucesión en favor de la mencionada casa: que las tropas españolas sean retiradas de las plazas y fortalezas del Gran Ducado de Toscana, y que en su lugar sean introducidas nuestras tropas imperiales para mayor seguridad de la mencionada sucesión eventual, del mismo modo que se ha estipulado respecto a los representantes neutrales en la Cuádruple Alianza: que Livorno permanezca, como ha sido en el pasado, siendo puerto franco.

Por la cual cosa, nosotros, a ciencia cierta, como maduro consejo y con nuestra imperial potestad, y en vigor todavía del consenso que nos ha dado el Sacro Imperio Romano Germánico en nuestro nombre, y en el de nuestros legítimos sucesores en la Corona imperial, emperadores y reyes de los romanos, al susodicho serenísimo duque de Lorena y de Bar Francisco III, nuestro queridísimo yerno, y a sus descendientes varones infinitamente, y a aquellos (que Dios no lo quiera) faltando el príncipe Carlos, hermano del mencionado duque, y a sus descendientes varones al igual infinitamente, observando siempre el orden de primogenitura, que siempre ha sido observado respecto a la sucesión en el Gran Ducado de la Toscana, o si aún todos los descendientes varones, de los cuales hemos en último lugar hablado, vinieran del todo a faltar, a los otros príncipes varones provenientes por estirpe masculina de la serenísima Casa de Lorena, también según el orden de primogenitura; y finalmente extinguida completamente la estirpe masculina de la Casa de Lorena, y no quedando ningún príncipe varón, o de la línea en la actualidad reinante, o de las líneas colaterales, todavía a las princesas hembras nacidas de la serenísima Casa de Lorena,* también según la orden de primogenitura, que como se ha dicho se debe a perpetuidad tener en cuenta el eventual derecho de suceder en el Gran Ducado de Toscana, es decir, en todos y cada uno de los Estados y feudos poseídos por el presente gran duque de la Toscana con su pertenencia, y dependencia, y con la superioridad territorial (pues todas estas cosas unidas, ya que por la presente las unimos, deben entenderse bajo el nombre del Gran Ducado de Toscana, y así siempre en el futuro se denominarán) en cuanto «el actual poseedor de la Casa de' Medici falleciera sin legítima prole masculina», con arreglo a los tratados que benignamente concedemos, y en vigor de la presente, desde ahora mismo acordamos la eventual investidura en el más estable y mejor modo que hacer se pueda, ajustada el derecho, la ley, es la costumbre imperial.

En vigor de la eventual investidura del mencionado serenísimo duque de Lorena y de Bar Francisco III, nuestro queridísimo yerno, o bien faltando este, antes de que traspase a la otra vida «el presente poseedor de la Casa de' Medici sin legí-

* Textualmente, reconociendo la sucesión femenina.

tima prole masculina», aquel o aquella, el cual o la cual, dependiendo del orden y la manera en que el susodicho sea llamado, o llamada, a la sucesión del mencionado Gran Ducado de Toscana, en el supuesto caso de la apertura, como se ha dicho aquí arriba, podrá asumirse y conseguir la total posesión del Gran Ducado de Toscana, y el gobierno y administración de este, y exigir a los moradores del grado o dignidad que sean, el juramento de fidelidad, o sea homenaje, y hacer finalmente sin demora todas las cosas, las cuales hacer podría un verdadero y legítimo poseedor y señor de este gran ducado, que por tal deba tenerse, y considerarse en el mismo momento «de la muerte del presente gran duque sin legítima prole masculina».

Pero, en especial, seriamente ordenamos y mandamos a todos y a cada uno de los lugartenientes del Gran Ducado de Toscana y de todas las ciudades que sin demora «por la muerte del presente gran duque sin prole legítima masculina no habrá estirpe masculina de la Casa de' Medici»,* reconozcan como auténtico y legítimo señor y príncipe al susodicho duque de Lorena y de Bar, Francisco III, nuestro queridísimo yerno; o si este en ese momento no estuviera vivo, el de su heredero y sucesor, en el modo y en el orden mencionado y especialmente, no obstante y sin recelo alguno, a la eventual investidura concedida hace tiempo al elegido sucesor del Gran Ducado de Toscana en el Tratado de la Cuádruple Alianza;** ya que con toda nuestra imperial potestad plenamente revocamos todas y cada una de estas cosas, aunque aquí no estén especialmente expresadas, como actas nulas y vacuas, o que han sido modificadas mediante posteriores condiciones y pactos, hechos con el consenso del Sacro Imperio Romano, y corroborados más allá de las colinas como solemnes instrumentos de las renuncias, y de las cesiones en nombre de todos aquellos que de la

* Algo no cierto, si tenemos presentes las otras ramas de la Casa de' Medici.

** Se refiere a Carlos de Borbón, hijo de Felipe V.

referida Cuádruple Alianza venían llamados a la eventual sucesión en el Gran Ducado de Toscana.

Si alguien después presume con temerario atrevimiento de transgredir o violar este nuestro presente edicto y título imperial, sepa que además de la gravísima nuestra indignación y del Sacro Imperio Romano, pagará la suma de cuatrocientas piezas de oro puro, una mitad para el fisco, o sea para nuestro imperial erario, y la otra mitad para aquel a quien se haya hecho la ofensa, o sea el daño.

Y este es nuestro serio propósito y nuestra estable y firme voluntad, manifestada con el testimonio de estas cartas escritas por nuestra propia mano y selladas con nuestro sello imperial. Fechado en nuestra ciudad de Viena, el día 24 del mes de enero del año del Señor 1737, y en nuestro reino el 26 del romano, el 34 en España y el 26 en Hungría y Bohemia.

Carlos V. Juan Adolfo, conde de Metsch
Por orden expresa de la sacra imperial majestad
M. H. de Ley

El texto aquí reproducido parcialmente demuestra con claridad con qué repetida insistencia se quería hacer hincapié en la falta de legítimos herederos varones de la dinastía cuando se hablaba de «la extinción de la estirpe masculina de la Casa de' Medici»; cosa que naturalmente era falsa, como ya hemos demostrado. Pero demuestra también que la hipocresía, mala fe, arrogancia y presunción de «su sacra imperial majestad» tenía más importancia que los hechos reales. Y así fue como terminó el reinado de una dinastía que, a causa de sus excesivas riquezas, había fomentado la envidia de casi todas las potencias europeas y, en particular, de sus poderosísimos vecinos.

El tiempo del olvido: de los Lorena al fin de la Toscana austríaca

¿Qué sucedió después de la extinción de la rama gran ducal? Tras el infructuoso intento de Giuseppe de asumir la continuidad, la familia adoptó un tono menos visible, retirándose a una involuntaria vida privada, discretamente vigilada por la nueva dinastía reinante, los Lorena. Se temía el surgimiento de un eventual foco legitimista, que en realidad no se verificó jamás. Con Toscana en manos de una poderosa dinastía extranjera apoyada por el Ejército imperial, el mínimo intento de insurrección, si hubiera existido, habría sido inmediatamente sofocado y reprimido. De este modo, los Medici acabaron por adoptar la actitud que se esperaba de ellos: caer en el olvido.

Tras establecerse la principal rama superviviente en Nápoles, donde prosperó, una ramificación suya se quedó discretamente en la Toscana, bajo la protección de las autoridades eclesiásticas. Mientras la rama napolitana ocupaba importantes cargos en el Reino de las Dos Sicilias, hasta el punto de que un descendiente suyo, Luigi, fue primer ministro del rey Fernando de Borbón y se vio recompensado por sus méritos con el toisón de oro, la rama de Toscana prosperaba discretamente, dedicándose ante todo a la gestión de su propio patrimonio.

Su fundador, el príncipe Andrés de' Medici, había sido nombrado caballero de la Orden de San Esteban por el penúltimo gran duque mediceo, Cosimo III. Nombrado capitán de infantería por el rey de España, pasó a ser posteriormente capitán de caballería del emperador Leopoldo I y encontró una muerte prematura en Hungría mientras combatía contra el invasor turco. A su muerte, sus jóvenes hijos, de los que Juan I, el primogénito, nacido en 1657, estaba destinado a hacerse cargo de reanudar la sucesión dinástica, fueron confiados al obispo de Sarzana, que los tomó bajo su protección y se ocupó de su educación. De los demás hijos nacieron otras ramas que se han extinguido o que prosiguieron solo por vía femenina.*

Los descendientes de este Juan I, en orden de sucesión de padre a hijo, Andrés II (1698-1763), Juan II (1732-1797) y nuevamente Juan III (1783-1860), residieron siempre en Toscana. Juan II encontró refugio en Roma, junto al papa, cuando en 1790 las sublevaciones contra el gran duque austríaco sacudieron toda la Toscana. Pudo regresar a continuación a su país natal y morir tranquilamente en 1797, mientras Europa ardía a raíz de la Revolución francesa de 1789 y de la entrada de Napoleón en el panorama europeo. En los primeros meses del siglo XIX, tras la invasión del gran ducado por los franceses el año anterior, su hijo Juan III (1783-1860) tuvo que volver a tomar el camino del exilio y encontró refugio temporal en Austria.

Tras el efímero Reino de Etruria, creado por Napoleón I, y la instauración de su hermana Elisa como gran duquesa de Toscana, cargo que ocupó hasta la caída del Imperio francés en 1814, Juan III pudo volver a Florencia. A su regreso del exilio, Juan decidió no residir solo en Toscana y prefirió instalarse en Lombardía, entonces Reino Lombardo-Véneto, donde compró tierras y diversos palacios, vendiendo parte de los bienes heredados por su padre, pues con la remodelación efectuada tras el Congreso de Viena, en 1815, parte de sus tierras se encontraron divididas entre varios Estados. Aunque separadas por pocos kilómetros unas de otras, se

* Véase el árbol genealógico al final del capítulo.

encontraban entre el Ducado de Módena, el Principado de Massa y Carrara, cedido al Ducado de Módena, y el Gran Ducado de Toscana y Pontremoli, perteneciente al Estado toscano pero en un enclave entre los ducados de Módena y de Parma. Así pues, su distribución geográfica dificultaba la gestión.

A pesar de ello, mantuvo sólidos contactos con su país de origen, pues poseía aún sustanciosas tierras y algunos palacios en Florencia. Su relación con esta ciudad tenía que ser aún bastante estrecha, ya que allí nació mi bisabuelo Vincenzo, en 1805, en pleno Reino de Etruria, y posteriormente, en 1855, mi abuelo Pietro. Juan III falleció en su casa de campo en las cercanías de Piadena, en Lombardía, en 1860. Apenas había tenido tiempo de ver cómo desaparecía el Estado de Toscana, incorporado en 1859 al nuevo Reino de Italia por un plebiscito. Expulsados los Habsburgo-Lorena, que regresaban a Viena tras haber reinado ciento veintitrés años, Toscana pasaba de ser una provincia austríaca a ser una región italiana.

Línea de los príncipes de' Medici

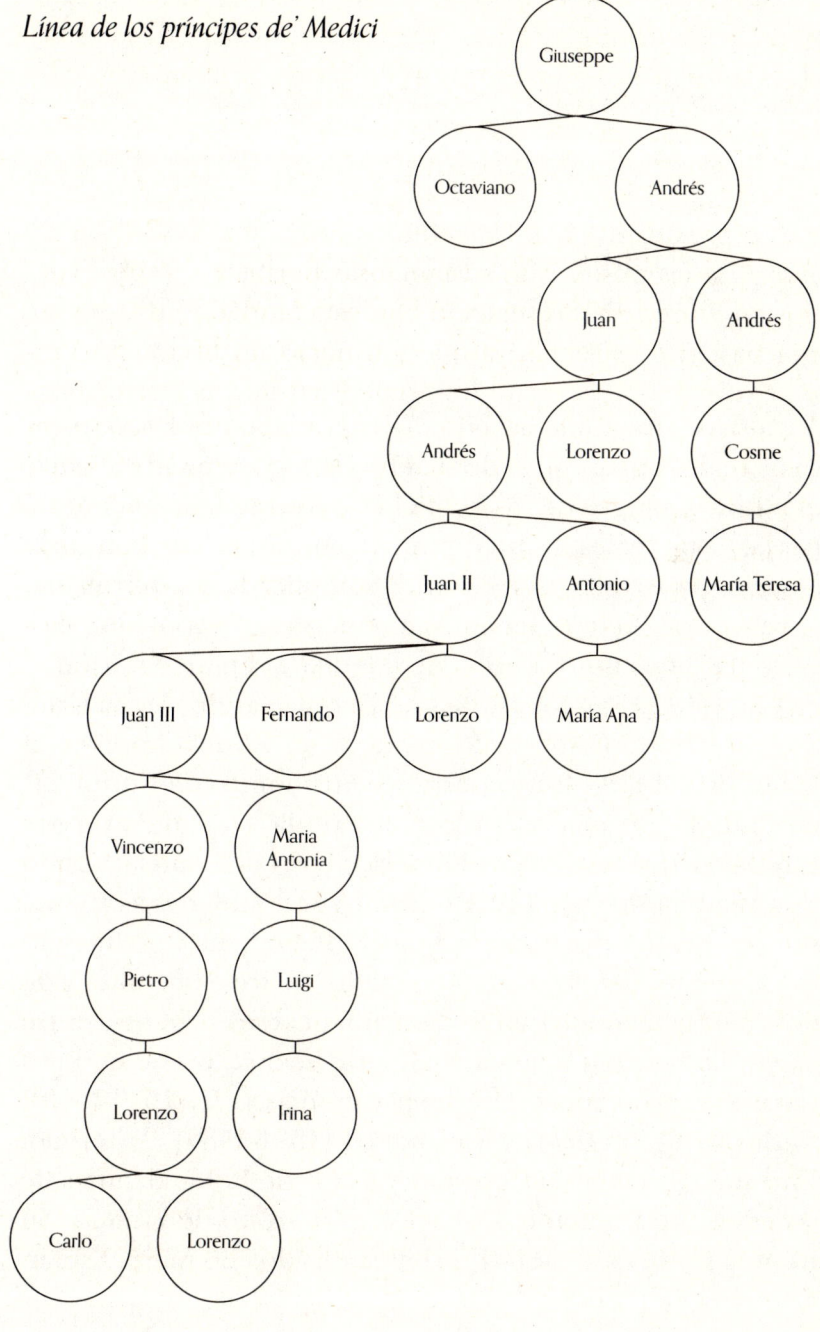

Las relaciones consanguíneas de los Medici con las demás casas reales europeas

A causa del increíble enredo matrimonial entre las mayores casas reales europeas ya desde el siglo XVI, se puede afirmar que hoy la sangre de los Medici corre en prácticamente todas las casas reales, como veremos a continuación. Porque la genealogía es una ciencia muy complicada y embrollada, pero exacta. Y como tenemos que empezar por alguna parte, lo haremos por Caterina de' Medici, reina de Francia.

Caterina (1519-1589), hija de Lorenzo II de' Medici, duque de Urbino (1492-1519), nieta de aquel otro Lorenzo, il Magnifico (1449-1492), contrajo matrimonio con Enrique II de Francia. Su madre, Magdalena de la Tour d'Auvergne (1501-1519), era prima de Francisco I, rey de Francia, siendo a su vez hija de Juana de Bourbon-Vendôme, descendiente directa de san Luis, es decir, Luis IX de Francia. Y no fue solo esposa de un rey, sino también madre de tres soberanos y de dos reinas; de modo que su descendencia se encuentra entre casi todas las casas reales actuales. De hecho, tres de sus hijos varones fueron reyes de Francia: Francisco II (1543-1560), Carlos IX (1550-1574) y Enrique III (1551-1589). Asimismo, Enrique III había sido brevemente rey de Polonia, antes de suceder a su hermano Carlos IX en el trono de Francia. Su primogénito, Francisco II, se había casado con María Estuardo, reina de Escocia.

Además, dos de sus hijas fueron reinas. Margarita (1553-1615) se casó con Enrique de Borbón, rey de Navarra (1553-1610), que se convirtió posteriormente en Enrique IV, rey de Francia, sucediendo a su cuñado Enrique III en 1589. Otra hija suya, Isabel (1545-1568), se casó con Felipe II, rey de España. La niña que nació de este matrimonio, llamada al igual que su abuela Caterina (1567-1597), se casará con Carlo Emanuele I, duque de Saboya. Y finalmente la última hija de Caterina, Claudia (1547-1575), se casó con Carlos, duque de Lorena. Claudia será la antepasada de todos los Habsburgo-Lorena y, gracias a ella, su sobrino Francisco de Lorena, futuro esposo de la emperatriz María Teresa de Austria, heredará, como ya se ha visto, la Toscana.

Por una burla de la genealogía, María Estuardo, reina de Escocia y esposa de su hijo Francisco II, era también prima de Caterina de' Medici. Su madre, María de Guisa, que se había casado con Jacobo V, rey de Escocia, era nieta de Francisco de Bourbon-Vendôme, hermano de la abuela materna de Caterina, Juana de Bourbon-Vendôme. Y otro primo de Caterina por vía materna era el propio Enrique IV, que también era bisnieto de Francisco de Bourbon-Vendôme (véase cuadro, pág. 228).

Enrique IV, anulado su matrimonio con Margarita, inaugurará la dinastía de los Borbones en Francia con su segunda esposa, que también era una Medici, Maria de' Medici, hija de Francesco I, gran duque de la Toscana. Siendo ambos abuelos paternos de Luis XIV, de quien descienden todos los Borbones, se puede decir que son los antepasados de todos los Borbones actuales, de los que hablaré ampliamente más adelante. Su hijo mayor será Luis XIII (1601-1643), de quien descienden todos los reyes de Francia. Asimismo, una hija suya, Isabel (1602-1644), se casó con Felipe IV (1605-1663), mientras su otra hija, Cristina (1606-1663), se casó con Vittorio Amedeo I de Saboya. Son los antepasados de todos los Saboya, que fueron posteriormente duques de Saboya, reyes de Cerdeña y, finalmente, reyes de Italia.

La hija de Felipe IV (1605-1665) y de Isabel, María Teresa (1638-1683), fue reina de Francia al casarse con Luis XIV, que como ya he dicho era también nieto de Maria de' Medici. Su descendencia reinará después en España con Felipe V, el primer rey Borbón de España y, posteriormente, en el Reino de las Dos Sicilias y en el Ducado de Parma.

LAS RELACIONES CONSANGUÍNEAS CON LOS AUSTRIA DE ESPAÑA

Además de Felipe II y Felipe IV, encontramos otros matrimonios con sangre medicea entre sus sucesores. Carlos II de España (1661-1700) se había casado en primeras nupcias con María Luisa de Borbón-Orleans (1662-1689), bisnieta de Enrique IV y de Maria de' Medici, de la cual no tuvo descendencia. El propio Carlos II se casará en segundas nupcias con Mariana de Neoburgo (1667-1740), que no era otra que la cuñada de Anna Maria Luisa de' Medici, siendo Mariana hermana de su marido, Juan Guillermo de Neoburgo, elector palatino, de la Casa de los Wittelsbach de Baviera.

Felipe V se casó en primeras nupcias con María Luisa de Saboya (1688-1714), hija de Vittorio Amedeo II, rey de Cerdeña, y a su vez descendiente de Caterina de' Medici. En segundas nupcias, Felipe V se casó con Isabel Farnesio (1692-1766), que por ser bisnieta de Margherita de' Medici (1612-1679), hija de Cosimo II, gran duque de Toscana, le abrió las puertas a la sucesión de Toscana. Desde entonces, con la subida al trono de Carlos III, hijo de Felipe V y de Isabel Farnesio, el escudo medíceo empezó a aparecer en el escudo real español, donde se mantuvo hasta la caída de la monarquía en 1931. Aún hoy, los seis famosos roeles medíceos son visibles en muchos edificios oficiales españoles.

Felipe V tenía, pues, sangre medicea tanto por parte de padre como por parte de madre, pues además del abuelo paterno, Luis XIV, y de la abuela paterna, María Teresa, la abuela materna, Cristina de Francia (1606-1663), era también hija de Enrique IV y de Maria de' Medici, y se había casado con Vittorio Amedeo I de Saboya (1587-1637).

LAS RELACIONES CON LA CASA IMPERIAL DE AUSTRIA

Los cruces con la Casa Imperial de Austria son también numerosos. Claudia de' Medici, hija de Ferdinando I de Toscana, se había casado con el archiduque Leopoldo de Austria, hermano del emperador Fernando II y de María Magdalena de Austria, que se casó con Cosimo II de' Medici. Su hijo, Fernando de Austria-Medici, se casará con Anna de' Medici, hija de su tía María Magdalena y de Cosimo II, mientras otra hija suya, María Leopoldina, se casará con su primo, el emperador Fernando III, hijo de Fernando II.

El propio emperador Fernando II se había casado en segundas nupcias con Eleonora Gonzaga, hija de Eleonora de' Medici, que era la hermana de Maria de' Medici, reina de Francia. Finalmente, el emperador Leopoldo I se casaría con Claudia Felicidad, también hija de Fernando de Austria y de Anna de' Medici. Un enredo familiar bastante complicado pero común en la época.

LAS RELACIONES CONSANGUÍNEAS CON LA CASA REAL INGLESA

Carlos I Estuardo, rey de Gran Bretaña (1600-1649), se había casado con Enriqueta María de Francia (1609-1669), también hija de Enrique IV y de Maria de' Medici. Sus descendientes fueron Carlos II (1630-1685), Jacobo II (1633-1701), Guillermo III (1650-1702) y Ana I (1665-1714). A la muerte de la reina Ana, el trono pasará a los Hannover en la persona de Jorge I, cuya descendencia reina aún hoy. Pero en esta familia no hay sangre medicea.

Por un extraño juego del destino, el actual soberano del Reino Unido, Carlos III, el 29 de julio de 1981, contrajo matrimonio con *lady* Diana Spencer. De esta unión matrimonial nacieron el futuro rey de Inglaterra, Guillermo, príncipe de Gales, y su hermano Enrique, duque de Sussex. En el momento en que a Guillermo le toque asumir la Corona, la sangre de los Medici regresará al trono inglés porque *lady* Di descendía de Carlos II Stuart a través de dos de los hijos bastardos de ese soberano, que son Charles Lennox y Henry Fitzroy, pero también de una hija bastarda de Jacobo II, el hermano de Carlos II, Henriette Fitzjames. Por esta misma vía, los descendientes de Maria de' Medici llevarán al trono inglés la sangre de los Reyes Católicos.

LAS RELACIONES CONSANGUÍNEAS CON LAS CASAS REINANTES EN LA ACTUALIDAD

Además de en la Casa Real de España, por su natural descendencia, se encuentra sangre medicea en la actual Casa gran ducal de Luxemburgo, a través de la boda de la gran duquesa Carlota (1896-1985) con Félix de Borbón-Parma (1893-1970); en la Casa Real de Bélgica, al ser sus miembros descendientes tanto de Francisco de Lorena como de Enrique IV; y en la Casa principesca de Liechtenstein, al ser también sus miembros descendientes de Francisco de Lorena. Asimismo, la presencia de su sangre también puede rastrearse en las reales casas de Portugal, Baviera, Italia, Brasil, las Dos Sicilias y Parma. En consecuencia, de este complicado enredo familiar y consanguíneo se puede decir que todos somos descendientes de Lorenzo il Magnifico.

La última generación

Mi hermano y yo somos los últimos de nuestra rama familiar. A pesar de nuestros matrimonios, ninguno tiene hijos. Quizá, inconscientemente, seguimos la tradición familiar de tener descendencia en la madurez. Este tema no nos preocupa; de hecho, nunca lo hemos discutido. Somos personas reservadas, incluso entre nosotros. Por pudor o respeto, no compartimos asuntos personales. Somos de la opinión de que los sentimientos, los amores, los matrimonios y los di-

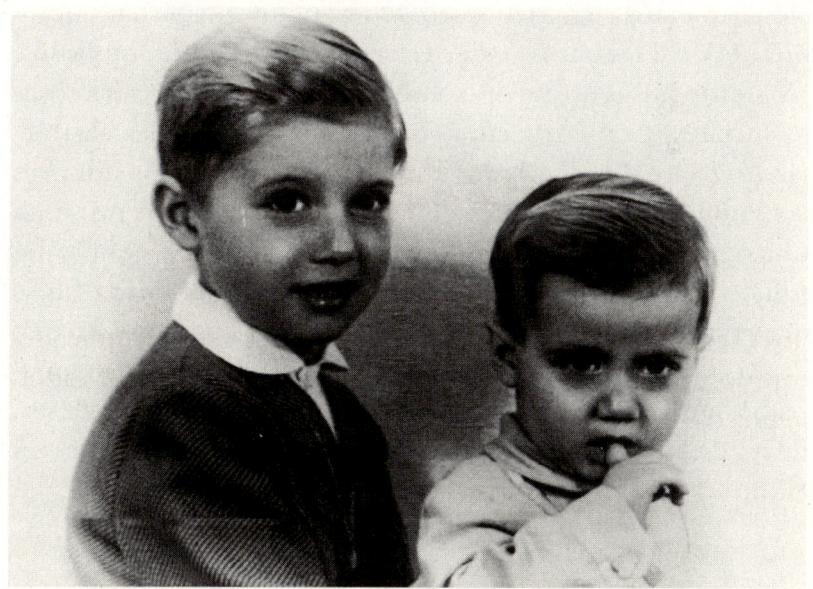

Fig. 28. Con mi hermano Carlo.

vorcios son cosas íntimas. No hay motivo para compartirlos con una tercera persona, aunque sea tu propio hermano. Siempre hemos tenido cierta reticencia a hablar de nosotros mismos. Debe de ser un vestigio de la educación recibida, pues el «yo» en casa no era bien visto.

Con mis padres se cerró el siglo y, casualmente, también el milenio. Mil años que son también la historia de mi familia. Mil años en los que hemos sido a veces protagonistas, a veces simples comparsas. La historia de veinticinco generaciones de una familia, con sus grandezas y su esplendor, pero también con sus pequeñas miserias. Mis padres recorrieron el siglo xx sin saber que eran los últimos en disfrutar de los fastos de aquel ilustre pasado.

Las colecciones de arte están a buen recaudo en los más hermosos museos del mundo, para satisfacción y disfrute de todos, y para transmitir a las futuras generaciones el testimonio de la filosofía de una gran familia; una familia cuyo nombre es símbolo, y lo será aún durante muchos años, de mecenazgo. Vendidos los palacios y cerradas las grandes casas de campo, nosotros, los miembros de la última generación, sabemos cuál es nuestro deber: mantener vivo un nombre del cual creemos poder estar legítimamente orgullosos. No siento falsas nostalgias. Nunca he estado atado a las cosas materiales y, en consecuencia, mucho menos a las abstractas. Ya lo he dicho, no me importan los títulos, los honores o condecoraciones, pues el nombre que llevo representa todo esto a la vez e incluso algo más: una forma de ser que somos pocos los que la podemos compartir. Si tengo ganas de ver cosas bonitas, voy a un museo, como cualquier turista. Y si veo una obra de arte que ha sido regalada por un antepasado mío, me siento satisfecho. Tengo la sensación de ser, de algún modo, partícipe de la divulgación de la cultura en el mundo.

Mi testamento literario

Existe una curiosidad insana sobre el futuro de los bienes que he heredado, como si de un patrimonio de la humanidad se tratara. Y puedo entenderlo, hasta cierto punto. Aunque mi hermano y yo somos los últimos de nuestra rama familiar y no tenemos descendencia, hemos tomado decisiones personales al respecto que preferimos mantener en la intimidad. Por al menos unas décadas más, el futuro de nuestros bienes particulares está asegurado.

No puedo afirmar que yo haya sido un mecenas del siglo XXI, pero mi familia fue sin duda un pilar fundamental del Renacimiento, y solo puedo sentirme muy orgulloso de este mérito que nunca va a desaparecer. Como hemos podido ver, transformó la faz de Florencia mediante su apoyo a genios como Miguel Ángel y Leonardo da Vinci. Su legado artístico y arquitectónico define la grandeza cultural de la Toscana y más allá. Además, sentó las bases para el desarrollo del arte y la ciencia en los siglos venideros. Su apoyo a Galileo Galilei, en un momento en que su vida corría peligro por sus teorías, fue fundamental para el avance de la ciencia. Asimismo, la visión futurista en ámbitos como el *marketing*, la gobernanza y la diplomacia, sustituyendo las armas por el arte, distingue a mi dinastía de otras que solo buscaban acumular riqueza.

En el imaginario colectivo, los Medici somos sinónimo de poder y conspiraciones, pero también de generosidad, habiendo influido significativamente en la historia de Italia y el Barroco europeo. El ocaso de nuestra dinastía ya ocurrió con la muerte del último gran duque, seguida por casi tres siglos de silencio. Sin embargo, la memoria permanece viva: estamos presentes en los grandes museos, inspiramos series de televisión y libros, y yo mismo contribuyo escribiendo novelas históricas sobre nuestra familia. Pasados trescientos años, seguimos en los medios y en la memoria del público, y sería una ingenuidad pensar que esto cambiará con la partida de mi hermano y yo. Nuestra historia y la inmensa contribución al humanismo, la ciencia y el arte nos aseguran un lugar como símbolo de belleza y cultura. La unión de nuestro apellido a Florencia es indisoluble. ¿Acaso alguien cree que el nombre de Florencia desaparecerá? Inconcebible. Por lo tanto, nuestro legado está garantizado. El problema de nuestros bienes, en ese sentido, es irrelevante.

Cuando se me habla de mecenazgo, creo firmemente que no entendemos el alcance de esa palabra. El concepto ha evolucionado infinitamente desde el Renacimiento. Hoy, grandes bancos e industrias crean colecciones de arte como inversión, pero rara vez se dedican a promover y financiar a jóvenes artistas talentosos. Además, en la era de internet, el arte se difunde rápidamente y de una manera menos segura. Hoy en día se puede crear y reproducir una obra en una pantalla, y en una fracción de segundo la imagen viaja a Nueva York o Hong Kong, pero no es lo mismo que ver en persona una obra de arte y «vivirla». Se dice que el mundo cambia. No cambia, progresa. Estamos lejos del Renacimiento, y sería insensato vivir en la nostalgia del pasado. En todos los ámbitos —política, religión o pensamiento— debemos adaptarnos a los tiempos que nos tocan vivir. El pasado son recuerdos; el futuro es estimulante y nos impulsa a seguir adelante. El arte tiene un futuro prometedor gracias a las nuevas generaciones. Las largas filas en museos como el de los Uffizi en Florencia, el Prado en Madrid o el Louvre en París demuestran el interés por el arte. Es probable que estos museos alberguen al menos una pieza relacionada con los Medici, algo que he constatado en Alemania y otros países europeos.

El legado artístico de los Medici aún se admira en todo el mundo. Obras destacadas financiadas por la familia incluyen *La Primavera* y *El nacimiento de Venus* de Botticelli, así como *La Adoración de los Magos* de Benozzo Gozzoli en la capilla de los Magos del palazzo Medici Riccardi. Por no hablar de los edificios emblemáticos que se pueden visitar y disfrutar en varias localidades.

Desde hace dos décadas, el Ministerio de Cultura italiano, en colaboración con los museos de Florencia, organiza una exposición itinerante que cosecha un éxito abrumador allá donde va, desde las metrópolis de China y Japón hasta los vastos paisajes de Estados Unidos y los refinados salones de Alemania. En las universidades, nacen cátedras dedicadas al estudio del mecenazgo y la inversión en arte, como si aún resonara la huella de mi familia en cada rincón del mundo cultural.

Estos son solo destellos de cómo el legado de los Medici sigue vivo, compartido y admirado por generaciones que encuentran en él una fuente inagotable de inspiración.

Por mi parte, continuaré haciendo lo que más amo: escribir. Mis libros son ventanas abiertas a las pequeñas grandes historias que tejieron mis antepasados. A través de ellos, los lectores pueden acercarse a la esencia de mi familia, desvelando anécdotas que explican su grandeza desde la intimidad de los detalles.

El entusiasmo que encuentro en las presentaciones, las preguntas cargadas de curiosidad y admiración, son prueba de que nuestra herencia sigue despertando interés y fascinación. Me deja, debo confesar, una sensación de serena satisfacción: los Medici seguimos presentes en la vida cultural. La misión está cumplida.

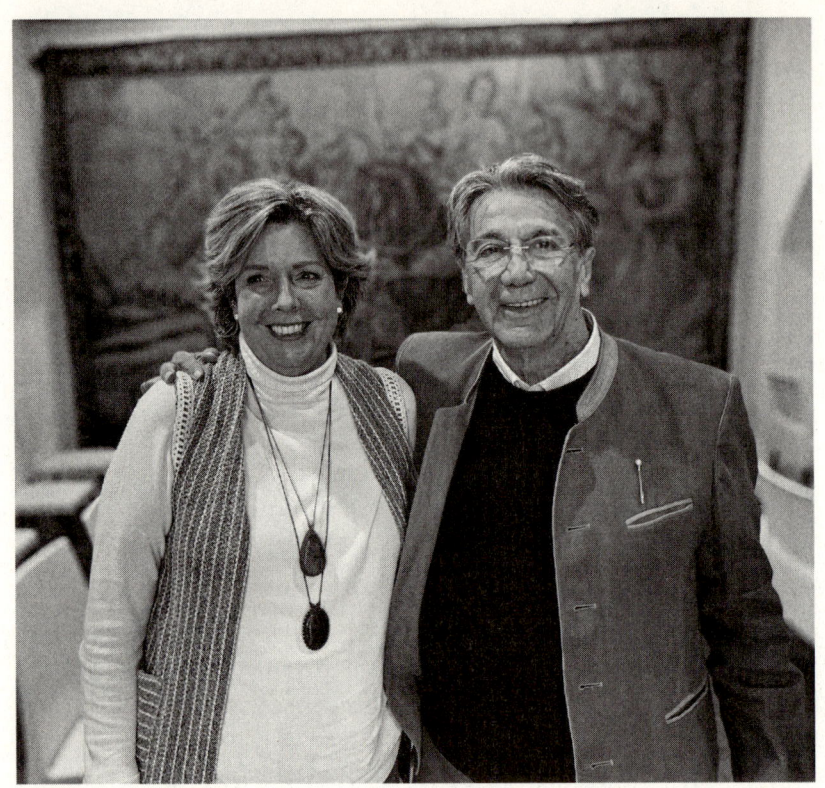

Fig. 29. Con Simoneta Gómez-Acebo.

Notas bibliográficas

1. CACIAGLI, Giuseppe, *I feudi Medicei [Los feudos de los Medici]*.

2. KINDER, Hermann y Werner HILGEMANN, *Atlas zur Weltgesischte [Atlas mundial]*.

3. ANDRIEUX, Maurice, *I Medici* [Los Medici].

4. BARGELLINI, Piero, *I Medici* [Los Medici].

5. CACIAGLI, Giuseppe, *I feudi Medicei [Los feudos de los Medici]*.

6. BARGELLINI, Piero, *I Medici* [Los Medici].

7. ANDRIEUX, Maurice, *I Medici* [Los Medici].

8. FALCONI, Carlo, *Leone X.*

9. *Ibid.*

10. GEBHART, Emile, *De l'Italie: Essais de critique et d'histoire* [Desde Italia: ensayos de crítica e historia].

11. PIERACCINI, Gaetano, *La stirpe de' Medici di Cafaggiolo* [La estirpe de los Medici di Cafaggiolo].

12. VETTORI, Francesco, *Sommario della Storia d'Italia [Resumen de la historia de Italia]*.

13. PIERACCINI, Gaetano, *La stirpe de' Medici di Cafaggiolo* [La estirpe de los Medici di Cafaggiolo].

14. VON RANKE, Leopold, *Histoire de la papauté* [Historia del papado].

15. Varchi, Benedetto, *Storia fiorentina* [Historia fiorentina].

16. ROSCOE, Guglielmo, *Vita di Leone X* [Vida de Leone X].

17. FABRONI, Angelo, *Laurentii Medicis Magnifici Vita.*

18. PIERACCINI, Gaetano, *La stirpe de' Medici di Cafaggiolo* [La estirpe de los Medici di Cafaggiolo].

19. ROBERTSON, William, *Historia del reinado del emperador Carlos V.*

20. YOUNG, George Frederick, *I Medici [Los Medici].*

21. Contada por G. F. Young en su libro *I Medici [Los Medici].*

22. Referido por G. F. Young en su libro *I Medici [Los Medici].*

23. YOUNG, George Frederick, *I Medici [Los Medici].*

24. BRANTÔME, Pierre de, *Donne illustri* [Mujeres ilustres].

25. YOUNG, George Frederick, *I Medici [Los Medici].*

26. HERITIER, Jean, *Catherine de Médicis [Caterina de' Medici].*

27. HERITIER, Jean, *Catherine de Médicis [Caterina de' Medici].*

28. *Ibid.*

29. ANDRIEUX, Maurice, *I Medici* [Los Medici].

30. KERMINA, Françoise, *Marie de' Medici* [Maria de' Medici].

31. CASTELOT, André, *Marie de' Medici* [Maria de' Medici].

32. CASTELOT, André, *Marie de' Medici* [Maria de' Medici].

33. YOUNG, George Frederick, *I Medici [Los Medici].*

34. *Ibid.*

35. BRUSCHI, A., *Gian Gastone.*

36. BARGELLINI, Piero, *I Medici* [Los Medici].

37. YOUNG, George Frederick, *I Medici [Los Medici].*

38. CASCIU, Stefano, *Anna Maria Luisa de' Medici.*

39. *Ibid.*

40. MICHELETTI, Emma, *Le donne dei Medici* [Las mujeres Medici].

41. BARGELLINI, Piero, *I Medici* [Los Medici].

42. CASCIU, Stefano, *Anna Maria Luisa de' Medici.*

43. BARGELLINI, Piero, *I Medici* [Los Medici].

44. PIERACCINI, Gaetano, *I Medici* [Los Medici].

45. *Ibid.*

46. MICHELETTI, Emma, *Le donne dei Medici* [Las mujeres Medici].

47. YOUNG, George Frederick, *I Medici [Los Medici].*

48. MICHELETTI, Emma, *Le donne dei Medici* [Las mujeres Medici].

49. *Ibid.*

50. NAPIER, Henry Edward, *Storia Fiorentina [Historia floren-tina].*

51. YOUNG, George Frederick, *I Medici [Los Medici].*

52. ANDRIEUX, Maurice, *I Medici* [Los Medici].

53. *Ibid.*

Créditos de las imágenes

Fig. 1. Cortesía del autor
Fig. 2. Cortesía del autor
Fig. 3. Cortesía del autor
Fig. 4. Cortesía del autor
Fig. 5. Cortesía del autor
Fig. 6. Cortesía del autor
Fig. 7. Cortesía del autor
Fig. 8. Cortesía del autor
Fig. 9. © Sylvain Sonnet / Getty Images
Fig. 10. © Julian Elliott Photography / Getty Images
Fig. 11. © Album
Fig. 12. © quintlox / Album
Fig. 13. © Heritage Image Partnership Ltd / Alamy
Fig. 14. © Prisma / Album
Fig. 15. © World History Archive / Album
Fig. 16. © GALLERIA GARISENDA / DEA / Getty Images
Fig. 17. © Bronzino / Wikimedia
Fig. 18. © Fine Art Images / Album
Fig. 19. © IanDagnall Computing / Alamy
Fig. 20. © Album
Fig. 21. © Alamy / Album
Fig. 22. © Oronoz / Album
Fig. 23. © J. E. BULLOZ / DEA/ Album
Fig. 24. © Alamy / Album
Fig. 25. © G. Nimatallah / De Agostini / Album

Fig. 26. © Oronoz / Album
Fig. 27. © Fine Art Images / Album
Fig. 28. Cortesía del autor
Fig. 29. Cortesía del autor